LE V.A.D.OR

LE V.A.D.OR

3ème édition

Gagnez + avec le E-COMMERCE !

Jean-Paul CRENN et Denis VIDAL

Avec l'aimable participation de Maître Marine de la CLERGERIE et Pierre-Yves BONNETAIN-NESTERENKO pour les COMPLÉMENTS dédiés respectivement à la Conformité Juridique et à la Sécurité Informatique.

Nous avons aussi invoqué le Grand Manitou du e-Commerce, que nous avons familièrement nommé Jeff. De temps à autre, Jeff commente ce que nous écrivons et nous avons fidèlement transcrit sa Parole ici et là, dans le cours de cet ouvrage.

Illustrations : AMC et, pour le portrait de Jeff, Enora CRENN.

Des mêmes auteurs :

Le V.A.D.OR, éditions 1 et 2, Ed. Tertium, 2011, 2013

Jean-Paul CRENN :

Ce Monde est-il Fou ? Non, il est VUCA - 4 clefs pour comprendre notre monde, VUCA Strategy Editions, 2015

L'Internet des Objets : la 3ème Révolution Informatique : Imaginons les usages des échanges d'information de système à système, avec Gérard HAAS et Myriam QUEMENER, Ed. Kawa, 2017

Quel Prix dans un Monde devenu VUCA ? - Optimiser le Levier N°1 de la Rentabilité, VUCA Strategy Editions, 2016

Denis VIDAL :

Création d'entreprises : Les Statuts Alternatifs et tous les autres…, avec Guy DESSUT, Ed. La Porte de l'Horloge, 2018

Entrepreneurs, il existe toujours un statut pour vous !
Le petit guide exhaustif de tous les statuts juridiques, avec Guy DESSUT, Ed. Dunod, 2019

ISBN : 978-2955351925
Illustration de couverture : ©VUCA Strategy Editions
Illustrations intérieures : © AMC, © Enora CRENN
Edition du 20 mars 2020

Pour conserver une avance sur votre concurrent, comptez sur votre travail plus que sur le secret de vos méthodes.
Auguste Detoeuf

Whatever you're up to in the hours ahead, I hope it's profitable.
Richard Quest

Any company that creates more than $10 billion in shareholder value does one of two things : extend time (more time, saving time : Microsoft) or enhance time (LVMH). Apple offers both : faster transactions and an enhanced experience (for a 100% premium). Advertising is a tax the poor and technologically illiterate pay.
Scott Galloway

POURQUOI CE LIVRE ?

AUJOURD'HUI, il paraît très facile de créer un e-Commerce et de plus en plus de personnes ont la tentation de s'y lancer, avec l'espoir d'un développement rapide.

En France plus de 40 millions d'acheteurs en ligne passent, en moyenne, chacun, 33 commandes par an. En face, plus de 200 000 sites marchands (rien qu'en France), sans compter les vendeurs présents uniquement sur les marketplaces (Amazon, Cdiscount, Fnac, Etsy, etc).

Grâce aux smartphones, tablettes, etc. Internet est accessible tout le temps et partout… Bienvenue dans le monde du « commerce connecté » !

Le e-Commerce, c'est la vente sans boutique. La boutique est sur Internet. Le e-Commerçant n'a pas à chercher un local en centre-ville ou en centre commercial, avec le loyer et les charges correspondantes. Il n'a pas, non plus, à organiser la présence de vendeuses et vendeurs aux heures d'ouverture.

Il suffit d'un lieu destiné au stockage des produits et à la confection des colis expédiés aux clients. Avec, en plus, un coin de table où poser l'ordinateur.

Le e-Commerçant peut s'installer sur la Côte d'Azur, à St Barth', dans le Quercy, le Bas-Morvan ou les Hauts de France… Où il veut, à condition de disposer d'une route carrossable à proximité, et d'une connexion internet correcte.

Mais réussir son e-Commerce revient à apprendre un métier : celui de commerçant et à maîtriser un ensemble de techniques : comment attirer l'attention, comment susciter l'intérêt, comment inciter au geste d'achat, dans l'univers très particulier d'Internet…++++ Savoir conditionner, expédier, livrer… Et dialoguer, rassurer, réagir, remplacer…

Dans un hypermarché, le consommateur longe les linéaires et se sert. Puis, une fois qu'il a choisi ce qu'il veut, il paie.

Dans le e-Commerce, l'ordre est différent. En général, le consommateur paie à la commande. Une relation de confiance doit donc se créer. À charge de veiller à ce que chaque client reçoive dans de (très) bonnes conditions (correctement emballées) et (très) rapidement les marchandises commandées. Et d'être (très) attentif à toutes ses humeurs, surtout les mauvaises…

D'autant que vos clients sont, de plus en plus, des « digital native », reliés entre eux, tour à tour influencés et influenceurs. Prompts à célébrer votre dernière trouvaille ou à la descendre en flammes, s'ils ressentent une manipulation, une arnaque ou une simple faute de goût…

L'objectif du e-Commerçant, c'est de gagner de l'argent, beaucoup d'argent. Il doit penser en permanence à la rentabilité de toutes ses actions. Dans n'importe quel projet d'entreprise, les sources de frais sont multiples, permanentes et protéiformes. C'est pourquoi le e-Commerçant doit placer très haut ses objectifs de rentabilité.

D'autant qu'il dispose d'un outil extraordinaire : la *data*. Le e-Commerçant peut (il DOIT) mesurer au centime près, les investissements, les frais, le chiffre d'affaires et la rentabilité par client et par action commerciale.

Gagnez + avec le e-Commerce !

Pour réussir son e-Commerce il faut également prendre en compte la menace que représentent les deux duopoles que sont Amazon/Alibaba pour le e-Commerce et Google/Facebook pour la publicité digitale. Avec une mention spéciale pour Amazon qui devient également un acteur majeur de la pub.

Cela change les règles du jeu pour tous les e-Commerçants et rend obsolètes les anciennes façons de procéder pour développer une activité e-Commerce. C'est la raison qui a suscité la rédaction de cette 3ème édition, totalement revue, du VADOR.

Lire ce livre vous permet d'économiser et de gagner beaucoup d'énergie et d'argent. Les auteurs sont des praticiens expérimentés, qui ont appliqué toutes les techniques et procédures qu'ils décrivent. Ils dirigent ou ont dirigé des entreprises qui, toutes, se sont distinguées par leur rentabilité.

Ils ont « payé pour voir ». Aujourd'hui, ils partagent avec vous leur expérience du e-Commerce. De manière pratique, concrète et facilement applicable. Ce livre est tous publics, tous niveaux, de bac – 5 à bac + 5 !

Dans un domaine où les erreurs coûtent cher, notre objectif est de vous aider à faire les bons choix. Pour que votre projet de e-Commerce devienne vite un très bon business !

Denis Vidal et Jean-Paul Crenn

LES COMPLEMENTS A CE LIVRE

LORS DES deux précédentes éditions de cet ouvrage (*VADOR 1 et 2*, Tertium Editions), de nombreux lecteurs nous ont contactés pour un accompagnement personnalisé ou se procurer des documents d'ordre juridique, organisationnel, technique ou de sécurité informatique précis et régulièrement mis à jour.

Pour répondre à ces demandes nous avons conçu deux offres complémentaires à ce livre, accessibles à toute entreprise ou porteur de projet :

Un accompagnement personnalisé avec Jean-Paul Crenn.

Si vous souhaitez aller plus loin, être suivi dans votre démarche de démarrage ou de croissance de votre activité e-Commerce, nous vous proposons un coaching individualisé.

Pour en savoir plus : www.livre-e-Commerce.fr/coaching-personnalise *(pour vous éviter d'avoir à saisir cette longue adresse URL, en voici la version raccourcie :* bit.ly/vador1*)*

Un site de modèles pour le e-Commerce, créé par des avocats, des spécialistes informatiques (dont les deux intervenants à cet ouvrage) et l'un des auteurs de ce livre.

Vous y trouverez des Conditions Générales de Vente mises à jour, tout ce qu'il faut pour être conforme au RGPD, pour vous assurer d'avoir mis en place le niveau de sécurité informatique suffisant pour votre site et votre entreprise...

RGPD : Règlement général sur la Protection des données

Des fiches de conseils et d'astuces régulièrement mises à jour vous sont également proposées, que ce soit pour optimiser vos campagnes publicitaires sur Google, Facebook et LinkedIn ou pour créer des fichiers de prospects…

Pour en savoir plus, n'hésitez pas à vous rendre sur le site : www.modeles.biz

Avantage pour les lecteurs du VADOR :

Le fait que vous ayez acheté ce livre vous fait bénéficier d'une **réduction immédiate de 15%** sur tous les formulaires, check-lists et bonnes pratiques disponibles ![1] **code de réduction : VADR3**

[1] Offre non cumulable avec d'autres offres promotionnelles ou remises exceptionnelles.

PREFACE

VOUS ÊTES un *startuper*. Vous sortez d'une Grande Ecole, vous pensez que votre projet de e-Commerce tient la route. Vous vous voyez déjà accueillant des opérateurs du monde entier, sur votre stand d'un prochain CES à Las Vegas.

Vous prévoyez de réunir prochainement *angels* et banquiers pour un tour de table fructueux qui permettra de boucler le financement de votre future société. Vous espérez fêter d'ici 2-3 ans, votre entrée dans l'univers select des licornes….

Ce livre est fait pour vous.

Vous êtes un utilisateur lambda d'internet, vous n'avez pas de connaissance particulière, vous végétez dans un *bullshit* job mais vous avez de l'énergie et de l'imagination. (emplois à la con)

Vous aimez vendre. Vous avez quelques idées qui tournent autour d'Internet et vous passez votre temps libre à préciser votre projet, que vous espérez démarrer bientôt.

Ce livre est aussi fait pour vous.

Vous gérez un ou plusieurs magasins installés dans d'excellents emplacements de centres commerciaux ou de centres-villes. Malgré vos efforts d'achalandage et d'animation, votre activité stagne.

Cédant aux promesses alléchantes d'un conseil habile vendeur, vous avez créé à grands frais un site marchand, dont le chiffre d'affaires reste anecdotique.

Vous présumez que votre survie économique passe par un rapide approfondissement et élargissement de votre présence sur Internet.

Ce livre est aussi fait pour vous.

Vous avez un site de e-Commerce mais depuis quelque temps votre chiffre d'affaire stagne et votre rentabilité régresse.

Dépêchez-vous d'acheter ce livre ! Il est fait pour vous également.

Dans le monde, à chaque instant, des milliers de projets fleurissent, autour du e-Commerce et de la vente à distance (VAD).

Mais nous sommes encore loin d'avoir fait le tour des besoins du consommateur-roi, tranquillement installé chez lui ou n'importe où, devant ses écrans, son pouvoir d'achat à la main telle la baguette de l'enchanteur Merlin. L'univers de ses désirs est infini.

Et nous avons tous en tête le parcours de notre « dieu vivant » :

Jeff Bezos,

L'homme le plus riche du monde (150 milliards de $ avant son divorce), créateur d'une modeste librairie en ligne, depuis son garage, en 1994.

E-Commerçant il a commencé, e-Commerçant il est toujours.

Ces derniers temps (début 2020), sa place de « *richest in the world* » est disputée par Bernard Arnault, le patron de LVMH. Cette compétition entre les deux est très riche de sens.

D'un côté, Amazon, l'empire du désir, où tous les produits du monde sont disponibles facilement, rapidement, à tous moments, au meilleur prix.

De l'autre, LVMH, l'empire du rêve, où une pléiade de marques prestigieuses peuplent les imaginaires, nourrissent les frustrations et incitent à l'achat alors que prix et marges sont les plus élevés possibles.

Vous devez vous inspirer de Jeff lorsque vous bâtissez l'âme et la structure de votre business – et l'extrême attention au client. Mais vous devez aussi penser à Bernard lorsque vous travaillez sur vos prix et votre rentabilité. Le Génie de la Marge, c'est lui !

Bien sûr, notre propos est le e-Commerce. Nous sommes / vous êtes dans les traces de Jeff Bezos. Mais ici et là, très souvent, nous parlerons prix et marges, les plus élevés possibles, composants essentiels du succès de votre business.

Nous avons conçu ce livre comme un manuel pratique, concret, accessible. Régulièrement vous retrouverez ce bon vieux Jeff, qui a lu par-dessus notre épaule (Bernard était trop occupé à compter ses sous) et de temps en temps, nous a donné son avis d'une phrase lapidaire…

Nous vous souhaitons le même plaisir à lire cet ouvrage que nous en avons mis à l'écrire et nous vous souhaitons la plus belle réussite de vos projets.

Conventions utilisées dans cet ouvrage :

Les mots soulignés sont définis dans le GLOSSAIRE.

Les adresses de sites internet sont précédés par http ou www. Les URL raccourcies pour en simplifier la saisie débutent par bit.ly

Les termes en *italique* sont des expressions anglaises n'étant pas passées dans le langage courant ou, dans la BIBLIOGRAPHIE, les titres des ouvrages.

Table des matières

1. DANS E-COMMERCE, IL Y A COMMERCE

SAVOIR PRODUIRE, c'est bien. Savoir vendre, c'est (beaucoup) mieux.

Construire une usine ou un atelier, créer une exploitation agricole, c'est bien. Plus tard, si vous avez veillé au renouvellement des matériels et des machines, vous léguerez à votre successeur un bon instrument de travail.

Construire un outil de distribution, c'est (beaucoup) mieux. Vous pouvez vous passer de l'outil de production. L'outil de distribution collecte et sert les commandes : le chiffre d'affaire, les clients, la survie de l'entreprise, c'est lui.

À choisir, il vaut mieux avoir des clients que des machines. Et si vous êtes producteur, industriel ou artisan, il est impératif que vous sachiez AUSSI vendre.

Préparez-vous !

Si vous voulez grimper jusqu'au sommet de l'Everest, ou partir (à pied) sur le chemin de Saint Jacques de Compostelle, vous avez besoin de faire une check-list de tout l'équipement dont vous avez besoin. Pour éviter les problèmes, ce genre d'expédition se prépare soigneusement.
Se lancer dans le e-Commerce procède de la même logique. Vous allez avoir besoin de beaucoup de temps, d'énergie et de

concentration pour bien lister tous les éléments de votre futur business, les examiner et les mettre en ordre pour que ça marche ! Nous allons vous y aider.

101/ Votre objectif

Faire du commerce, c'est organiser la rencontre de vos produits avec ceux qui vont les acheter. Vous disposez de vos produits. Vous voulez les vendre. Vous avez fait votre prévisionnel et vous savez que vous devez en vendre une quantité suffisante pour que votre business se développe dans de bonnes conditions.

Vous allez donc créer un site, tenter de le référencer auprès des médias, bloggeurs, influenceurs, leaders d'opinion et autres, programmer des actions publicitaires. Mais vous n'avez a priori aucune idée sur ce que tout ça va vous rapporter. Votre objectif est donc, tout simplement, de gagner un maximum de clients.

Faire du commerce, c'est transformer une partie de la population en clients de vos produits. Pas tous, bien sûr, mais une fraction suffisante.

Imaginez : vous avez une boutique physique. Vous mettez un panneau sur le trottoir devant chez vous et vous attendez le client sans rien faire d'autre pour attirer son attention. Les gens vont passer, certains vont regarder votre panneau, d'autres non. Vous allez transformer en clients une certaine proportion de passants, disons 1 ou 2 sur 1 000. Peut-être cela vous suffira-t-il, peut-être pas…
Pratiquer le métier de commerçant, c'est vouloir transformer une plus grande proportion de passants en clients. C'est multiplier par 10 ou 20 le nombre d'acheteurs de vos produits, sur une population

donnée, c'est-à-dire passer de 0,1 % à 1, 2 ou 3 % ou davantage. **Le plus possible**, nous sommes d'accord.

Vos amis vont vous prévenir : "les gens n'achèteront jamais tes produits, c'est trop cher !". Changez d'amis ! Cette phrase n'a pas de sens : elle signifie que vous souhaitez intéresser à vos produits "les gens", c'est-à-dire tout le monde, 100 % d'une population. Autant le savoir tout de suite : vous n'aurez jamais une telle unanimité.

Il vaut mieux dire : je vais intéresser à mes produits tels qu'ils sont, avec leur prix (max.) une proportion suffisante de gens (c'est-à-dire 1 %, 2 %, 3 %, 5 %, le maximum…). La grande majorité (au moins 95 % !) resteront indifférents, voire hostiles (c'est trop cher !) à mes produits.
Ce raisonnement est une des clés du e-Commerce.

1011 - Un peu de vocabulaire

Qui va acheter vos produits ? N'importe qui ? Ou au contraire un segment précis de la population ? Les collectionneurs de voitures anciennes, les femmes âgées de plus de 55 ans, les personnes à mobilité réduite, les proviseurs de lycée de la Région Auvergne-Rhône-Alpes, les jeunes citadins entre 18 et 25 ans…

Au début de toute réflexion commerciale, vous devez qualifier votre clientèle le plus précisément possible. C'est-à-dire déterminer son profil : quel âge, quel sexe, quel type d'habitat, quelle catégorie socio-professionnelle, quelle habitude de consommation…

Voulez-vous vendre ? :

- à des particuliers, c'est le *Business to Consumers* ➪ B2C
- à des entreprises, c'est le *Business to Business* ➪ B2B
- à des revendeurs, c'est le *Business to Retail* ➪ B2R

1012 - Votre marché

C'est l'ensemble des consommateurs ou des intermédiaires susceptibles de s'intéresser à vos produits.

Vous avez installé un panneau sur le trottoir. Les passants qui voient votre panneau et se disent "Tiens, c'est intéressant…" deviennent des **prospects**. Deviennent aussi des prospects, les internautes qui cliquent sur votre annonce sur Google.

Vos prospects, c'est donc la fraction de votre marché qui a connaissance de vos produits. Votre prospect a eu connaissance d'une information vous concernant et l'a retenue.
Dès qu'il achète, le prospect se transforme en **client**. Pour que cette transition se fasse, vous avez dû mettre en œuvre des techniques commerciales.

Le client **fidèle** est celui qui a acheté au moins 2 fois.

Votre objectif commercial va être d'extraire de votre marché le plus possible de clients fidèles.

Transformer un quidam, un passant, un inconnu en nouveau client est la tâche LA PLUS DIFFICILE ET LA PLUS COÛTEUSE.

Chaque client nouveau peut vous coûter quelques centimes jusqu'à plusieurs centaines d'Euros. Ce coût-là mesure votre habileté commerciale. Votre réussite sera mesurée par la faiblesse de votre coût de recrutement.

Si votre produit correspond bien aux attentes de celui qui l'a commandé. S'il est correctement présenté, que la livraison s'est bien passée, sans casse, dans des délais raisonnables, il sera beaucoup PLUS SIMPLE ET MOINS COÛTEUX d'inciter votre client nouveau à acheter une seconde fois un panier d'un montant le plus élevé possible.

Votre objectif en e-Commerce est de constituer un fichier, le plus important possible, de clients fidèles.

102/ Attention à vos prix !

Pour savoir où vous allez, vous devez connaître, pour chacun de vos produits, les coûts et les marges.

Chaque fois que vous allez investir pour une action commerciale (achat d'une pub, location de fichiers, intervention sur Google), il est important de pouvoir mesurer la rentabilité de votre action (cela vaut-il la peine de recommencer ?) Chaque produit (ou famille de produits) doit être défini par :

- Son prix de revient,
- Sa marge commerciale.

L'addition de ces coûts donne le prix public hors taxes.

On suppose que vous connaissez le prix de revient de votre produit : c'est le prix auquel il arrive dans votre local, éventuellement reconditionné (coût), palettisé ou stocké (coût), prêt à partir chez votre client. Une remarque : savoir vendre, c'est aussi savoir acheter, c'est à dire pouvoir réaliser une marge maximale, sans étrangler votre fournisseur qui pourrait répondre à vos exigences excessives de prix bas par une baisse de qualité.

Au prix de revient, vous ajoutez le coût de distribution. Il doit recouvrir :

Tous les coûts directement liés à la distribution :

- Checking des commandes,
- Facturation,
- Emballages,
- Frais de livraison ou d'expédition,
- Rémunération des gens chargés de la confection des colis,
- Amortissement du local de stockage produits finis et du local de colisage,
- Électricité, assurances, etc.,

Un coût affecté au temps passé à l'amont et l'aval de la distribution :

- Sélection des fournisseurs,
- Négociations,
- Conception de votre gamme de produits,

- Création des messages et outils de communication,
- Conception des campagnes de recrutement et de relance, etc.).

Les coûts des animations publicitaires : Google, Google et encore Google, plus le reste…

Les animations commerciales qui, le plus souvent, sont des promotions/remises pour ceux qui achètent en quantité, pour créer un évènement, pour la négociation, etc.

La contribution aux frais fixes de l'entreprise (impôts et taxes, frais financiers, rémunération des équipes de direction, amortissements des outils informatiques, du site Internet, des équipements, etc.),

La marge bénéficiaire

1021 - Un coefficient maximal

Contrairement aux autres coûts, le coût de distribution est connu seulement a posteriori, après avoir réalisé la vente. Vous saurez seulement en fin d'année si telle animation publicitaire vous a apporté des clients, ou non. Il est donc d'usage d'évaluer ce coût de distribution a priori, par un coefficient multiplicateur appliqué au prix de revient.

Les coefficients varient beaucoup selon les canaux de distribution. Pour les produits alimentaires haut de gamme, il est au moins à 1,8 du prix de revient HT au prix public HT, hors grande distribution (prix de revient HT = 100, prix public HT = 180).
Pour votre business en e-Commerce, nous vous conseillons de fixer le coefficient **minimum** à 3 du HT au HT (100 à 300).

Bien sûr, sur certains produits vous pouvez appliquer un coefficient de 2,5 et sur d'autres un coefficient de 4 et au-delà. Ce qui compte, c'est que votre coefficient moyen soit d'un montant suffisamment élevé.

Car pour financer vos actions commerciales, prospection et relance, vous allez **avoir besoin de marges** !

1022 - Etablissez des prix +++ !

Résistez à la tentation de fixer vos prix à un niveau trop bas (ou de trop les baisser). Bien sûr, vous allez entendre plus d'une fois des réflexions aigres, du style "c'est trop cher !". Les personnes qui émettent ce genre de réflexions ne sont pas vos clients et ne le seront jamais !
N'oubliez pas : vous ne transformerez en clients que 1, 2, 3 ou 5 % de votre marché, et 1, 2 ou 3 prospects sur 10. Autrement dit, 95 % au moins de votre marché ne sera jamais votre client. Ne vous laissez donc pas influencer par ses remarques.

Baisser ses prix en espérant vendre davantage et se rattraper sur la quantité est une illusion. Vous ne pouvez faire concurrence aux discounters.

Le prix faible est la contrepartie d'une carence en informations, en communication, en rêve, en savoir-faire commercial. Rien de pire qu'un produit muet. En l'absence d'informations, le consommateur se retrouve dans un contexte d'hypermarché ou de discounter. Dans ce cas, il choisit toujours le prix le plus bas possible.
Votre calcul des coûts et l'application d'un coefficient suffisamment élevé aboutissent à un prix juste.

Si vous n'atteignez pas le chiffre d'affaires souhaité, c'est que VOUS AVEZ FAIT UN EFFORT COMMERCIAL INSUFFISANT. Vous allez avoir besoin de votre marge commerciale pour mieux vous faire connaître, essayer d'être présent sur d'autres marchés, etc.
Si vous présentez bien vos produits, si vous communiquez bien avec vos clients, si vous vous mettez bien à leur écoute après avoir suscité leur intérêt, le prix ne sera plus un frein à la vente.

Vous pouvez, bien sûr, jouer sur vos prix (remises temporaires, prix barrés), à condition de le justifier (cadeaux de bienvenue aux nouveaux clients, nouveaux produits, nouveaux boîtages, remises pour quantités, etc.). VOUS VENDREZ TOUJOURS MIEUX SI VOUS VENDEZ MOINS CHER QUE VOTRE PRIX

.

La remise pour quantités, la remise de saison, la remise pour faire connaissance avec des produits nouveaux, sont des animations, des événements qui donneront lieu à une relance commerciale.

Enfin, soyez attentif aux seuils de prix : dans l'esprit de votre client, il y a plus de différence entre 19,50 € et 20€ qu'entre 16 € et 19 €. Dans le premier cas, vous avez franchi un seuil de dizaine. Donc, lors de la fixation de vos prix, veillez à rester sous un seuil : 9,50€ plutôt que 10,20€, 29€ plutôt que 31€, etc.

103/ Première approche de votre marché

1031 – Observez !

Au début, vous avez une idée plus ou moins précise de votre marché. Il faut très rapidement conforter votre ressenti par quelques observations :

- Des produits analogues aux vôtres sont-ils déjà sur le marché ?
- Depuis longtemps ?
- Les structures qui les vendent sont-elles prospères ?
- À quel public s'adressent-ils ?
- Quel est leur argument de vente ?
- Comment arrivent-ils chez le client ?
- À quel tarif ?

L'observation de la concurrence (sur Internet, dans les magasins spécialisés, dans les grandes surfaces) est votre première étude de marché.

Nous sommes dans le domaine commercial, c'est-à-dire de la confrontation avec le client. Votre chiffre d'affaires et votre rentabilité sont les mesures de la qualité commerciale de ce que vous vendez.

Autrement dit, vos produits ont une qualité objective, mesurée par le respect des normes, l'agrément d'un label, l'appartenance à une filière, etc. C'est le rôle des Pouvoirs Publics de veiller au respect de cette qualité objective.

Les prospects achètent une première fois vos produits, non parce qu'ils sont de qualité (car tous les produits analogues aux vôtres sur le marché peuvent en dire autant) mais parce qu'ils veulent PARTICIPER À VOTRE HISTOIRE.

Pour votre Prospect, la qualité objective est implicite : elle va de soi, à partir du moment où vous êtes agréé par les normes. Il transformera son intérêt en achat si vos produits ou vos services présentent une qualité commerciale qui lui convient :

- C'est nouveau,
- C'est bien présenté,
- Ça a l'air drôlement bon, beau, joli, élégant, utile, efficace,
- D'autres l'ont apprécié,
- Votre histoire lui plaît,
- Nous sommes des gens sérieux,
- C'est une bonne affaire, etc…

1032 - Mieux qu'une étude, un test de marché

Etudier votre marché, c'est bien. Le tester c'est mieux.
Lorsque vous demandez leur avis aux gens sur leur futur comportement d'achat par rapport à votre produit, leur réponse peut être biaisée :

- Ils vous trouvent sympathique,
- Ils ne veulent pas vous faire de peine,
- Ils veulent se donner le beau rôle,

- Ils sont de bonne humeur au moment où vous les interrogez,
- Etc…

Autrement dit, vous n'êtes pas sûr à 100 % (ni à 50 % d'ailleurs) que, le moment venu, ils sortiront leur CB pour acheter votre produit. Répondre à un questionnaire est une chose, payer un produit qu'on achète, en est une autre.

En revanche, si vous présentez votre produit en proposant aux gens de l'acheter, leur geste d'achat ou non sera beaucoup plus probant. C'est un test de marché.

104/ Qui est votre client ? Revisitez la pyramide des besoins

Les comportements du consommateur évoluent très rapidement, avec l'accès immédiat à toutes les formes d'offre qu'Internet propose (et la propension au **zapping** qui en résulte), l'importance des **acheteuses** et des jeunes générations.

Supposons que vous demandiez à un certain nombre de personnes (le plus possible) d'expliquer pourquoi ils achètent tel ou tel produit, vous vous rendrez compte rapidement que les décisions d'achat reposent sur des motivations irrationnelles.

Pourquoi préférez-vous acheter tel produit plutôt que tel autre ? Réponses : ce n'est pas cher, c'est une promotion, c'est beau, c'est la qualité au meilleur prix, ça me fait plaisir, c'est à la mode, je l'ai vu sur Insta, originalité, individualité, reconnaissance, le vendeur est sympa, confiance, etc.

Vous vendez des produits (alimentaires, textiles, artisanaux), des prestations (touristiques, de communication), des œuvres artistiques ou ce que vous voulez....
Par exemple : vous êtes conserveur et vous produisez du foie gras, vous vendez des huiles essentielles à usage thérapeutique ou des accessoires en cachemire... La première question que vous devez vous poser est : pourquoi un inconnu va-t-il acheter mes produits ?

La réponse : "parce qu'il a faim (froid, soif)" est trop sommaire.

Être commerçant, c'est d'abord se préoccuper de ce que recherche le consommateur et se demander si les produits proposés peuvent répondre à sa recherche.
Le quidam qui achète votre produit, agit en fonction d'un certain nombre de motivations. Sur le plan qui vous intéresse, c'est-à-dire les motivations d'achat, il est indispensable de réfléchir à la hiérarchie des besoins d'un individu.

Niveau de la hiérarchie	Besoins	Traductions
Quaternaire (Besoin de réalisation de l'individu)	EPANOUISSEMENT DE LA PERSONNALITÉ	Recherche du bien-être Recherche du sens
Tertiaire (Besoins sociaux)	ESTIME APPARTENANCE	Reconnaissance Considération Partie d'un groupe
Secondaire	SÉCURITÉ	Protection, ordre
Primaire	BESOINS PHYSIOLOGIQUES	Manger, boire se vêtir Avoir « de quoi » Peur de manquer

Cette classification, dite pyramide de Maslow (du nom de son inventeur), est évidemment très sommaire, mais cette pyramide est au cœur du succès d'entreprises telles que Zappos aux USA (« L'entreprise du bonheur »). Les besoins sont organisés en niveaux et l'individu ne cherche à satisfaire un besoin de niveau supérieur que lorsque les besoins de niveau inférieur sont satisfaits.

En examinant cette classification, vous constatez que vos produits doivent APPORTER UNE REPONSE à chacun des types de besoins recensés, du primaire au quaternaire.

1041- Besoin physiologique - Ne pas avoir faim (ou soif ou froid), besoin « tripal ».

Les consommateurs trouvent en grande surface des produits (alimentaires, textiles, …) en quantité, qui satisfont aussi ce besoin pour beaucoup moins cher. C'est d'ailleurs le principal argument de la grande surface : PLUS POUR MOINS (cher) : vous pouvez remplir vos placards ou votre réfrigérateur pour moins cher qu'ailleurs. Vous allez plus facilement avoir « de quoi » (manger, boire, vous vêtir, être élégant(e), avoir une meilleure santé, etc.). Vous n'allez manquer de rien.

Vous pouvez rentrer dans ce même niveau de motivation par vos animations sur les prix (Plus de super-produits de ma gamme pour Moins cher), mais aussi par le soin apporté à vos visuels (des photos salivantes pour tout ce qui est alimentaire).

De toutes façons, vous devez être persuadé, à propos de vos produits que : « une qualité pareille, à ce prix, c'est cadeau ».

1042 - Besoin de sécurité - Rassurer le consommateur.

Plus qu'un besoin, c'est la revendication d'une qualité minimale. Vous devez veiller à ce que vos produits contiennent les ingrédients mentionnés sur l'étiquette, qu'ils soient faits dans les règles de l'art et soient garantis. Aucun risque !
Votre argument : sans colorant ni conservateur ou ateliers aux normes de salubrité, écologie, traçabilité. Votre client sera rassuré (et donc disposé à acheter) si vous lui donnez aussi une GARANTIE COMMERCIALE (du type remboursement ou remplacement immédiat par un produit identique au moindre problème). Si certains de vos fournisseurs ont reçu des prix à des concours, ou si certains de vos clients ont pu mincir durablement grâce à votre méthode exclusive, il faut en faire état dans votre communication. Sur Internet, les avis des consommateurs jouent un rôle très important.

Le consommateur ne veut pas se mettre en danger par son acte d'achat (alimentaire, parapharmacie, accessoire). Il veut être sûr de bien recevoir le service escompté (un vêtement doit être chaud ou élégant et, de toutes façons, inusable) et qu'il ne va pas se faire arnaquer. Vous lui garantissez que sa commande va lui parvenir en bon état et dans des délais **très** courts.

1043 - Besoin d'appartenance - L'individu n'aime pas se sentir seul.

Il vous achètera plus volontiers s'il sait que d'autres, ont fait l'effort de vous découvrir, d'acheter vos produits et les apprécient (les connaisseurs, les initiés, les *geeks*, les *fashion addicts*, les *people*). Boire le même café que George Clooney, c'est un must !

De la même façon, le consommateur aimera que son geste d'achat confirme son enracinement dans une région (locale ou lointaine), un réseau social, un groupe d'appartenance, une « tribu », une tradition, une mode, un groupe culturel ou ethnique.

Là aussi, pensez à rassembler des témoignages de satisfaction de vos clients. Le cas échéant, pensez aussi à l'argument : "il n'y en aura pas pour tout le monde, quantités (très) limitées".

1044 - Besoins d'estime - Être et avoir.

Votre client veut exister davantage aux yeux des autres en achetant vos produits / services.

Pour l'alimentaire, à travers vos produits, l'individu pense au plaisir qu'il va procurer à ses convives en les présentant sur la table, ou à la réaction de ceux à qui il les offrira. Par rapport aux vêtements, aux parures, vous jouez sur sa propension à l'autosatisfaction.

Dans le secteur des produits de luxe, ce besoin amène à acheter des parures clinquantes, voyantes, de toutes façons siglées. On aimera porter des vêtements, des parures qui affichent leur valeur monétaire (les « must have »), rouler dans des voitures luxueuses, attirer l'attention, susciter l'admiration, etc.

Dans ce contexte, la lisibilité de vos messages, leur personnalisation et le service impeccable, sont des éléments fondamentaux pour augmenter la différence avec vos concurrents. Votre client n'est pas un anonyme, il veut être considéré.

Votre produit n'est pas « seul » face au client. Le service « autour » du produit est aussi important que le produit lui- même. La qualité de l'information, la réactivité de votre service commercial sont des critères très importants d'appréciation de votre entreprise par votre

clientèle. C'est bien souvent à ce niveau que se distinguent les « grands » du e-Commerce.
Et puis, n'oubliez pas de remercier. Merci, merci et encore merci. On ne remercie jamais assez ses clients. Après tout, votre entreprise existe grâce à eux.

1045- Besoins de réalisation, d'épanouissement - Ne pas mourir idiot.

Le consommateur s'intéresse à vos produits parce qu'il les trouve appétissant, parce que leur appellation lui plaît. La qualité de votre produit n'est plus source d'admiration (ou de reconnaissance) des autres comme pour le besoin d'estime, elle est vécue en tant que telle, comme apportant du bien-être ou du plaisir ou une satisfaction idéologique ou éthique.

Par exemple, dans le secteur du luxe, on achète des vêtements, des parures belles, « chic ». Pour le plaisir de les porter, parce qu'on aime leur coupe, le côté impeccable, l'extrême qualité. Ce sont aussi des produits qui racontent la sauvegarde d'un savoir-faire traditionnel. On participe à une belle histoire. Dans le même ordre d'idée, on peut acheter une Ferrari, non pour impressionner son voisin, mais pour éprouver du plaisir à la conduire.

C'est beau, esthétique, efficace, c'est bon, ça fait du bien, on apprend quelque chose. On partage un moment d'humanité, on est séduit par un sourire ou un regard. On PARTAGE une connivence, l'humour, un côté décalé. On rêve…

On contribue à un geste écologique ou à une action solidaire (commerce équitable), on fait travailler des ateliers en France. En achetant votre produit, chacun devient militant a minima d'une belle cause.

Vous-même d'ailleurs, devez adopter ce côté militant. Les Français ne croient plus guère aux politiques, mais ils pensent que l'entreprise doit contribuer à résoudre les grands problèmes de société et/ou réparer un monde malade. Pensez-y dans vos actions et faites-le savoir !

1046 – Application

Votre Politique commerciale doit veiller à apporter une réponse à TOUS ces besoins, du haut en bas de la pyramide. Vous ferez rêver vos clients en leur racontant vos voyages sur les pentes de l'Himalaya pour récolter les précieuses baies de goji si utiles à leur santé ET vous leur ferez une petite promo pour activer leur geste d'achat.

105/ Attention à votre identité

Au cours de cet ouvrage, nous allons souvent parler lisibilité, visibilité, efficacité de vos messages commerciaux. Il s'agit de e-Commerce : c'est votre message qui vend. Votre produit est très important, certes, mais c'est la manière de le présenter qui provoquera ou non l'intérêt du client et le geste d'achat.

Premier réflexe : choisir un bon nom de marque. Vous devez être aisément reconnaissable par votre signature, votre marque. Il est important de passer du temps pour créer votre signature et sa transcription visuelle.
Les briquets, rasoirs, crayons à bille BIC se seraient moins rapidement imposés s'ils s'étaient appelés BONGO ou OKAPI, que les sous-vêtements DIM (anciennement Bas Dimanche) n'auraient pas eu autant de succès si leur marque avait été LUN (lundi), etc…

Plusieurs marques défuntes ont dû leur décès précoce à un nom mal choisi. L'emploi dangereux d'initiales (très difficilement mémorisables), l'utilisation d'un terme évoquant l'industrie chimique pour un produit alimentaire, la consonance fâcheuse qui déforme le nom de marque, etc.…ont provoqué bien des surprises désagréables.

Lorsqu'un créateur d'entreprise décide de baptiser sa société « Compagnie Régionale des Produits de la Ferme Surgelés » il fait peu cas des conversations futures entre ses représentants et les acheteurs, ses détaillants et le public. Bien sûr, il en viendra rapidement à n'utiliser que les initiales de cette raison sociale : C.R.P.F.S., mais le mieux est parfois l'ennemi du bien.

Si son principal concurrent s'appelle FRIGEFERM, FERMAGEL ou PICARD, la C.R.P.F.S. aura du mal à se faire entendre.

1051 – Votre signature doit traduire, de manière synthétique, votre réalité.

Lorsque vous réfléchissez à votre signature, votre marque, pensez aux règles suivantes :

- Ma signature doit être LISIBLE aisément,
- Ma signature doit être AUDIBLE aisément,
- Ma signature doit être PRONONCABLE aisément,
- Ma signature doit être MEMORISABLE aisément,
- On doit pouvoir L'ECRIRE facilement (sans faute d'orthographe),

- Ma signature doit être EVOCATRICE, et les associations d'idées qu'elle suggère doivent être plaisantes, chaleureuses et flatteuses et ce, dans les principales langues de la planète.

Méfiez-vous des évocations difficiles, des jeux de mots, des associations réservées à des agrégés de lettres classiques (ou à des gens du pays, à moins que votre marché soit exclusivement composé de gens du pays).

1052 – Soignez la traduction graphique de votre signature

Votre logo accompagnera tous vos messages. Il doit répondre au même genre d'exigence que votre marque. Il doit être facilement mémorisable, donc reconnaissable et évocateur de votre activité.

Comme il doit être utilisé en en-tête de vos messages, mais aussi reproduit sur les outils graphiques qui vont guider vos clients, il doit être agrandissable ou réductible, sans perdre de son sens.

1053 – Vous devez consulter l'INPI (Institut National de Propriété Industrielle)

Pour savoir si la marque que vous envisagez d'utiliser n'a pas encore été déposée.
Consultez l'INPI ou ICIMARQUES sur Internet. Si personne n'utilise votre marque, vous pouvez alors vous en assurer la propriété en retirant un dossier de dépôt de marques à l'INPI ou en le remplissant sur Internet.

Pour utiliser votre marque comme nom de domaine sur Internet, il faut également vérifier que le nom de domaine ne soit pas déjà déposé (par exemple sur www.gandi.net).

106/ Pas un seul produit, une gamme…

Amener une personne à acheter votre produit coûte beaucoup (de l'argent, de l'énergie, du temps). Lorsque vous vendez pour la première fois, vous créez un lien avec votre nouveau client. Un lien monétaire, mais **surtout** un lien de confiance, de familiarité.

Votre nouveau client vous connaît. Si son premier achat l'a satisfait, il accueillera favorablement vos autres propositions commerciales portant sur d'autres produits, voisins de celui qu'il a acheté. Les achats suivants coûteront **beaucoup moins cher** en frais publicitaires que le premier.

Vous avez donc intérêt à créer une gamme, une collection. C'est-à-dire proposer toute une série de produits aux caractéristiques voisines (gastronomie, électronique de précision, vêtements, méthodes pour se sentir mieux, etc.).

Il faut bien sûr que votre gamme soit cohérente. Votre nouveau client achètera d'autant mieux une seconde fois, qu'il vous considérera comme un spécialiste d'un certain domaine.

Très important : vous gagnerez beaucoup mieux votre vie sur le second, troisième, quatrième, etc. achat de vos clients fidèles. Cette masse, ce fichier de clients fidèles est votre fonds de commerce. Plus tard, si vous souhaitez passer la main, un fichier fourni et bien exploité a une grande valeur marchande.

… Une gamme de produits distingués

- Le marketing,
- Le visuel,
- L'emballage,

- L'étiquetage,
- Le côté pratique,
- L'adaptation aux désirs de la clientèle,
- L'aptitude à faire rêver…

… fondent la valeur de vos produits et vous permettent de gagner+.

La seule question à se poser : compte tenu des caractéristiques de mes produits, de l'effort réalisé sur le plan marketing, des prix que j'ai calculés après le calcul d'un coefficient maximum…. Y a-t-il, sur ce marché, un pourcentage suffisant de gens qui répondront positivement à mon offre ?

Les discounteurs et la grande distribution en général font massivement appel aux motivations décrites dans le 1er et le 2ème niveau de la pyramide des motivations.
Pour vous distinguer et échapper aux guerres des prix, vos messages devront **aussi** faire appel aux niveaux supérieurs de la pyramide des motivations.

Plus précisément : plus vos produits feront appel aux niveaux supérieurs de la pyramide des motivations, plus leur prix pourra être élevé.

Autrement dit, le POUVOIR D'ACHAT de vos clients a peu d'importance. Ce qui compte, c'est qu'ils aient envie de vos produits. Qu'ils soient prêts à faire des choix budgétaires en faveur de vos produits (je préfère acheter ce produit qui me plaît et reporter au mois prochain l'achat d'un home cinéma pour la maison de campagne).

Votre objectif : travailler sur le VOULOIR D'ACHAT de vos clients.

107/ Ne confondez pas info et com. !

Beaucoup d'éminents spécialistes (y compris parmi les agences de communication ou de publicité) confondent information et communication.

Informer, c'est bien : vous faites savoir que vous existez, vous vous faites connaître. Beaucoup de campagnes publicitaires sont des campagnes d'information. L'annonceur consacre un budget à informer sur sa politique tarifaire ou un nouveau produit. Il n'est pas prévu de mesurer l'impact de ces campagnes d'information.

Un (gros) annonceur disait « je sais que la moitié de mon budget publicitaire ne sert à rien mais je ne sais pas quelle moitié… ».

Communiquer, c'est BEAUCOUP mieux. Vous exigez d'avoir des retours. Chaque centime investi doit avoir une contrepartie.

Cette contrepartie peut prendre plusieurs formes :

- Des commandes, c'est le mieux,
- Des demandes d'information,
- Des adresses mail, qui vous permettront de futures relances.

Bien entendu, il est beaucoup plus difficile de communiquer que d'informer. Comme vous attendez des retours, vous pourrez très rapidement mesurer l'efficacité d'une campagne de communication (combien de chiffre d'affaires ou, mieux, de rentabilité, par Euro investi ?).

Cette EXIGENCE D'UNE MESURE de l'efficacité vous amènera à construire votre message de manière qu'il soit vu, lu, compris et qu'il donne envie au lecteur de réagir.

108/ Prévoyez des animations commerciales

Ce n'est pas parce que vous vendez des tissus 100 % Yangir (encore plus fin que le cachemire, 2 000 € l'étole, 5 000 € pour une couverture) que vous devez renoncer aux animations commerciales. Certes, vous vous adressez à des gens très aisés, à des connaisseurs, qui veulent la fibre animale la plus fine au monde…

Ces gens-là font aussi tout ou partie de leurs courses dans la grande distribution ou chez les discounteurs. Ils sont aussi habitués à réagir positivement à toute sollicitation leur permettant d'économiser quelques %. Ils se précipitent chez leur fournisseur favori dès le début des soldes. Autrement dit, ils vont réagir au quart de tour quand vous allez leur proposer une animation commerciale.

Imaginez deux stands voisins dans un salon commercial. Sur le premier sont disposées des étoles 100 % Yangir avec une pancarte : 1 950 € l'étole. Sur le second sont disposées des étoles 100 % Yangir avec une pancarte : l'étole au lieu de ~~2100 €~~ 1950€ (promotion exceptionnelle jusqu'à la fin du salon). À votre avis, quel stand aura le plus de clients ? Le second, bien évidemment. Et de beaucoup !

Une animation commerciale permet de mettre en avant un ou plusieurs produits de votre gamme, que vous souhaitez vendre davantage.
Mettre en place une animation est un événement commercial. Autrement dit, l'animation justifie que vous relanciez vos clients : « j'ai quelque chose à vous dire… ».

Voici les principaux types d'animations :

- Remise, promotion,
- Cadeau(x) (fidélité, seuil, anniversaire, etc.),
- Variations sur les frais de port,
- Loterie, tombola, jeu …

L'animation commerciale est un avantage que vous proposez à votre client, avantage financier la plupart du temps. Il est donc très important que vous ayez prévu ce manque à gagner dès la formation de vos prix de vente.
Nous précisons plus loin l'encadrement juridique de ces animations.

109/ N'hésitez pas à imiter (les grands, les anciens)

Votre projet est certainement génialissime et unique, puisque c'est le vôtre. Il existe cependant probablement quelques opérateurs qui ont déjà tenté la vente sur Internet de produits analogues. Autrement dit, sur le secteur d'activité où vous souhaitez opérer, repérez vos futurs concurrents.

Espionnez-les ! De manière tout à fait légale, bien entendu. D'abord regardez leurs comptes pour voir si leur santé est

florissante, ou non. Si ce sont des sociétés commerciales, leurs comptes sont publiés et consultables sur de nombreux sites internet : www.societe.com par exemple (il y en a beaucoup d'autres).
Cela vous coûtera quelques Euros d'acheter les comptes et de les analyser. Si vous avez du mal avec l'analyse financière, faites-vous aider par un professionnel.
Si l'entreprise est prospère (c'est-à-dire avec un quotient résultat après IS / CA HT conséquent), cela signifie qu'il y a probablement de la place pour vous dans cette niche. Si l'entreprise ne publie pas ses comptes, cela signifie généralement que ceux-ci ne sont pas bons (quoiqu'en disent ses dirigeants…).

Devenez aussi clients de vos concurrents ! Vous pourrez comme cela examiner leur politique commerciale, leurs tarifs, leur mode de prospection et de relance, le contenu et la forme de leurs messages, leur mode de livraison, etc.…

Examiner attentivement et régulièrement la concurrence fait partie intégrante de votre étude de marché. Et c'est assez facile, surtout sur Internet. Mais ne soyez pas focalisés sur ce que font vos concurrents, allez au-delà. N'oubliez pas que Steve Jobs chez Apple avait décidé de tourner le dos aux concurrents pour refonder le marché.

110/ Votre client est une cliente

Scoop : les femmes sont maintenant présentes dans tous les domaines, notamment dans les postes de décision des entreprises ou des administrations, c'est-à-dire dans les fonctions de responsabilité, très prenantes au niveau de l'engagement et du temps, mais aussi bien rémunérées.

La ménagère de moins de 50 ans est partie aux oubliettes, maintenant on parle Responsable des Achats (RDA). Les femmes sont des acheteuses et consommatrices haut de gamme.

C'est une puissante tendance, qui va se renforcer dans l'avenir. Dans le monde, plus de la moitié des étudiants à l'université sont des femmes. En France, en 2018, 49% des femmes de 25 à 34 ans sont diplômées de l'enseignement supérieur (38% des hommes). Dans l'Union Européenne, ces 2 chiffres sont respectivement de 44% et 34%.

Comme elles assument une vie professionnelle riche et intense, tout en continuant à organiser les tâches ménagères et l'accompagnement des enfants, elles n'ont pas une minute à elles. Et « *Women want more* » titrait en 2009, une étude du Boston Consulting Group. Autrement dit, elles ont envie que les produits mis sur le marché correspondent à leurs aspirations et à leurs besoins.

Encore maintenant, trop d'entreprises continuent à proposer des produits pauvrement réfléchis, en basant leur argumentaire sur les aspects techniques, et/ou offrent des services qui prennent trop de temps et/ou utilisent des concepts marketing démodés.

Les femmes pensent collectif. Elles travaillent pour assurer l'aisance matérielle de leur famille, mais elles veillent aussi à leur développement personnel et revendiquent une touche de plaisir / satisfaction. Ce sont des acheteuses réfléchies et instruites mais aussi des rêveuses romantiques…

Elles veulent :

- Qualité,
- Efficacité,

- Beauté,
- Une belle histoire qui les fasse rêver,
- Un accès facile à une information sincère et exhaustive,
- De manière à pouvoir vous faire confiance.

Elles veulent des entreprises qui font attention, écoutent et répondent à leurs besoins et souhaits. Et le font savoir.

D'après l'étude du BCG, les valeurs féminines sont, dans l'ordre (décroissant) :

- L'amour,
- La santé,
- L'honnêteté,
- La stabilité affective, source de bonheur et de santé,
- Le lien avec la collectivité : responsabilité, démarche environnementale, développement durable, promotion des femmes.

Les femmes disposent de très peu de temps disponible, entre leur vie professionnelle, la gestion de leur lieu de vie, leurs enfants… Le e-Commerce leur permet d'en gagner !

111/ Pensez au « brand content »

En bon français, *brand content* signifie : contenu éditorial créé par une marque. Beaucoup de marques, notamment du secteur du luxe, ne demandent plus seulement à leurs publicitaires de concevoir des messages sur tel ou tel produit, mais tentent de créer de véritables sous-ensembles culturels, diffusés par tous les médias et surtout Internet.

Autrement dit, les marques se rendent compte que le matraquage publicitaire « à l'ancienne » a un impact de plus en plus limité. Créer le contact, capter l'attention devient de plus en plus compliqué dans un contexte de profusion publicitaire. Les consommateurs hyper-sollicités réagissent de plus en plus par un zapping permanent et un sentiment d'évitement, voire d'hostilité, vis-à-vis du vacarme publicitaire.

Pour tenter de séduire leur clientèle, les marques ont décidé de RACONTER DES HISTOIRES ou de CREER DES EVENEMENTS dans lesquels le produit apparaît très peu, ou pas du tout. Le premier résultat souhaité est de :

- Créer une affinité intellectuelle,
- Spirituelle
- Esthétique,
- Une complicité amicale,
- Une connivence…
- Basée sur la sincérité, la transparence, l'honnêteté…

…entre un public (on n'évoque plus le terme « clients ») et une marque. Le public n'achète pas seulement un produit mais un ensemble de référents et un service.

En un mot, les annonceurs du luxe se concentrent sur les trois derniers étages de la pyramide des motivations. L'individu n'est plus seulement un consommateur doté d'un budget, mais une personne avec des goûts et des valeurs.
Dans ce nouveau contexte, à vous de jouer ! A votre échelle, avec vos moyens. Vous allez remplacer les millions d'Euros par votre intelligence et votre imagination ! Car votre produit est aussi (surtout) un produit RARE ET CHARGE DE SENS.

Votre geste commercial peut ressembler aux stratégies mises en œuvre dans le secteur du luxe. Bien sûr, vous ne disposez pas des mêmes budgets. Il vous suffit de faire appel à votre intelligence, stimulée par la lecture de quelques ouvrages judicieux dont, nous l'espérons, le présent livre !

112/ Votre client est peut-être un/une « Z » (« Y », « X » …)

Vous développez votre business, vous vous intéressez donc à tout être humain ayant du pouvoir d'achat. Aujourd'hui, les ados à partir de 14/15 ans ont un pouvoir d'achat. Vos produits/services intéressent peut-être aussi la génération Z.

Tout le monde est branché digital, smartphone, tablette, etc. Les vieux comme les jeunes, les jeunes beaucoup plus. Internet partout et tout le temps modifie, entre autres, les comportements d'achat.

Les publicitaires étaient habitués jusqu'à présent à raisonner « jeunes » ou « actifs » ou « seniors ». Il leur est apparu pertinent de découper les marchés par tranche d'âge. Il y a ainsi, approximativement :

- Les boomers (nés entre 1946 et 1964),
- La génération X (nés entre 65 et 84),
- Les Y (nés entre 85 et 95), parfois appelés Millénials,
- Les Z, nés entre 1996 et 2006…

Cette catégorisation a été créée en référence au progrès technique : le comportement des consommateurs évolue selon leur pratique d'Internet. Mais c'est un peu artificiel car la grande majorité de la population est devenue maintenant familière d'Internet.

La praticité maximale d'Internet – et d'Amazon - a séduit toutes les générations : accès facile à une offre mondiale, choisir sans se déplacer, commander à toute heure, au meilleur prix, extrême exigence par rapport à la sécurité et au service, etc… Autrement dit, Internet permet de satisfaire bien mieux les 2 premiers étages de la pyramide des motivations : besoin physiologique et besoin de sécurité.

Que se passe-t-il avec les plus jeunes ?

Ils ont côtoyé très tôt les écrans. 98% des Z possèdent un smartphone et passent des commandes avec. Vous avez grand intérêt à ce que votre site soit fluide sur mobile.

Ce sont des « *visual native* », branchés sur Instagram, entre autres. Ils sont donc habitués à une communication par l'image, la vidéo, plutôt que par les mots, du texte.

Ils sont reliés en permanence aux réseaux, tant pour échanger, connaître les tendances, consulter les influenceurs, participer, lancer des alertes et influencer eux-mêmes, etc. Le Z a un besoin tripal d'appartenance… Tout en changeant rapidement de tribu selon ses intérêts.

Ne sous-estimez pas les Z ! Bien sûr, c'est une frange minoritaire de la population, mais ils fascinent beaucoup de leurs aînés, qui les prennent pour modèles. Le comportement Z déteint sur l'ensemble des marchés.

Vos messages doivent en tenir compte, notamment tout ce qui est contenu de votre marque. En créant vos messages, vous devez penser au Z qui va les lire. S'il ne peut pas les partager – et se trouver de fait valorisé auprès de sa/ses communauté(s) – ils n'ont aucun intérêt. Les Z achètent et peuvent même être fidèles à une marque qui les divertit ou les engage de manière authentique.

Les Z ne craignent pas l'érudition : ils aiment apprendre des produits, des savoir-faire, des marques… Surtout si vous avez une approche originale. Mais ils se lasseront très vite des contenus ennuyeux, ambigus, hypocrites, maladroits… Et risquent de les dénoncer avec un grand pouvoir de nuisance.

Les Z sont aussi sensibles que les autres aux prix : les recherches de produits se passent beaucoup via les réseaux sociaux, en moyenne 3 sources sont consultées pour un achat. MAIS ils sont prêts à casser leur tirelire (ou celle de leurs parents) pour les marques de luxe qui savent leur parler, les flatter, les instruire. Dans l'ordre : Balenciaga, Gucci, Nike, Louis Vuitton, etc. De belles sources d'inspiration !

Il ne s'agit pas seulement d'expliquer ce que vous faites ou comment vous le faites. Internet est encombré de contenus de ce genre. Ce qui va intéresser, c'est votre pourquoi. Quelle est votre vision ? Si vous en parlez de manière plaisante, divertissante, sincère, vous pourrez susciter l'adhésion à votre marque et à vos produits. A vous de jouer !

Quelles sont les qualités appréciées par les Z ?

- Honnêteté,
- Viabilité
- Engagement.

Nous sommes en plein dans les 3 derniers étages de la pyramide : appartenance, considération, lien avec le collectif et le global, développement personnel, recherche du choc émotionnel, défense des valeurs…

113/ Segment de marché et e-Commerce

En e-Commerce, vous pouvez et vous devez connaître précisément chacun de vos clients. Pour savoir dans quel segment de marché, défini par des caractéristiques précises, votre action de prospection donnera un rendement satisfaisant.

N'oubliez pas : votre objectif c'est de transformer en clients un nombre maximal de gens. Pour ne pas dépenser votre énergie et votre argent à tort et à travers, vous devez qualifier votre marché, c'est-à-dire définir les segments de marché auxquels vous allez proposer des offres commerciales.

Exemple : je définis un segment de marché 1, je loue 10 000 adresses électroniques sélectionnées de manière aléatoire, dans ce segment de marché 1. J'expédie le jour J, 10 000 messages proposant mon offre n°1 à ce fichier.

En même temps, j'ai défini un autre segment de marché, 2. Je loue 10 000 adresses sélectionnées de manière aléatoire, dans ce segment de marché 2. J'expédie le jour J, 10 000 messages proposant mon offre n°1 à ce second fichier.

Une semaine plus tard, j'analyse les retours. Les 10 000 messages envoyés au segment 1 ont donné 75 commandes, soit 0,75 %. Les 10 000 messages envoyés au segment 2 ont donné 192 commandes, soit 1,92 %. $\frac{75 \times 100}{10\,000} = 0{,}75$

Conclusion : vous avez intérêt à prospecter davantage le segment 2. Ce premier résultat vous permet d'espérer qu'une action de prospection plus importante sur ce segment 2 (50 000 adresses, 100 000 ou davantage du même fichier) donnera des résultats similaires.

Bien entendu, vous pouvez sélectionner des échantillons plus réduits, surtout si le segment de marché que vous visez rassemble peu de monde. Cette procédure de test est à la base du marketing en e-Commerce. Vous devez tester tout et tout le temps !

114/ Votre client : qui est-il, que veut-il, où est-il ?

Vous devez répondre à quelques questions :

- Clientèle locale, régionale, nationale, internationale ?
- Particuliers,
- Ou professionnels (de quoi ?) ?
- Hommes ou femmes ?
- Leur tranche d'âge,
- Jeunes, étudiants, actifs ou retraités ?
- Résidents ou vacanciers ?
- Citadins ou ruraux ?

Mais vous pouvez aussi aller plus loin dans la différenciation et classer les gens selon :

- Leurs goûts : gastronomie, jardinage, randonneurs, sport (lequel ?),
- Leurs revenus,
- Leur profession et catégorie professionnelle (PCS),
- Leur type d'habitation (appartement, maison avec ou sans jardin),
- Leur type de voiture,
- La présence ou non d'animaux domestiques,
- La taille des familles
- Etc, etc....

Toutes ces données sont répertoriées par un certain nombre d'organismes qui questionnent le public sur son mode de vie, ses habitudes, etc. Avec l'objectif de constituer des fichiers les plus qualifiés possibles, c'est-à-dire dans lesquels chaque individu est classé selon ses caractéristiques et ses habitudes. Bien entendu, plus un fichier est qualifié, plus il coûte cher. Par exemple, vous voulez tester un fichier :

- De femmes,
- Entre 30 et 40 ans,
- Avec au moins 2 enfants,
- Habitant dans une maison avec jardin,
- Possédant au moins 1 chien,
- Le ménage gagnant plus de 50 000€ / an,
- Et habitant les régions Nouvelle Aquitaine et Occitanie.

Intéressez-vous au comportement d'achat des gens. Vous souhaitez vendre par e-Commerce, il sera plus rentable de rechercher des populations de gens qui pratiquent l'achat par e-Commerce.

Listez toutes les entreprises qui vendent en e-Commerce de la gastronomie, des roses, du vin, des meubles, des ustensiles de cuisine, du linge de maison, des méthodes pour maigrir ou gagner plus d'argent, etc. Elles disposent de leurs fichiers clients. La plupart mettent en location tout ou partie de leurs fichiers à condition, bien entendu, que vos produits ne soient pas concurrents des leurs.

Inutile de vous dire que notre préférence va à cette dernière solution. Quelqu'un qui a l'habitude d'acheter en e-Commerce sera mieux disposé envers votre offre.

115/ Quelques clés d'une success-story, le Slip Français

Vous souhaitez devenir le tycoon du slip. Manque de chance, il y a déjà quelqu'un. Si vous regardez le marché (été 2019), il y a grosso modo 2 types de marques de slips homme :

Athena, qui vend en Grandes Surfaces. Le lot de 3 slips homme « Eco Pack » d'Athena se vend à **20 € les 3**;

Le Slip Français, qui vend sur Internet et dans un réseau de boutiques dédiées. Le slip basique "Le Terrible" du Slip Français se vend à 29 € l'unité, et **80 € les 3**.

Vous allez me dire : « Mais ces 2 slips n'ont rien à voir : Athena, ça doit être moche, c'est de la mauvaise qualité, c'est probablement de la fibre synthétique, c'est fabriqué en Asie du Sud, etc. ».

Détrompez-vous, Athena est une marque d'Eminence. Eminence emploie 500 personnes en France avec 2 usines et des tas de labels (Entreprise Eco Responsable et Citoyenne, des produits certifiés Oekotex). La composition est la même pour les 2 produits (95% coton, 5% élasthanne), il y a autant d'efforts de design chez les 2 marques, pour faire un article joli et confortable.

Il y a, bien sûr, quelques différences : une ceinture tricolore pour le Slip Français mais la qualité globale des 2 produits est plutôt bonne et, en tout cas, comparable. Nous avons donc 2 produits semblables, le prix de l'un étant **4** fois supérieur au prix de l'autre.

Le Slip Français a rapidement créé une gamme cohérente, des chaussettes au sweat, avec notamment des boxers de bain. Regardons là aussi le marché : en été 2019, il y a 3 types d'opérateurs :

Toujours Athena. Prix du boxer de bain homme Croisière Athena : **16 €** (prix relevé sur Athenashop.fr) ;

Toujours le Slip Français. Prix du boxer de bain homme Triton Noir : **70 €** (leslipfrancais.fr) ;

Il y a aussi Hermès, qui vend dans le monde entier, sur Internet et en boutiques dédiées. Le moins cher des boxers de bain homme, H Fantôme coûte **310 €** (Hermes.com).

Mêmes remarques que pour les slips, il s'agit d'articles similaires : composition identique, efforts de design pour chacune des 3 marques… Il y a, bien sûr, une poche arrière au boxer Hermès, fermée par pression « clou de selle » et des « H » apparaissent sur le tissu de ce même boxer au contact de l'eau.

Nous sommes là avec une différence de prix qui va toujours de 1 à 4 entre Athena et Le Slip Français et qui va pratiquement jusqu'au coefficient 20 avec Hermès. Il ne s'agit pas d'une différence liée à une différence de prix de revient, mais d'une différence liée à la politique commerciale.

Athena est une marque tournée vers le marché français. Elle ne communique pas beaucoup, son principal atout est une force de vente qui place des quantités d'articles dans les rayonnages de la Grande Distribution, à des prix tirés.

Le Slip Français, marque créée en 2011, s'intéresse pour le moment au marché français. Elle vend par Internet et sur des boutiques dédiées. Son principal atout : une communication joyeuse, déjantée, avec la garantie d'une fabrication 100% française, reportages à l'appui. Le créateur de la marque, Guillaume Gibault, a dit dès le départ qu'il voulait créer « l'Hermès du slip » en France.

On ne présente plus Hermès, un des grands du luxe français à l'international. Le pari d'Hermès (comme LVMH, Gucci, Chanel, etc.) c'est que parmi les 7 milliards d'êtres humains dans le monde, il y aura toujours un pourcentage significatif d'hommes et de femmes pour qui acheter un boxer de bain 310 € n'est pas un problème, du moment qu'il soit siglé Hermès (ou LV, Gucci, Chanel, etc.).

Au démarrage de son activité, Guillaume Gibault, le fondateur du Slip Français, n'est pas un pro du textile, c'est un homme de marketing et de gestion. Il a identifié qu'il pouvait tenter sa chance en lançant sa collection de slips (+ toute une gamme) avec des promesses marketing fortes et une communication particulière. Il a parié qu'il trouverait suffisamment de clientes et clients sur le marché français, séduits par sa politique commerciale, qui la valideraient en payant 4 fois plus cher leur culotte. A condition bien sûr que les « promesses basiques » soient tenues, c'est-à-dire :

- Une qualité produit non inférieure aux standards,
- Une communication, joyeuse, décalée certes, mais sincère et honnête,
- Un service impeccable : joli conditionnement, expédition et livraison rapides.

Il est encore un peu tôt pour savoir si Guillaume a réussi son pari. Le Slip Français a dépassé les 20 M€ en 2018 (7ème année d'activité), avec une centaine de salariés.

Le mot de Jeff

Les dépenses publicitaires, c'est comme une taxe que nous devons payer si nous ne sommes pas remarquables.

2. TRANSFORMEZ L'INTERNAUTE EN CLIENT

VOUS AVEZ lu, relu et intégré les 15 paragraphes ci-dessus (ou vous le saviez déjà) ? Félicitations, vous avez le bagage nécessaire pour vous lancer avec succès… dans la lecture de la suite de cet ouvrage ! Puis dans la création et le développement de votre business.

21/ Vos clients sont très heureux chez vous

Votre outil commercial permet à l'internaute de satisfaire facilement ses besoins ou ses désirs. C'est bien. C'est le minimum.

Votre outil commercial fait en sorte que lors de son geste d'achat, l'internaute se sente bien, justifié, valorisé. Qu'il se retrouve dans un univers sympathique, familier, détendu, plaisant, beau, abondant, dans un climat de connivence… Bref il est très heureux chez vous. Vous avez gagné !

Car un client très heureux dans votre univers, en parle, communique, partage son plaisir à être votre client. C'est, pour vous, de la publicité d'autant plus rentable qu'elle est crédible et gratuite.

La création de cet Eden commercial vous revient. Dans les pages qui suivent, nous allons vous aider à orienter les flux d'internautes vers vous et faire de vos clients les meilleurs ambassadeurs de votre business.

22/ Votre business n'est pas unique

Aucun business n'est unique, pas plus celui que vous envisagez de développer que celui que vous pensez quitter.

Votre offre, vos produits ou vos services sont peut-être uniques mais ce qui sous-tend votre activité ne l'est pas. Car votre activité c'est le marketing (la mise en marché) et la vente.

Si vous ne faites pas de ventes, peu importe ce que vous vendez, que ce soit innovant ou pas[2], vous ferez faillite. Ainsi, quel que soit le produit ou le service que vous vendez, votre business est avant tout de réaliser un marketing qui fonctionne, c'est-à-dire qui génère des ventes.

Ce principe a plusieurs conséquences :

Il faut tester ses idées auprès du marché. Il faut plus croire en son processus de test (nous y reviendrons) qu'en ses convictions ou sa vision.

Lors d'un lancement de projet, il est essentiel de commencer par tester la désirabilité de son offre (voir si l'on a un marché potentiel) de la façon la plus économique et rapide possible, puis de tester sa

---

[2] Une étude menée en 2018 a montré que la cause principale de l'échec de 200 startups était que leur modèle économique n'était pas viable (y compris et *surtout* quand elles avaient beaucoup d'argent !). Dit autrement elles n'avaient pas trouvé de marché (Etude réalisée par ATLAS sur les données FRACTL, USA).

viabilité (je peux gagner de l'argent) et enfin sa faisabilité[3]. Or c'est généralement l'inverse qui est fait.

Il faut regarder ce qui se fait chez les autres et s'en inspirer, y compris dans des secteurs différents. Même s'ils proposent d'autres produits ou services, ils ont les mêmes bases d'activité que les vôtres. Rien de plus proche d'un e-Commerçant qu'un autre e-Commerçant ! Inspirez-vous donc d'Amazon mais aussi de Booking ou Uber.

Votre unique priorité est le client (celui qui est rentable).

23/ Vous êtes une Marque, pas un produit ou un service

Ceux qui ne pensent que « produit » ont toujours des difficultés d'acquisition et de fidélisation client.

Le marché, votre client, a besoin de quelque chose de plus qu'un produit, il souhaite une expérience, une communauté, que seule une Marque peut lui proposer.

Quand vous aurez admis qu'« aucun business n'est unique » (et ce sera difficile, il vous faudra des piqûres de rappel régulières) et donc que votre activité est la vente, concentrez-vous pour créer un message, un mouvement, une dynamique avec lequel votre client peut s'aligner.

Votre produit est une composante de votre Marque.

---

[3] Voir cette excellente vidéo sur la présentation de porteurs de projets et les différentes étapes de leur cheminement: https://www.youtube.com/watch?v=f-8v_RgwGe0

Pour que les internautes achètent sur votre site, vous devez leur faire ressentir qu'ils participent à quelque chose de plus vaste, dont ils font partie en achetant votre produit.

Votre marque c'est cela.

En achetant votre canne à pêche ils font partie d'une communauté de pêcheurs à la ligne. En sélectionnant votre bière, ils participent à un monde plus chaleureux. En consommant vos baies de Goji ils partagent la sagesse des yogis. En payant votre pont élévateur, ils font partie de ceux qui savent ce qu'est un bon plan… Toutes les approches sont possibles du moment qu'elles soient cohérentes et « résonnent » avec les attentes de vos clients (nous y reviendrons).

24/ Vous maîtrisez votre processus de commande

Amazon, Cdiscount…et des milliers de places de marché (ou *marketplaces* en anglais, cela fait plus chic) proposent aux marques, industriels, entrepreneurs de vendre leurs produits via leurs plateformes.

Il y a beaucoup d'excitation autour de ce système et bien des personnes ont construit leurs business dessus. Or ce qu'elles ignorent - ou pire veulent ignorer - c'est que le client n'est pas le leur. C'est celui d'Amazon et consorts.

Non pas que vous ne devez pas utiliser les places de marché mais si vous ne faites que cela, **vous n'avez pas d'activité**. Vous avez créé un flux de revenus chez quelqu'un d'autre.

Clôture de votre compte du jour au lendemain, vérification de vos fournisseurs sous couvert de lutte anti-fraude… vous êtes à la merci

d'autrui. Et celui-ci n'est pas bienveillant[4] : il vous pressera comme un citron, dès que vous aurez du succès. Soyez-en certain.
En fait vous lui construisez gratuitement des fiches produit, vous lui réalisez constamment et toujours gratuitement des études de marché, vous comblez ses stocks quand il n'en a plus et vous lui construisez son référencement naturel grâce à vos contenus et ce, toujours gratuitement.

Alors allez sur la place de marché Amazon non pas en considérant que vous y créez ou développez une activité mais considérez qu'il s'agit d'un « bonus ». Bonus de visibilité et bonus de chiffre d'affaires (CA).

Car si vous souhaitez réellement développer une activité vous devez impérativement contrôler les éléments clefs de votre processus de commande, c'est-à-dire :

- La sélection de produits,
- Le processus de paiement,
- La page de confirmation de commande,
- Les emails de gestion[5],
- Avoir toutes les données de vos clients (nom, prénom, adresse physique et email a minima),
- Pouvoir assurer toutes les opérations de suivi avec vos clients (demande d'avis, réponse SAV, email publicitaire…).

---

[4] Nous tenons cependant à faire une distinction entre les places de marché « neutres » c'est-à-dire celles qui ne commercialisent pas elles-mêmes (eBay, Etsy…) qui peuvent être utilisées à moindre risque et les places de marché « hybrides », qui sont AUSSI des commerçants et qui deviendront, un jour, vos concurrents auprès de LEURS clients.
[5] Les termes soulignés sont définis dans le Glossaire en fin d'ouvrage.

C'est cela la maîtrise de votre processus de commande. S'il vous manque un seul élément de cette liste vous ne maîtrisez plus rien et vous n'avez alors pas d'activité.

25/ Vos Prix sont Justes !

Insistons sur ce point fondamental, déjà abordé précédemment. Nombreux sont ceux qui pensent que plus leurs prix seront attractifs plus ils vendront.

Concurrencer sur les prix impacte non seulement votre rentabilité mais déteint également sur votre marque. Vos clients et prospects vont penser que son seul point attractif est son prix ce qui rendra d'autant plus difficile la construction de votre marque et la fidélisation de vos clients.

Il en est de même pour les remises et les promotions qu'il faut utiliser avec discernement car il s'agit d'un levier majeur.

Tony HSIEH, du site de e-Commerce ZAPPOS, va jusqu'à dire que « la remise c'est de la drogue »[6].

De la drogue pour vous : cela fait du bien à court terme (cela accroît votre CA) mais cela fait du mal à moyen terme (cela baisse la rentabilité).

De la drogue pour vos clients, ce qui est encore pire : vous recrutez des accros à la remise (qui ne reviendront chez vous que si vous renouvelez l'opération) et vous rendez addicts vos clients fidèles

[6] Nous vous conseillons son livre « L'entreprise du bonheur ». Un titre atroce mais un contenu très intéressant.

qui trouveront « normal » d'avoir des remises et « injuste » que vous n'en fassiez pas tout le temps.

Concurrencer sur les prix et faire de la promo à répétition c'est une course vers le bas qui amène à devenir un zombie… ce qui n'exclut pas de l'utiliser mais avec tact.

26/ Le Trafic Gratuit ça n'existe pas

Vous le savez bien, rien n'est gratuit en ce bas monde. Il en est de même pour le trafic sur votre site.

Le référencement naturel, c'est gratuit ? Non !

C'est énormément de temps (a minima 5 heures par semaine selon Frédéric Canevet[7]) pour des résultats aléatoires et non pérennes (vous n'êtes pas chez vous mais chez Google…). Vous pouvez également payer mais ce sera toujours beaucoup de temps et en plus beaucoup d'argent.

Si on vous propose du référencement naturel pas cher et garanti, soit il s'agit d'une personne incompétente, soit un escroc (ou les deux).

Il vaut mieux payer Google, Facebook et les autres pour des annonces publicitaires. Au moins vous aurez des résultats immédiats que vous pourrez optimiser en y consacrant pas mal d'argent et…. aussi beaucoup de temps. Mais là, au moins, vous aurez des données et ce sera à vous de les améliorer (et nous sommes là pour ça).

---

[7] Auteur d'un blog et d'un livre très intéressants, voir la Bibliographie et les Outils, Blogs et Sites en fin d'ouvrage

27/ Vous êtes une Niche

Non, ce n'est pas une histoire de toutous… c'est une histoire de taille ! Plus votre marché est large, plus il sera difficile de faire croître votre activité.

Soyez réaliste : vos fonds sont limités (comme pour tout le monde…) et vous devez avoir, rapidement, un bon retour sur investissement (ROI).

Il faut que vous vous focalisiez sur un marché spécifique (une « niche » de marché) qui vend un ensemble spécifique de produits et/ou services.

« Vendre à tout le monde c'est vendre à personne » car essayer de vendre à tout le monde signifie que l'on ne peut pas capter l'attention avec des arguments soigneusement choisis (nous verrons cela avec les Persona).

Vous devez donc vous focaliser sur certains clients, à certains endroits, dans certaines situations. Vous devez donc avoir une « cible », forcément restreinte, qui a :

- Si possible 1 problème important ou urgent à résoudre,
- Qui est prête à payer cher pour ce faire,
- Et qui en a les moyens.

Frédéric Canevet cite la commercialisation d'un produit anti-ronflement qui avait commencé à être mis en vente à 49€ mais qui, finalement s'est tout aussi bien vendu à 250€ !

Le problème est spécifique pour une niche de marché (les ronfleurs) qui ont un problème important à résoudre (sauver leur couple !) et qui donc est prête à mettre beaucoup d'argent pour y arriver ! (250€).

Vous voyez que le Principe « Je suis une Niche » renforce alors le Principe précédent « Mes Prix sont Justes » !

28/ Vous vendez en multicanal

Quand des clients cherchent les produits de votre marque il faut qu'ils puissent les trouver là où ils vont les chercher :

1. Sur votre site,
2. Sur eBay (et autres places de marché « neutres » si nécessaire),
3. Sur Amazon (et autres places de marché « hybrides » si nécessaire),
4. Dans des magasins physiques.

Les points 2, 3, 4 sont des ajouts et non PAS des substituts à votre activité.
Ils vous permettent de multiplier vos ventes, d'accroître vos économies d'échelle, de vous faire apparaître plus puissant que vous n'êtes.

Le client va tester chez Amazon car il a confiance en Amazon. Il va découvrir votre marque mais ce ne sera pas votre activité qui se développera si vous ne réussissez pas à le faire venir chez vous par la suite, sur votre site.

Depuis quelques années se développent des marques directes consommateur, les *Digital Native Vertical Brands* (DNVB). Ce sont, aux USA, Bonobos ou Warby Parker, en France Envie de Fraise ou Le Slip Français. Elles ne vendent que des produits à leur marque et, dans la majorité des cas, uniquement via leurs propres canaux de distribution, généralement via leur site de e-Commerce. Il s'agit d'un excellent positionnement dont nous vous recommandons de vous inspirer (nous y reviendrons).

Puisque nous abordons ici les « canaux » de distribution, nous pouvons faire une incise sur le mobile qui peut être considéré comme un canal à part entière, par rapport à un accès à Internet, via un ordinateur. Ce trafic via mobile est au cœur de votre activité, quelle qu'elle soit.

29/ Vous investissez pour un « vrai » Business

Créer ou développer une activité coûte de l'argent.

Si vous ne voulez pas investir une bonne partie de vos économies et même emprunter, il vaut mieux que vous recherchiez un emploi salarié.
Il n'y a pas de honte à cela, seul 5% de la population a un profil d'entrepreneur.

A contrario, se dire qu'on ne peut réussir que si on a des investisseurs, ne raisonner que « valo » est tout autant une erreur. Il vaut mieux débuter avec ses fonds propres, des prêts et surtout de la *love money* de votre entourage pour se créer un fonds de commerce, de « vrais » clients fidèles. Ensuite, vous verrez si vous avez besoin d'investisseurs et, dans tous les cas, vous vous trouverez en position de force pour négocier avec eux.

Investir dans un projet de e-Commerce coûte encore plus d'argent que dans bien d'autres secteurs d'activité. Surtout parce que les coûts d'acquisition sont très élevés – 2 fois ceux d'un commerce physique.

C'est la raison pour laquelle les e-Commerçants passent leur temps à essayer de faire baisser ce coût d'acquisition. Ils y passent beaucoup, beaucoup trop de temps.

Si en e-Commerce vous n'avez pas de quoi payer pour avoir des clients, vous n'aurez pas d'activité. C'est pareil pour vos concurrents, qui ont des taux de conversion tout aussi minables que les vôtres.

Alors ne réfléchissez PAS comme vos concurrents. Un coût d'acquisition élevé n'est pas un problème pour les activités qui peuvent vivre avec.

Si vous vous concentrez sur « comment dépenser plus » pour acquérir des clients vous allez faire exploser la concurrence ! et faire croître immédiatement votre activité de 40 à 70% !

La première approche peut être celle de la Valeur Vie Client (« combien me rapporte un client le temps qu'il reste chez moi »). C'est très agressif mais surtout très difficile à calculer. Le plus simple est de se limiter à 60 jours. La valeur vie du client c'est ce qu'il m'a rapporté en marge au cours de ses 60 premiers jours d'activité avec moi. J'investis ce montant de marge pour l'acquérir. Le reste sera du profit.

La deuxième approche, la meilleure, est de se poser la question de savoir comment faire en sorte que le client achète plus chez moi lors de cette première commande ou lors de ses commandes immédiatement successives. L'alourdissement du panier accroîtra la marge… qui vous permettra d'accroître votre investissement d'acquisition jusqu'au niveau de cette marge générée sur cette première commande (ou les commandes immédiates[8]). La marge créée par les autres commandes de votre client sera alors votre profit. Par exemple quand vous vendez des appareils photos numériques vous créez des *bundles* en associant les accessoires de première nécessité. Batterie de rechange, mini-trépied, housse de protection, extension de garantie… C'est sur ces accessoires que vous ferez votre marge et non sur l'appareil « nu ». Vous pouvez vendre jusqu'à 80% de *bundles* contre 20% de produits « nus ».

Investir dans un « vrai » business c'est aussi avoir une activité avec des perspectives de croissance.

Or il n'existe que 3 façons de faire croître votre activité :

1. Avoir plus de clients,
2. Qui achètent des paniers plus importants (en valeur et en marge),
3. Qui achètent plus fréquemment.

La majorité des e-Commerçants se focalisent sur le 1er point. C'est une erreur qui leur est souvent funeste. C'est dommage pour eux et c'est, du coup, une superbe opportunité pour vous car :

Cela coûte 5 fois plus cher d'acquérir un nouveau client que de vendre à un client existant
Une croissance de 10% des points 2 et 3 accroît votre CA de 33% et encore plus votre rentabilité !

[8] Par exemple en proposant suite à une commande, dans le mail d'accusé de réception de commande une offre complémentaire valable uniquement pendant 30 mn, pour pouvoir tout expédier ensemble. Des piles pour un jouet, des hameçons pour la canne à pêche…

ACTION :

Le e-Commerce ne peut se concevoir comme une activité annexe. Il faut vous investir à fond que ce soit en termes de temps, d'énergie ou de finance. Cela est vrai quelle que soit la taille de votre entreprise.

Vous en êtes convaincu sinon vous n'auriez pas investi dans ce livre.

Gardez en tête ces Principes que nous venons de voir, affichez les devant votre bureau (on l'a prévu, en voici la version pdf[9]) puis suivez pas à pas les prochaines étapes pour réussir votre e-Commerce.

Nous allons maintenant aborder les 10 Lois qui le régissent.

[9] www.livre-ecommerce/Principes

3. LES 10 LOIS DU E-COMMERCE

CES 10 LOIS sont basées sur un travail de qualité réalisé en 2010 par une société de capital investissement, BESSEMER Venture Partners. Elles viennent compléter ou préciser les principes et autres points vus précédemment.

En dépit du changement radical que vit le e-Commerce avec les duopoles Amazon/Alibaba et Google/Facebook, qui obligent à changer de point de vue sur la création et le développement d'une activité, peu de choses ont été écrites de plus pertinentes sur le sujet.

Les Webvan, eToys et autres Pets.com, ont été parmi les grands échecs du e-Commerce des années de "la bulle". Ils n'ont pas été les seuls mais ils ont questionné la viabilité même de l'Internet.

Le e-Commerce ce n'est pas simplement mettre des produits sur une plateforme e-Commerce, casser les prix et attendre d'être multimillionnaire grâce au référencement naturel de ce « bon » M. Google.
Selon que vous êtes un porteur de projet ou une multinationale, vous ne pourrez pas forcément mettre en œuvre toutes ces lois. Mais appliquez-en tout de même le plus grand nombre.

301/ LOI N°1 : Vous devez bâtir une marque sans faire de la communication de marque

Le but ultime de toute offre est de créer une marque, nous l'avons vu. Mais oubliez la pub TV et les 4x3 : la force d'une marque cela se construit aujourd'hui euro par euro, commande par commande, avec de la publicité dont l'efficience doit être mesurée et quantifiée instantanément.

Vos clients ne vous rapporteront peut-être que 10€ de profit par commande. Peut-être 30€ tout au long de leur durée de vie comme client auprès de vous (selon leur Life Time Value ou LTV, nous y reviendrons plus tard). Vous réinvestirez ces 30€ dans du marketing direct, en ligne.

Quand vous serez suffisamment puissant et que vous dépenserez des millions d'euros en marketing direct, vous pourrez penser, alors, à des moyens de communication plus traditionnels. Et encore. En fait votre investissement de communication pour votre marque ne sera qu'une autre forme de vos investissements en marketing direct.

Pensez à Zappos. Ce site commercialisant des chaussures, racheté par Amazon pour 845 millions de $ en 2009, n'a fait sa première publicité télévisée qu'en 2008, alors qu'il a été fondé en 1999.

Son PDG Tony Hsieh et son équipe savaient comment bâtir leur marque, € par €. Quand Zappos a fait sa première pub. à la TV, il y avait aux USA, autant de recherches Google sur Zappos que sur une marque aussi ancienne et reconnue que Adidas.

Si vous mesurez vos résultats marketing sur une base de multi-attribution (voir la Loi n°6 à ce sujet), la communication de marque devient alors une autre forme de marketing direct.
Mesurez vos résultats. Nous n'insisterons jamais assez sur ce point. Si vous ne voyez pas suffisamment de croissance via le bouche-à-oreille ou de trafic sur les moteurs de recherche pour justifier vos investissements, alors vous devriez remettre en cause votre stratégie de communication de marque.

302/ LOI N°2 : Le Capital Client est votre mantra

Quand vous bâtissez vos campagnes de marketing direct, centrez-vous sur la contribution que va vous apporter votre client tout au long de sa vie auprès de vous : la *Customer Lifetime Contribution* ou CLTC en anglais, on parle également de *Life Time Value* (LTV), que nous traduisons par le Capital Client mais ce pourrait-être aussi la Valeur Vie Client.

La CLTC se définit par la valeur actualisée nette des marges futures réalisées sur les achats du client. Ces marges consistent en l'ensemble des ventes hors taxes réalisées lors des visites du client moins tous les coûts associés à ces ventes :

- Les coûts d'achat des marchandises rendues dans vos entrepôts,
- Les coûts de distribution (manutention, emballage, transport, etc.).

Un client rentable doit dégager une marge supérieure à son coût d'acquisition (*Cost Of Customer Acquisition* : COCA). Quand vous avez ce métrique bien en main, vous ne devez pas avoir peur de dépenser jusqu'à ce que le COCA marginal, c'est-à-dire le COCA pour acquérir le prochain client, approche la CLTC de ce prochain client. Même si vous perdez de l'argent lors de la première commande.

Attention : cela ne signifie pas que vous deviez investir jusqu'à ce que votre COCA moyen flirte avec votre CLTC moyen. Mais si vous investissez moins c'est tout simplement que vous sous-investissez dans votre business.

Dans le cas où vous lancez votre activité, vous ne pouvez pas connaître votre CLTC car vous n'avez pas d'historique. Alors investissez jusqu'à ce que votre COCA soit au niveau de la marge moyenne réalisée par la première commande de vos clients ou de ses commandes passées sous 60 jours comme vu précédemment.

Au démarrage votre CLTC moyenne sera faible car vous ne bénéficierez pas d'économies d'échelles. Mais quand vous aurez plus d'activité vous commencerez à en bénéficier.

Vous débuterez ainsi un cercle vertueux : votre CLTC augmentera, vous pourrez ainsi accroître votre COCA, ce qui augmentera votre activité, avec de nouveau des effets positifs sur vos économies d'échelle et ainsi de suite.

303/ LOI N°3 : Les 6 "Cs" sont vos signes vitaux

Les 6 "Cs" sont les métriques qui vous fournissent une vue incomparable sur la santé de votre business online. Ils sont à la base des Indicateurs Clefs de Performance (ou *Key Performance Indicators* alias KPI), vous permettant de suivre et d'optimiser la mise en œuvre de votre Stratégie e-Commerce.

3031- le Company Net Promoter Score (ou NPS)

C'est une métrique de fidélité consommateur développé par Satmetrix, Bain & Company et Fred Reichheld. Ce score est calculé en posant une simple question aux clients : "Sur une échelle de 0 à 10, recommanderiez-vous notre entreprise à un ami ou à un collègue ?".

Les clients donnant une évaluation de 9 ou 10 sont des "promoteurs", ce qui signifie qu'ils auront une propension à promouvoir l'entreprise auprès d'autrui. Ceux qui donnent une évaluation de 7 ou 8 sont des "passifs" - ils ne parleront probablement pas de l'entreprise à qui que ce soit. Ceux qui ont une évaluation en-deça, avec des évaluations de 0 à 6, sont des "détracteurs" car ils pourraient parler de façon négative de l'entreprise à des prospects et autres clients potentiels.

Une entreprise calcule son NPS en soustrayant le pourcentage de détracteurs au pourcentage de promoteurs. Vous devriez poser la question du NPS à chaque client suite à la réception de votre envoi puis selon une période fixe pour avoir une vision plus *corporate* de votre NPS, c'est-à-dire l'opinion qu'ont vos clients de votre marque et non celui qu'ils ont suite à un événement.

Suivez votre NPS tous les mois et parlez-en en comité de direction, à vos associés, avec vos équipes. Analysez cette métrique pour étudier des segments spécifiques de clients qui ont interagi avec vos services client ou qui ont procédé à un retour. Vous serez surpris par ce que vous apprendrez.

Comparez-vous sur netpromoter.com avec les meilleures marques de la planète : Amazon, Apple, Google et bien d'autres.
Suivre votre NPS est un élément clef de votre réussite.

3032- Le Capital Client ou LTV

La LTV est la valeur actualisée de la marge créée par les achats d'un client. Un client profitable aura une LTV supérieure à son COCA (voir métrique suivante). Il peut également être intéressant de suivre mensuellement son panier moyen (*Average Order Value* ou AOV) car il contribue à la LTV.

3033- Le Coût d'Acquisition Client ou CAC ou CoCA

Il s'agit simplement du coût complet pour l'acquisition d'un NOUVEAU client. Vous devez suivre cet indicateur dans le temps. Mais attention aux moyennes : tous les clients ne sont pas créés de la même façon. N'oubliez pas : votre objectif est d'optimiser la différence entre votre LTV et votre COCA. Cela signifie que ce n'est pas forcément en minorant votre COCA que vous améliorerez votre rentabilité.

3034- Le *Conversion Rate* ou Taux de Conversion

Pour la plupart des e-Commerçants le taux de conversion pertinent est le pourcentage de nouveaux visiteurs qui se convertissent en acheteurs. De bonnes pages d'atterrissage et de bons temps de téléchargement des pages sont alors clefs.

3035- Le *Churn* ou Taux de perte

C'est le taux de clients qui ont acheté une fois et qui ne rachèteront jamais. Il s'agit là d'un indicateur clef car votre rentabilité ne se fera qu'avec la fidélisation de vos clients.

3036- Le *Cash-Conversion Cycle* (alias CCC)

Le CCC est un excellent moyen de vérifier dans quelle mesure votre fonds de roulement est bloqué dans votre cycle d'exploitation. Ce cycle s'exprime en nombre de jours et indique pendant combien de temps l'argent reste immobilisé dans les processus d'achat, de production et de vente de votre entreprise.

Le calcul du CCC est basé sur :

- Le nombre de jours crédit-clients (DSO – *Days Sales Outstanding*) = le nombre de jours moyen durant lesquels votre entreprise doit attendre le paiement après qu'un produit ou service ait été livré ;

- Le nombre de jours de rotation des stocks (DIO – *Days Inventory Outstanding*) = le nombre de jours moyen dont votre entreprise a besoin pour transformer ses stocks en ventes ;

- Le nombre de jours crédit-fournisseur (DPO – *Days Payable Outstanding*) = le nombre de jours moyen dont votre entreprise a besoin pour payer ses fournisseurs.

Plus le cycle est court, moins longtemps le capital reste immobilisé dans le processus d'exploitation. Ce qui vous permet de faire face à vos obligations à court terme et de développer vos activités.

Les meilleurs *pure-players* présentent un CCC négatif : ils sont payés par leurs clients avant de payer leurs fournisseurs. Le bijoutier Blue Nile a un CCC de - 47 jours et Amazon un CCC de - 26 jours.

304/ LOI N°4 : Votre objectif : Pas Cher, Rapide et ...Gratuit

Ce dont vous pouvez être sûr, c'est que le client voudra toujours des prix plus bas. Et quand un client achète en ligne il veut une gratification immédiate. Du coup, pour un e-Commerçant il n'y a rien de plus important que le prix et la disponibilité.

- **Pas Cher** : la concurrence est à un clic et votre client n'est pas idiot. Vous n'avez pas à être le moins cher mais l'internaute est toujours tenté d'évaluer votre offre en comparant. D'où la nécessité de créer des asymétries rendant difficile la comparaison des offres. Via des associations de produits (*packs*, *bundles*) ou en différenciant les produits de la concurrence (marques alternatives...). Ou, mieux, en vendant des produits difficiles à trouver pour le client, ou en ayant des produits à votre propre marque.

- **Rapide** : Le plus grand inconvénient de l'achat en ligne c'est le manque de jouissance immédiate du produit. Jusqu'à ce qu'il soit livré, votre client a dépensé son argent pour rien. Du coup, pas de surprise : une livraison rapide est nécessaire pour rendre votre client heureux. Les entreprises qui font attention au service client sont très pointues quant à la rapidité de livraison. Là encore Amazon a compris l'importance de ce levier, en habituant le marché à la livraison sous 24 heures puis sous 1 heure et demain 15 minutes dans les grandes villes.

- **Gratuit** : A moins que vous n'ayez une proposition de valeur unique ou que vous vendiez le type de produit qui coûte plus à livrer qu'à acheter (des bouteilles d'eau, des croquettes pour chien), les clients attendent une livraison gratuite quand ils achètent en ligne. Cela vaut même la peine de réfléchir à la possibilité d'augmenter le prix de vos produits pour offrir la gratuité du transport. Pour ne pas perdre votre chemise n'offrez le port gratuit qu'à partir d'un certain seuil de commande.

305/ LOI N° 5 -Mais voyons, c'est le Service !

Payer Google et d'autres media pour faire venir de nouveaux visiteurs sur votre site n'est qu'une première étape.

Pour construite une marque, un business rentable et pérenne, vous voulez que ces clients reviennent vers vous, encore et encore - sans avoir à payer encore et encore pour qu'ils le fassent ! Pour faire en sorte que ces clients reviennent étonnez-les avec une expérience.... extraordinaire.

Cette orientation est un engagement qui doit imprégner tout ce que fait votre entreprise. Comme le dit Jeff Bezos, "Commencez par le client puis travaillez à rebours".

En plus d'offrir des produits à bas prix et de les faire parvenir rapidement à vos clients, vous devez vous plier en quatre pour offrir un service amical tout au long du processus de traitement de la commande et... après (Réclamations, SAV...).

Formez vos équipes de commerciaux comme s'ils travaillaient dans un Palace. Ne chronométrez pas les temps de réponse au téléphone. Par exemple, chez Zappos, une personne du service client a répondu à un appel téléphonique long de 8 heures tandis qu'une autre a fait livrer des fleurs à l'un de ses clients...

Ces exemples sont extrêmes mais ce sont des sources d'inspiration qui aident à définir la culture de l'entreprise et à créer un bouche-à-oreille promotionnel, puissant parmi vos clients. Ce type de culture nécessite d'être instillé dans l'ensemble de votre entreprise. Chaque salarié, y compris les cadres ou directeurs, doivent passer un peu de temps à répondre aux appels téléphoniques des clients.

Créez de fabuleuses surprises pour vos clients. Des bons de réductions, cadeaux ou remboursements non sollicités, des cadeaux (par exemple des bonbons dans un colis comme le fait Collégien ou le Slip Français) ou tout simplement de la patience, des excuses, de l'empathie.

De nos jours, dans de nombreux secteurs d'activité (le secteur bancaire, les télécoms...) le niveau moyen de l'expérience client via le téléphone ou l'email est si mauvais qu'il devient facile d'être fabuleux !
D'autres surprises peuvent être mitonnées dans votre offre de base. Zappos a une politique de retour de 365 jours avec zéro frais de port. Les clients utilisent ce service en renvoyant pratiquement 40% des articles qu'ils achètent. Mais ils sont quand même profitables car Zappos investit très peu en communication marketing, le retour gratuit étant un type d'investissement marketing.

Vous devez suivre avec attention les métriques du service client tels que le temps d'attente moyen (téléphone et email), le taux d'abandon et la durée moyenne des appels téléphoniques ainsi que le nombre d'appels nécessaires pour résoudre un problème.

Il y a une augmentation significative des taux d'abandon quand le temps d'attente est supérieur à 90 secondes. Si vous pouvez répondre à 90% des appels téléphoniques dans les 120 premières secondes, vous êtes sur le bon chemin pour devenir une entreprise centrée sur le client.

Essayez toujours de rendre vos clients heureux, mais débarrassez-vous des clients de mauvaise foi ou profiteurs. Traitez une première réclamation avec bienveillance et générosité (réclamation de colis non reçu...) mais s'il s'avère que ce type de réclamation est systématique laissez ce client à vos concurrents !

306/ LOI N°6 - Il n'y a que les moutons qui se focalisent sur le dernier clic

Le dernier clic a été pendant des années le nirvana du webmarketeur. Attribuer tout le bénéfice de la vente au site qui a amené le visiteur lors de son acte d'achat est une facilité qui est au mieux une approximation, au pire une erreur.

C'est en effet méconnaître le concept classique du marketing qu'est le processus d'achat. Le client cherche généralement de l'information sur le produit/service avant de l'acheter.

Puis il affine sa recherche selon des critères qui lui sont spécifiques (disponibilité, prix, facilité de l'acte, risque ressenti...). Il peut faire de même entre plusieurs marchands, les comparer. Revenir plusieurs fois sur le site du marchand pré-sélectionné pour une prise de décision familiale...

C'est ce qu'oublie l'attribution de la vente au dernier clic.

L'autre problème soulevé par le marketing du dernier clic est lié au fait que les derniers clics sont, bien souvent, juste "navigationnels". Les consommateurs utilisent des sites tels que Google et Yahoo non seulement comme des moteurs de recherche mais également comme des moteurs de navigation.

Autrement dit : l'utilisateur sait déjà où il veut aller et il n'utilise un moteur de recherche que parce que c'est plus simple/rapide pour arriver là où il veut aller.

Les utilisateurs ont pris l'habitude de faire ainsi du fait de la faiblesse ergonomique des sites. Il est en effet souvent plus simple d'utiliser un moteur de recherche pour accéder à une page interne d'un site plutôt que de passer par sa page d'accueil.

Tout cela n'était finalement pas si ennuyeux que cela pour le webmarketeur, jusqu'en 2008.

A partir de cette date le ROI des actions marketing est devenu moins évident ; plus d'annonceurs sont entrés sur le marché des mots clefs, ce qui a conduit à un accroissement des enchères. Du coup il a fallu devenir plus précis.

L'approche consistant à attribuer le "crédit de conversion" au dernier lien marketing qu'un utilisateur clique avant de réaliser son acte d'achat est fortement trompeuse. Elle consiste à privilégier les investissements sur les moteurs de recherche.

Plus troublant, elle conduit les marketeurs à ne plus investir dans "le haut" du processus d'achat, là où se fait bien souvent l'acquisition du client.

Cette situation est encouragée par les outils d'analyse, tels Google Analytics et Adobe Omniture (bien que cela évolue dans le bon sens ces derniers mois, voir la doc Google Analytics).
D'où le concept de "multi attribution" : du crédit est attribué à l'ensemble des événements marketing qui ont conduit le consommateur vers ce site-là.
Mais cela est plus facile à dire qu'à faire et les outils "multi attribution" ont eux aussi leurs limites et... leurs complexités. D'autant plus que nous sommes bien souvent dans un environnement multi-canal...

Un peu de lecture sur le sujet pour les plus courageux :

Un excellent post généraliste sur la multi attribution avec Google Analytics (en anglais, c'est bon de pratiquer un peu de temps à autre, avant de partir avec les enfants à NY City) : http://bit.ly/vador2

307/ LOI N° 7 - L'Affiliation, c'est risqué : ne vous laissez pas voler !

L'affiliation est typique de l'Eldorado de l'Internet. Il s'agit de faire croire à des e-Commerçants qu'on peut vendre sans prendre de risque et sans avoir ni à réfléchir ni à se fatiguer. Et comme il existe encore des naïfs, les plateformes d'affiliation enrichissent leurs actionnaires.

Bien sûr l'affiliation cela peut fonctionner. Mais dans l'immense majorité des cas, le e-Commerçant fait office de pigeon.

Car l'attribution de la vente au dernier clic (voir LOI N° 6), les durées d'attribution des ventes sur plusieurs jours si ce n'est semaines, les malversations (pop-ups, pop-unders, iframe...) pour déclencher les cookies d'attribution, la surenchère sur votre marque... font que celui qui gagne à tous les coups c'est... la plateforme d'affiliation.

308/ LOI N°8 - Que ferait ce bon vieux Jeff (Bezos)?

Amazon est sans conteste le meilleur site de e-Commerce au monde. Alors autant regarder ce qu'ils font ou se demander ce qu'ils feraient s'ils étaient à notre place... Copier les gros/meilleurs cela ne fait pas de mal, surtout quand on le fait avec pragmatisme.

Rappelons les meilleures pratiques d'Amazon :

- Une culture orientée chiffres : tout y est optimisé : chaque lien, chaque *call to action* (CTA), chaque décision de merchandising,
- L'obsession du temps de téléchargement,
- *Keep it Simple and Stupid* (KISS) : Plutôt que de monter des comités pour résoudre de gros problèmes, chacun des problèmes est subdivisé en mini-problèmes qui sont traités par de petites équipes. La taille maximale des équipes est définie selon le critère suivant : elles doivent pouvoir être nourries avec 2 pizzas.

Du fait de l'hégémonie d'Amazon, qui capte la plus grande part de la croissance globale du e-Commerce, se poser cette question permet également d'essayer de ne pas se trouver en opposition frontale avec…

309/ LOI N°9 - Identifiez vos meilleurs clients, encouragez la fidélité et motivez vos promoteurs

Le développement des médias sociaux et l'explosion des blogs de niche font que vos clients ont tous les porte-voix qu'il faut pour diffuser ce qu'ils pensent de vous. Sachez en tirer parti, surtout s'ils sont satisfaits ou enthousiastes.

Pour tirer parti de ce phénomène, la première étape est d'identifier vos meilleurs clients, puis d'encourager leur fidélité. Par exemple en leur faisant télécharger votre application mobile. Il leur sera ainsi plus facile d'utiliser vos services. Ou créez un système de points de fidélité.

Motivez vos promoteurs pour qu'ils chantent vos louanges. Aidez vos promoteurs (ceux qui vous notent 9 ou 10/10) à vous promouvoir. Par exemple avec un système de parrainage, c'est-à-dire une prime versée au promoteur pour chaque nouveau client qui vient de sa part et achète.

310/ LOI N°10 - Soyez Social mais regardez aussi vos chiffres

Bien sûr, Facebook, Twitter Instagram et les autres médias sociaux sont importants pour vous. Mais ne vous méprenez pas, ce qui fera la différence ce n'est pas votre capacité à générer des « *Like* » sur votre page Facebook.

Car ce que voudront toujours les clients ce sont toujours les mêmes choses, Facebook ou non : les Prix les plus Bas, plus de Choix et un meilleur Service.

ACTION :

Vous disposez maintenant d'un socle de principes, lois et règles pour bâtir les fondations de votre e-Commerce.

Les pages suivantes vont vous permettre de choisir des stratégies et des modes opératoires pour valoriser davantage votre business et gagner +, en vous jouant de la mainmise d'Amazon et des passages obligés, toujours plus coûteux et menaçants, que sont Facebook et Google.

Le mot de Jeff

Depuis 2004, à chaque instant, Amazon expérimente au moins 200 tests de marché. Ce n'est pas le gros poisson qui mange le petit, c'est le rapide qui bouffe le lent !

4. DEVELOPPEZ VOS SERVICES DE RENSEIGNEMENT

CE N'EST PAS surprenant que la collecte et l'analyse d'informations soit la partie la plus négligée dans le e-Commerce : Ce n'est pas sexy, cela exige beaucoup d'énergie et de temps.

Pourtant il faut que vous l'acceptiez : l'une des meilleures façons de faire grandir votre e-Commerce est de comprendre votre marché, en détail. Comprendre son marché c'est comprendre ses clients et sa concurrence, c'est exploiter ses données et cela, ça change tout.

Sachez que plus vous connaissez votre marché, plus vous serez capable de créer des offres profitables et plus vous saurez vous adapter aux évolutions. John Wanamaker, l'un des pionniers du marketing et de la publicité a dit cette phrase désormais célèbre « La moitié de l'argent que je dépense en publicité ne sert à rien, le problème c'est que je ne sais pas quelle moitié ».

Cela résume tout à fait le problème du marketing : vous jetez toujours par la fenêtre de l'argent en publicité et en promotion. Mais avec les « services de renseignement » que vous allez mettre en place, vous ferez baisser drastiquement la part de vos dépenses inutiles et vous pourrez les réaffecter là où ça rapporte vraiment.

Avant de rentrer dans le vif du sujet, juste une petite chose : vous serez tenté de confier ce travail à un stagiaire ou à l'un de vos salariés, peut-être même à une entreprise externe. Pourquoi pas, car cela prend beaucoup de temps.

Mais nous vous conseillons de rester impliqué dans le projet et d'en faire une partie vous-même. Il faut que vous participiez à l'analyse des données collectées pour bien valider les hypothèses sur lesquelles vous allez bâtir vos actions. Par exemple, quand nous verrons comment *hacker* le tunnel de commande de vos concurrents, ce serait bien que ce soit vous qui le fassiez. Pour vivre directement cette expérience et ainsi l'intégrer dans votre réflexion.

41/ Ce qu'il faut savoir de votre marché-cible

Le client c'est le cœur de votre business. Sans client pas d'activité. Du coup on ne prend pas de risque à dire qu'il faut le connaître. Mais la vraie question c'est…jusqu'où ?

Lors de nos interventions en entreprises, de nos conférences, nous posons souvent aux e-Commerçants présents cette question « c'est quoi votre marché cible ? » et nous avons généralement des réponses suivantes « les gens qui aiment pêcher », « les femmes qui font du yoga »… Si vous aussi vous avez ce genre de description de votre clientèle on peut être sûr que votre activité pourrait aller bien bien mieux.

Ce qui serait une « meilleure » réponse ?

Si vous avez une marque dans le domaine du yoga, vous pourriez dire qu'il s'agit de femmes de plus de 40 ans, cadres en entreprise, habitant une ville de plus de 200 000 habitants, conduisant une Bmw ou une Audi, qui ont deux enfants scolarisés et qui viennent de se mettre au yoga pour être moins stressées et retrouver leur *body shape.*

Eh oui, il faut aller jusque-là !
Car ce n'est qu'avec ce niveau de granularité que vous pourrez rédiger vos contenus, cibler vos actions. Si nos interlocuteurs ne sont pas capables de nous fournir le degré de précision que nous attendons, c'est que la plupart des entreprises n'ont qu'une vision superficielle de qui sont réellement leurs clients.

Elles pensent que leurs clients aiment le yoga, la décoration ou veulent des faire-part de naissance. **Mais cela n'a jamais été connaître son client.**

Une entreprise qui connaît bien ses clients agit toujours en fonction de cette connaissance. Vos clients le voient et l'apprécient. Plus vous connaîtrez la personnalité de votre client, moins vous jetterez de l'argent par la fenêtre et moins de difficultés vous aurez à vendre vos produits. Cela vous aidera dans la fidélisation à votre marque, dans la fréquence des achats. Cela conduira vos clients à penser à votre entreprise, non pas comme un site comme tant d'autres, mais comme quelque chose de passionnant.

Collecter et analyser les informations sur vos clients demande beaucoup de temps et de travail. Ce n'est pas valorisant et c'est pour cela que c'est souvent négligé ou sous-traité. Mais croyez-nous, cela vaut le coup.

Deux derniers points qui ont leur importance :

Vous êtes peut-être vous-même client sur votre marché, alors rappelez-vous toujours **que vous n'êtes *pas* le marché**.

Vous avez une belle-sœur ou avez le sentiment que… ce sont des opinions, **nous voulons des faits.**

Donc il vaut mieux parler avec vos clients maintenant plutôt que vous rendre compte dans un an que vous avez investi des centaines de milliers d'euros à tort.

Thème	Commentaire
Age	Quelle tranche d'âge ou quel âge ? Vous trouverez que 80% de vos clients appartiennent à une classe d'âge bien précise.
Lieu	Où vivent-ils ? Quel type de ville ? Dans le centre ou en périphérie ? A la campagne ?
Genre	Toutes les activités attirent plus un sexe qu'un autre. Qu'en est-il pour votre activité ?
Revenus du foyer	Quelle tranche de revenus ? Individuels ou pour le foyer ?
Propriétaire ou locataire ?	Une maison, un appartement, une colocation ?
Santé	Un handicap, des problèmes de santé, des craintes de maladies ?
Etudes	Quel niveau d'études ? CAP ? Bac ? Etudes supérieures ?
Emploi	Salariés, à leur compte, au chômage, fonctionnaire ? Quel type de travail ?
Enfants	Ont-ils des enfants ? Si oui combien ? de quel âge ?
Statut marital	Mariés, célibataires, pacsés ?

Parlez-leur dès aujourd'hui et vous vous en féliciterez dans un an et plus.

42/ Les données démographiques

Les données que vous recherchez dans un premier temps relèvent de la démographie c'est-à-dire qu'elles décrivent les caractéristiques principales de vos clients.

Ces données sont des traits caractéristiques partagés par les gens qui achètent vos produits, ce sont des éléments quantifiables de façon statistique. Ce sont des données « de base ».

Voyons maintenant les outils permettant de trouver ces informations.

43/ Les outils pour trouver des données démographiques de votre audience

Avant de débuter, gardez en mémoire qu'il n'existe pas une source d'information mais plusieurs, qu'il va falloir combiner.

431 – Votre fichier

Si vous avez un fichier client vous avez déjà beaucoup d'informations. Vous avez leurs adresses et vous pouvez les analyser.

Vous n'avez pas leur sexe ? vous avez leur prénom, c'est déjà un bon début.

Vous n'avez pas leur âge ? toujours avec les prénoms vous pouvez avoir une bonne idée de leur âge grâce aux sites consacrés aux prénoms qui vous diront à quelles dates ces prénoms étaient les plus à la mode. Cela vous fournira une indication quant à l'âge de ces clients.

432 - L'Insee

N'oubliez pas l'INSEE ! Vous y trouverez beaucoup d'informations, pas toujours très à jour mais intéressantes. Etudiez les zones d'habitat de vos clients, leur typologie (par exemple si vous vendez des faire-part de naissance, vous avez l'âge moyen de la mère au premier enfant…), que vous pourrez croiser avec les informations acquises précédemment.

433 - Alexa

Nous utilisons Alexa pratiquement depuis ses débuts, en 1996, et nous en sommes fan même si nous regrettons son rachat par Amazon. Cette application vous permet de collecter des informations statistiques, des sources de trafic pour analyser l'origine de vos flux et votre visitorat. Elle vous fournit des informations intéressantes sur votre marché et où se trouvent vos visiteurs en dehors de votre site.

Pour utiliser Alexa, il vous suffit de saisir sur l'application l'URL de votre site ou de n'importe quel autre site. Supposons que vous ayez une marque d'habillement en fibres naturelles, par exemple Ferme-du-mohair.com. Vous ne vous attendiez sans doute pas à ce que votre visitorat aille plus souvent sur le site de Comptoir des Cotonniers que sur celui de Damart et là, ça peut orienter vos actions marketing.

Et Alexa vous dira le pourcentage des visiteurs de Comptoir des Cotonniers qui viennent sur votre site. Vous pourrez aussi étudier avec Alexa les visitorats de vos concurrents directs….

Mais attention : il vous faut beaucoup de visiteurs sur les sites analysés pour qu'Alexa soit pertinent. Nous dirions au moins 1 000 visiteurs uniques par jour (un *ranking* de 10 000 ou moins pour Alexa).

434 - Google Analytics

Là c'est une obligation, il vous faut un outil statistique pour analyser les flux entrants sur votre site et leur comportement. Google Analytics est un outil puissant, un peu complexe à utiliser mais très utile. Ce qui est important à savoir pour bien utiliser cet applicatif c'est segmenter son visitorat pour analyser des ensembles homogènes et tagger vos flux entrants (du moins ceux que vous maitrisez) avec le système des UTM[10].

Vous avez un historique de navigation ? vous avez alors déjà beaucoup d'informations sur vos clients et visiteurs (notamment les données géographiques).

435 – Vos études

N'hésitez pas à réaliser des études auprès de vos clients ou de vos cibles. Ce n'est pas forcément bien compliqué et vous apprendrez toujours quelque chose.

44/ Les données sociales et comportementales

Les données démographiques vous disent qui, où, quoi, mais vous ne savez encore rien des comment et des pourquoi.

Vous avez les noms de vos clients, leur âge et leur genre mais vous ne savez toujours pas qui ils sont. Aussi, quand vous avez les

---

[10] Voir la définition et des exemples d'utilisation sur le site de Google Analytics.

informations démographiques de base, il est temps d'apprendre ce qui fait réellement cliquer vos clients.

Thèmes	Commentaires
Loisirs	Qu'est-ce qu'ils font pour se distraire. Quels sont leurs hobbies ?
Sites visités	Quels sont les sites qu'ils fréquentent ?
Les 5 influenceurs de niche favoris	Quels sont les principaux influenceurs que suivent vos clients ? Les influenceurs de niche sont les célébrités influentes de votre marché de niche. Par exemple vous êtes sur la niche du Yoga Satyananda, les influenceurs de votre niche peuvent être les bloggers ou podcasters les plus célèbres du Yoga Satyananda. Les influenceurs de niche peuvent modifier la perception que vos clients ont de vos produits parce que leur point de vue est important pour votre cible.
Les podcasts favoris	Quels podcasts en lien avec votre marché écoutent-ils ? De quoi parlent-ils exactement ?
Les réseaux sociaux préférés	Quels sont les réseaux sociaux et les forums fréquentés par vos clients ?
L'aisance avec la technologie	Sont-ils à l'aise avec l'informatique de bureau ? préfèrent-ils leurs mobiles ? la connexion avec Internet est-elle de qualité chez eux ?
Consommation de contenus	Quels types de contenus préfèrent-ils consommer ? Audio ? Vidéo ? Ecrit ? Du détaillé ou du rapide ?
Fréquence de l'achat en ligne	A quelle fréquence achètent-ils en ligne ? et quand ils le font comment cherchent-ils les produits ? Sont-ils des accros des moteurs de recherche, des sites de comparaison de prix ou des sites de tests, d'information ?
Capacités relationnelles	Sont-ils des solitaires ou des communautaires ?

45/ Les outils pour trouver les informations sociales et comportementales

Vous cherchez des réponses ? Ces outils vous aideront à les trouver. Tout comme les outils pour les données démographiques aucun outil ne vous procure l'ensemble des informations et il vous faut utiliser les 4 outils ci-après, comme nous le faisons pour nos activités. Ce travail est long mais, croyez-nous, il vaut le coup.

451 - Les magazines de niche

Courez acheter les magazines papier qui ciblent votre marché. Abonnez-vous à ceux qui sont destinés à votre clientèle pour que vous sachiez à quoi elle s'intéresse. Vous pourrez également étudier le visitorat du site web du magazine sur Alexa.

Etudiez bien les accroches utilisées par les magazines, leurs couvertures, leurs images et le vocabulaire. Croyez-nous, rien n'y est laissé au hasard et ce que vous y voyez est ce qui fonctionne pour votre marché.

452 - Google

Pour trouver de la donnée sociale et comportementale sur Google, saisissez le nom de votre niche de marché suivi par « + forums ». Trouvez ceux qui vous paraissent les plus intéressants, lisez-les puis rejoignez les conversations pour trouver ce que veulent vos clients.

453 - Google Analytics

En croisant des données de votre visitorat et de votre clientèle avec des données d'usage de smartphone et de navigateur cela peut être riche d'information.

46/ Vos Personas

Quand vous connaissez bien quelqu'un, vous pouvez le convaincre : vous savez quoi lui dire, comment lui présenter les arguments pour qu'il suive vos conseils. Maintenant imaginez que vous pouvez faire cela avec des clients que vous n'avez jamais rencontrés et en plus le faire en ligne. C'est ce que nous vous proposons maintenant.

Niché au sein des informations que vous venez de collecter, il y a votre client idéal, votre Persona.

Un Persona est la personnalité, l'avatar, de votre acheteur idéal. Il s'agit d'un outil qui affine votre capacité à créer et à garder vos clients.

Quand vous avez un Persona solide vous savez quoi lui dire, quoi lui proposer, où communiquer et comment créer vos contenus marketing pour non seulement l'attirer mais également le convertir en acheteur fidèle.

Nous créons un Persona pour chacune de nos activités. Nous ne nous lancerons que si nous l'avons fait. Nous vous proposons dans cette section les 4 étapes que vous allez utiliser pour créer le Persona de votre client.

Une fois que vous l'avez créé mettez-le dans un tableur, ajoutez une image puis imprimez le. Scotchez ce document au-dessus de votre bureau pour avoir un rappel constant de qui est votre client idéal.

Bien sûr ce Persona n'est pas que pour vous car il s'agit d'un excellent moyen de communiquer avec votre équipe (« que dirait ou penserait ou ferait notre Persona si on lui proposait ceci ou cela, dans telle ou telle situation ? ») mais également avec vos prestataires de communication… et demandez-leur de garder votre Persona à l'esprit quand ils travaillent pour vous.

Utilisez votre Persona dans tout ce que vous faites, rédaction de newsletter, création d'un produit, d'une offre, proposition de merchandising ou de campagne marketing.

Dans tout ce que vous faites, ayez votre Persona à l'esprit, tout comme nous, et votre activité en sera transformée comme les nôtres l'ont été.

Suivez les 4 étapes, dans l'ordre :

461 - Etape 1 : Les données démographiques

Regroupez les éléments de base de votre Persona : les données démographiques de base. L'âge, le genre, les niveaux de revenu, de formation, de votre client idéal.

462 - Etape 2 : Les 7 questions émotionnelles

Vous ouvrez maintenant un tableur et vous répondez aux 7 questions avec les données sociales et comportementales que vous avez collectées précédemment. Utilisez ce que vous avez trouvé dans les forums, les groupes Facebook et autres sources similaires. Les gens y racontent leur vie. Qu'est ce qui est commun à toutes ces histoires ? Vous essayez de trouver, non pas ce que tous vos clients sont mais qui est ce client parfait. Les réponses à ces 7 questions vous permettent de commencer à assembler les pièces de votre Persona.

- Qu'est-ce qu'ils pensent et ressentent ?

- Qu'est-ce qu'on leur dit à propos de vos produits et de votre marché ? (vos concurrents, les media…)
- Qu'est-ce que leur dit le marché ?
- En tant que client, qu'est-ce qu'ils voient quand ils regardent votre niche ?
- Que peuvent-ils gagner dans votre marché ?
- Quelles sont leurs peurs concernant ce marché et cette niche ?
- Qu'est-ce qu'ils veulent réaliser dans ce marché et qu'est ce qui est réellement important pour eux ?

463 - Etape 3 : Les 11 questions comportementales

Ces questions donnent « chair » à votre Persona. Vous créez un personnage, une personne réelle avec qui vous pouvez avoir une « conversation ». Nous vous recommandons de porter ces questions et vos réponses dans le tableur que vous avez commencé précédemment.

1- Quel est son prénom ? Cela rendra plus réel votre Persona. Inspirez-vous des prénoms les plus couramment donnés lors de son année de naissance.

2- A quoi ressemble-t-il ? Caractérisez-le : grand, petit, gros, avec de l'acné, des lunettes ?

3- Où vit-il ? En centre-ville, en banlieue ? Une maison, un appartement ? Aime-t-il l'endroit où il vit ?

4- Quelle est sa profession et où travaille-t-il ? Cadre ou employé ? Satisfait de son travail ou aimerait-il en changer ?

5- Quel est son environnement relationnel ? Appartient-il à des clubs, associations ? Quels sont ses amis ?

6- Quel est son statut marital ? Marié, pacsé, divorcé ? S'il n'est pas marié le souhaite-t-il ?

7- Des enfants ? Si oui combien ? De quel âge ? Filles ou garçons ?

8- Qu'est-ce qui l'a conduit à s'intéresser à votre marché, l'a rendu plus réceptif ? C'est d'autant plus important si vos produits ont trait à la santé, la beauté ou la finance.

9- A quoi excelle-t-il ? En quoi est-il spécial, unique ?

10- A quoi n'est-il pas bon ? Le sait-il ? En est-il ennuyé, Qu'en fait-il ?

11- Qu'est-ce qui l'empêche de dormir ? Qu'est ce qui le fait se réveiller la nuit ? C'est un point particulièrement important car si vous réussissez à le résoudre, totalement ou partiellement… ; vous êtes en passe de gagner ! (listez également ce qui l'angoisse, le dérange….)

464 - Etape 4 : L'histoire

En combinant toutes ces informations vous voilà prêt à créer l'histoire de votre Persona. Débutez par ce qui est le plus facile (âge, genre, statut marital, nombre d'enfants, emploi…) puis construisez sur cette base les éléments plus émotionnels de son histoire. Le fait de créer votre histoire va imprégner votre subconscient et vous allez lui donner vie pour de bon.

Une fois que vous avez écrit cette histoire, attribuez-lui un portrait. Associer l'image d'une personne à une histoire la rend encore plus réelle. Ce n'est pas facile mais c'est nécessaire.
Une fois que tout cela est réalisé, prenez du recul.

Reprenez tous les éléments et vérifiez que votre histoire est bien validée par les données. Réitérez jusqu'à ce que vous en soyez satisfait. Gardez en mémoire que votre Persona évoluera avec votre activité.
Les questions les plus fréquentes qui nous sont posées quand nous créons un Persona :

- Peut-on avoir plus d'un Persona ?

  Non, sauf si vos données vous prouvent que vous avez des segments importants bien identifiés. Mais dans tous les cas jamais plus de trois.

- Peut-on utiliser un vrai client comme Persona ?

  Non, car votre Persona va évoluer avec votre activité.

47/ Votre concurrence

Bien des e-Commerçants sont excessifs quand il s'agit de prendre en compte leur concurrence.

Soit, ils considèrent que ce n'est qu'un repère et que tant qu'ils font bien leur travail cela ne les concerne pas. Soit, ils sont totalement obnubilés par un ou deux de leurs concurrents et n'agissent qu'en fonction d'eux.

La bonne voie est, comme bien souvent, entre les deux. S'intéresser aux bonnes pratiques des « gros » est toujours utile, voir ce que d'autres font est intéressant. Ils n'ont pas forcément raison sur tout mais ils peuvent être source d'inspiration.

Par ailleurs l'étude de vos concurrents vous donne aussi une vue de votre marché et de son évolution. Et cela aussi, c'est intéressant.

471 - Trouvez qui sont vos concurrents

Ce qu'il vous faut c'est connaître les 5 à 10 principaux concurrents sur votre marché. Pas les énormes mais ceux qui sont sur votre niche de marché. Il vous sera peut-être impossible d'en trouver 10, même 5.

Utilisez les 3 outils que nous vous présentons ci-après. Nous vous recommandons vivement de les utiliser dans l'ordre indiqué, pour en tirer le meilleur résultat.

4711/ Google

Prenez les 10 mots clefs qui caractérisent votre marché (utilisez par exemple WordRecon pour avoir des idées), tapez-les sur Google.

Puis examinez :

Vos concurrents qui apparaissent en référencement naturel (ne prenez en compte que ceux qui vendent des produits)
Les publicités qui apparaissent (Google Ads)
Listez les 5 à 10 concurrents que vous avez trouvés. Normalement, il devrait y avoir des entreprises qui font de la publicité sur Google.

Si ce n'est pas le cas, faites attention.

Soit vos concurrents n'ont pas « trouvé » ces mots clefs soit ils ne sont pas monétisables (ils ne rapportent rien). Bien souvent s'il y a des concurrents dans votre métier et qu'ils ne font pas de publicité sur des mots clefs, c'est qu'il y a une bonne raison pour cela.

4712/ SEMRush

Avec cet outil vous pouvez aller plus loin dans la connaissance des 5 à 10 concurrents que vous avez listés lors de l'étape précédente.

Etudiez tout d'abord votre principal concurrent et voyez quels sont ses principaux concurrents à lui, en termes de mots clefs pour le référencement naturel. Listez-les.

Vous trouverez peut-être que certains de ceux que vous pensiez être des concurrents ne le sont pas tant que cela et SEMRush vous apportera de nouvelles idées de mots clefs pour qualifier votre univers concurrentiel (en ce cas, de nouveau un petit tour à l'étape 1).

Vous avez maintenant une liste de 15 à 30 concurrents.

4713/ Alexa

Etudiez chacun de ces concurrents avec Alexa pour vous créer un dossier sur chacun d'entre eux (conseil : faites une capture d'écran) :

- Le trafic relatif de chacun de vos concurrents,
- Le nombre de leurs *back-links,*
- Le type de recherche qui amène chez chacun d'entre eux,

- Les sites auxquels leurs visiteurs vont avant et après leur visite,
- Les données démographiques de leur visitorat,
- La vitesse de téléchargement de leurs pages.

472 - Documentez comment ils opèrent

Allez sur leur site et complétez le dossier de chaque concurrent en notant les réponses aux questions suivantes :

- Que dit leur marque sur eux ?
  - Ont-ils une optique spécifique ou générique ? (Pecheur.com ou Amazon.com ?)
  - Ont-ils une promesse liée à leur marque ? (Cdiscount, RentreeDiscount)
- Comment communiquent-ils leur proposition de valeur ?
- Sous quel angle positionnent-ils leurs produits ?
- Sont-ils « *made in France* » ?
- Leurs produits sont-ils faits à la main ?
- Se positionnent-ils avec des produits luxueux ?
- Qu'est-ce qui pique votre curiosité quand vous naviguez sur leur site ?
- Quelles ficelles émotionnelles sont utilisées ? La peur ? Un sentiment d'appartenance ?
- Procurent-ils ou se réfèrent-ils à un statut social ?

- Se présentent-t-ils comme une réponse à un sentiment de souffrance, de manque, de stress ?
- A quoi ressemblent leurs prix ?
    - Premium, standards, discount ?
    - Comment présentent-ils leurs prix ? (barrés…)
    - S'ils sont chers, cherchent-ils à justifier leurs prix ? en sont-ils honteux ? en sont-ils fiers ?
- Comment présentent-ils leurs produits ?
    - Mettent-ils en avant la liste des meilleures ventes ?
    - Utilisent-ils des listes par caractéristiques de leurs produits ?
- Leur positionnement est-il cohérent avec leurs prix ?
- Est-ce que leur packaging sublime ou dévalorise le produit ?
- Est-ce que l'ensemble des points précédents est cohérent avec le message véhiculé par leur marque ? (comparez avec ce que vous avez écrit au 1er point de cette liste).
- Quel type de photos utilisent-ils ?
- S'agit-il de superbes photos de produits prises sous différents angles ?
    - …ou des photos basiques tirées de banques d'images ?
    - …ou d'images provenant des fournisseurs ?
- Comment leur fiche produit est-elle mise en page ?

  - Incite-t-elle à l'achat ?
  - Incorpore-t-elle des vidéos ?
  - Intègre-t-elle des avis clients ? Vérifiez s'il s'agit bien d'avis clients liés au produit présenté dans la fiche produit. Vérifiez également que ces avis sont présentés par le biais d'une société indépendante de récolte d'avis (« Avis Vérifiés » ou similaire).

- Comment gèrent-ils les frais de port ?
  - Leurs frais de port sont-il supérieurs ou inférieurs aux vôtres ?
  - Quelles sont leurs options de livraison proposées ? (express, point relais…)
  - Ont-ils un seuil de gratuité de frais de port ? Si ou lequel ? pour quel type de service ? (point relais…)

- Leur argumentaire de vente est-il actif ou passif ?
  - Avez-vous l'impression qu'ils cherchent à vous vendre à tout prix ou est-ce plutôt amical et avec du recul ?
  - Est-ce qu'ils semblent ne pas suffisamment inciter à acheter ?
  - Qu'utilisent-ils comme *call to action* ?
  - Comment proposent-ils l'achat ?
  - S'ils utilisent des boutons « achat », de quelle couleur et de quel type sont-ils ?
  - Sont-ils du genre « ajouter au panier » ou « acheter maintenant » ?

  - Où ont-ils positionné leurs boutons d'achat sur la fiche produit ? De la même façon que vous ?
- Ont-ils des incitations ou des promotions par défaut ?
  - Par exemple « 2 pour le prix d'1 » ou tout autre type de promotion permanente. Si le site de votre concurrent est bien géré, il ne va pas gâcher de l'espace pour des promotions qui ne fonctionnent pas. Faites alors comme lui et bien souvent cela marchera.
  - Documentez les types de promotion utilisés.

Posez vous la question de la « constitution de fichier » :

Ce concurrent cherche-t-il à se constituer un fichier client avec des offres très agressives pour, dans un deuxième temps, vendre d'autres produits sur lesquels il fera de la marge ?

Utilise-t-il un code promo, un livre blanc à télécharger ou tout autre « aimant à contact » pour se constituer un fichier d'adresses email ?

Étudiez maintenant leur site du point de vue de la compatibilité avec le mobile (via l'usage d'un smartphone).

- Est-ce que le tunnel est optimisé pour le mobile ?

- Consultez leur site sur votre smartphone, ajoutez un produit au panier et regardez leur tunnel de commande.
- Leur site est-il fonctionnel, avec une présentation agréable ou est-il difficile à utiliser sur smartphone ?

À quoi ressemble leur présence sur les médias sociaux ?

- Utilisent-ils Facebook, YouTube, Twitter, Pinterest, Instagram… ?
- Interagissent-ils avec leurs fans et leurs clients ?
- Semblent-ils fortement impliqués ou absents ?

Font-ils du marketing de contenu ?

- Ont-ils un blog où ils écrivent des articles, postent des vidéos ?
- Font-ils des liens vers des contenus pertinents pour leurs produits ?

473 - Pratiquez la rétro-ingénierie

Maintenant que vous avez défini qui sont les principaux joueurs sur votre marché, vous pouvez éliminer les entreprises qui ne sont pas vos « vrais » concurrents (sur la base de ce qu'ils vendent et de la nature de leurs audiences) pour vous focaliser sur les véritables acteurs.

Votre liste devrait référencer entre 5 et 10 concurrents. Listez-les par ordre d'importance. Vous êtes prêts à vous lancer dans la rétro-ingénierie de vos concurrents et à faire de l'espionnage !

4731/ Les outils

Bien des outils que nous allons vous proposer n'existaient pas voici simplement quelques années et très peu de personnes en connaissaient plusieurs. Nous nous rappelons avoir été un temps les seuls en France à utiliser Alexa… Ces outils vous présentent exactement ce que vos concurrents font et comment ils le font.

Vous découvrirez ce qui marche et vous tirerez les pépites qui font le succès de vos concurrents. Utilisez ces outils dans l'ordre de leur présentation ci-après pour de meilleurs résultats.

- SEMrush
- Alexa
- Buzzsumo
- WhatRunsWhere
- SimilarWeb
- Ghostery

4732/ *Hackez* le tunnel de vente

Maintenant que vous avez collecté toute cette donnée sur vos principaux concurrents, il est temps que vous deveniez leur client. Eh oui, nous vous incitons à aller dépenser de l'argent pour les produits de vos concurrents !

Essayer les produits des concurrents est une superbe opportunité ! Pensez-y comme une forme bénigne de hack.

Vous allez parcourir le tunnel de vente de vos concurrents en tant que consommateur et vous allez l'analyser et le tester pour voir ce qui est positif et négatif.
Vous pourrez alors développer votre propre stratégie, basée sur ce que vous y avez appris.

Rappelez-vous que vous n'achetez pas des produits mais de l'information, de la donnée. Cette information n'a pas de prix, surtout s'il s'agit de votre concurrent qui réussit le mieux. Votre expérience client est très insuffisante si vous ne l'avez pas comparée à celle d'un autre.

Utilisez cette information sur le tunnel d'achat pour faire évoluer ou refaire votre processus de vente actuel. Et n'hésitez pas à tester les idées des concurrents chez vous. Elles ne sont pas toujours meilleures que les vôtres mais ça peut arriver !

Comment exécuter un hack de tunnel de vente :

Utilisez un logiciel de capture de navigation pour faire une vidéo de l'ensemble du processus de vente. Vous pourrez vous y référer par la suite au cas où vous auriez raté quelque chose ou pour partager avec vos équipes. Prenez des captures d'image des pubs, des pages d'atterrissage, des url, du processus de validation d'achat, de tout. Vous n'en aurez jamais assez (et cela viendra compléter la vidéo car c'est plus facile à utiliser).

Débutez au niveau de la publicité. Trouvez une publicité qui propose un produit qui est similaire à celui que vous vendez et cliquez dessus. Allez sur la page d'atterrissage, mettez le produit au panier et allez jusqu'au bout du processus pour devenir un client.

Quand vous cheminez dans l'entonnoir de vente, prenez tout ce qu'ils proposent. S'ils utilisent l'*upsell*, le *downsell* ou le *cross-sell*, prenez-les. Vous pouvez devoir refaire le processus plusieurs fois avec différents produits pour avoir l'expérience complète de ce que votre concurrent peut offrir.

L'objectif n'est pas de dépenser une fortune mais de voir ce qui marche pour eux. Mieux vous comprenez, mieux vous pourrez optimiser votre propre entonnoir de vente.

Mais ce n'est pas fini.

La plupart des gens font l'achat et pensent que c'est terminé alors qu'il ne s'agit que de la phase initiale du processus de vente.

Vous êtes juste devenu un nouveau client et vous devez documenter et analyser ce qui va avec :

- Emails. Sauvegardez les emails qui vous sont envoyés. Notez combien et quand ils vous sont envoyés, leur séquence et la fréquence d'envoi.

- *Upsells*. Tentent-ils immédiatement l'*upsell* de nouveaux produits ou tentent-ils de construire une relation avec vous, pour renforcer leur marque auprès de vous ?

- *Retargeting*. Faites attention à leurs pubs de remarketing, s'ils l'utilisent. Parce que le *retargeting* peut être une excellente opportunité pour une activité basée sur la vente de produits.

N'hésitez pas à passer un coup de fil pour des renseignements et validez le temps d'attente et la compétence de la personne au téléphone.
Vous retenterez quand vous aurez passé la commande pour valider la qualité des réponses et leur rapidité. Testez aussi leur *Chat* s'ils en ont un.

Passer une commande chez vos concurrents vous donne également l'opportunité de recevoir leur colis.

- Quel transporteur a été choisi ?

- Avec quel niveau de service ?

- Quelle qualité de l'emballage et du calage ?
- Y-a-t-il un mot d'accompagnement, un petit cadeau ?

Etudiez le produit en tant que tel.

- A-t-il un marquage spécifique ?
- Leur produit est-il meilleur, pire ou équivalant au vôtre ? C'est une chose de dire que votre produit est le meilleur mais c'est en ayant en main ceux des concurrents que vous pouvez en être certain.

Bien sûr vous pouvez exercer votre droit de rétractation et retourner le produit au concurrent et ce serait une occasion de tester leurs retours. Mais n'en abusez pas : vous avez appris beaucoup, respectez vos concurrents.

Une fois que vous aurez réalisé ce *hack* du tunnel de conversion, vous saurez comment ils opèrent, du *Front* au *Back*. Vous connaitrez même peut être mieux leur activité qu'eux-mêmes parce que vous aurez eu une expérience client.
D'ailleurs, depuis quand avez-vous passé une commande complète (paiement et réception inclus) sur votre site ?

ACTION :

Nous savons que cette étude de la concurrence est un sacré travail, très impliquant mais si vous faites bien attention à l'ensemble des détails, c'est diablement intéressant.

Une fois que vous avez étudié vos 5 à 10 principaux concurrents, documentez comment ils opèrent, les points forts et faibles de leurs produits, leurs stratégies marketing, leurs campagnes de pub.

Avec la rétro-ingénierie, vous les connaissez mieux qu'ils ne se connaissent eux-mêmes et là vous pourrez devenir plus performants qu'eux.

PS : Vous devez mettre à jour cette étude de la concurrence une fois par an.

Le mot de Jeff

Commencez par le client puis travaillez à rebours.

La raison principale de notre succès, c'est de loin notre obsession pour le client. Connaître nos concurrents nous intéresse mais ce n'est pas notre obsession permanente.

Je parle souvent à d'autres patrons, des créateurs et entrepreneurs, et je vois bien que, même s'ils parlent de leurs clients, ce qui les obsède au fond, ce sont leurs concurrents. FAKE !

5. REFLECHISSEZ AVANT DE VENDRE

VOUS AVEZ passé beaucoup de temps sur votre nom commercial, votre logo et votre identité visuelle mais vous n'avez sans doute pas passé suffisamment de temps à réfléchir comment vendre de façon profitable. Nous avons bien conscience que vous êtes très occupé mais vous devez y réfléchir avant de faire quoique ce soit.

Un e-Commerce qui fonctionne bien est 100% réfléchi.

Vous DEVEZ savoir comment construire votre marge bénéficiaire pour que vos produits rendent profitables votre activité. Vous devez connaître la différence entre des produits OEM et des produits de marque propre et savoir lesquels correspondent le mieux à votre activité. Vous DEVEZ savoir comment accroître votre activité avec des flux de revenus additionnels sans qu'ils impactent de façon négative votre trésorerie déjà bien maigre.

Ces sujets sont bien souvent escamotés mais nous vous conseillons de les prioriser car nous voulons que vous réussissiez.

51/ Soyez obsédé par votre marge

Si vous lisez cet ouvrage depuis le début, vous constatez que nous parlons très souvent de prix ou de marge. Nous insistons énormément là-desus : votre marge est à la fois la fondation et le matériau des murs de votre business.

Dans notre check-list, au chapitre 1, nous vous conseillons de pratiquer un coefficient minimum de 3.

Que faire si votre produit fétiche ne vous permet pas d'appliquer ce coefficient ?

Réponse : changez de métier !

C'est une réponse un peu brutale. Vous devez être persuadé que votre vie économique dépend de votre marge.

Dans votre gamme, vous pouvez avoir des produits « image » ou des produits d'appel, qui valorisent votre marque et/ou attirent le consommateur. Par exemple, si vous vendez de la gastronomie, des foies gras d'oie entiers « *king size* », ou des truffes blanches, ou du caviar beluga…

Pour ces produits très particuliers et qui ne représentent pas un fort pourcentage de vos ventes, vous pouvez pratiquer un coefficient plus faible. Mais l'essentiel est que les gros volumes de vos ventes soient réalisés par des produits/services à forte/très forte marge.

52/ Vendez vos propres produits

Ne faites pas comme les autres !

Ne débutez pas une activité en ligne en vendant les produits qu'Amazon vend parce que vous finirez par vendre une « commodité » et non plus un produit. Quelque chose que le client pourra probablement acheter au travers de milliers d'autres boutiques pour un prix inférieur à celui auquel vous pouvez vous permettre de le vendre (si ce n'est de l'acheter).

Si tout le monde peut acheter un sèche-cheveux que vous vendez plus cher qu'Amazon, pour quelle raison impérieuse l'achèteraient-ils chez vous ?

Vous devez donner aux gens une ou plusieurs très bonnes raisons d'acheter dans votre boutique. Vous devez convaincre les gens d'acheter chez vous en leur proposant quelque chose qui vaille le coup, un produit d'une grande marque ou de marque inconnue ou même une série de produits à votre marque !

Ne vendez pas du SONY ! Même sur les niches de marché, vous avez toutes les chances de vendre les mêmes choses que les autres. Bien sûr de nombreuses boutiques font cela et certaines le font même plutôt bien mais vous ne devriez pas essayer de faire comme eux.

Voici les 2 raisons impératives pour lesquelles copier d'autres distributeurs est une mauvaise idée :

1- Quand vous êtes dans une activité de « commodités », il est difficile de faire de l'argent avec vos produits. Et si jamais vous voulez vendre votre entreprise, vous découvrirez qu'un business avec des produits différents a bien plus de valeur. Si vous possédez une marque, personne d'autre ne peut la vendre à part vous et cela est un « + » très important quand vous cédez votre activité.

2- Quand vous vendez des produits de marque, vous faites typiquement entre 20 et 40% de marge brute, comme ceux qui vendent les mêmes produits. Plus le marché est concurrentiel, plus cette marge baisse. Voyez les marges dans l'électronique grand public. Elles sont de l'ordre d'un pathétique 10 à 11%. Par contre, quand vous vendez vos propres produits, vous pouvez contrôler vos prix et avoir des marges de 70% – 7 fois ce que peuvent espérer les vendeurs de produits électroniques !

Bon, maintenant que nous avons dit cela et si vous vendez des produits sous la marque d'autrui, ne les jetez pas tous à la benne ! Utilisez votre boutique pour construire votre marque en vendant simultanément des produits de votre marque avec ceux de marques connues. Cette proximité leur donnera de la crédibilité.

Si vous vendez des gadgets à votre marque à côté de produits Apple, vos clients auront plus confiance que si vous les vendiez tout seuls.

Si vous vous dites que créer votre propre marque de produits est hors de votre portée, n'ayez pas peur.

Nous vivons dans un monde où vous pouvez facilement prendre contact avec des fabricants en Italie, en Turquie, en Chine ou au Sri Lanka et même en France (voir l'exemple du Slip Français) !

Et le coût de cette démarche est moins élevé que vous ne le pensez.

53/ Les critères de sélection d'un produit

Avant de voir comment vous pouvez vous procurer vos propres produits, nous souhaitons vous présenter les critères que nous utilisons pour sélectionner nos produits et nos fabricants.

Les 8 critères de sélection de produits

1- Il faut que ce soient des produits de niche.

Votre produit correspond à une niche de marché spécifique. Si ce n'est pas le cas, ce n'est pas le bon produit,

2- Les produits que vous proposez doivent être solides,

Plus votre produit est fragile plus il a des chances de s'abîmer et des produits cassés ne se vendent pas. Votre produit peut se casser lors des transports ou de l'utilisation chez le client. Il créera des anomalies et des frais ainsi que de la déception. Dans tous les cas si vos produits intègrent de l'électronique et/ou des parties mobiles il faudra que vous anticipiez un pourcentage d'exemplaires défectueux et que vous l'intégriez dans le calcul de votre marge,

3- Le niveau de qualité doit être dans la moyenne si ce n'est au-dessus.

Plus la qualité de vos produits est élevée plus le niveau de satisfaction de vos clients sera également élevé et plus vous pourrez justifier des prix élevés. Vendre de la camelote n'est pas un bon calcul à moyen-long terme : tout ce qui est bien marketé peut se vendre mais si vous débutez avec des produits de qualité standard à élevée, vous réussirez mieux avec moins de souci avec vos clients,

4- Bien sûr il doit y avoir de la demande pour votre produit,

Est-ce que des gens sont prêts à acheter votre produit ? Vous l'avez repéré dans un film et vous l'avez trouvé génial mais êtes-vous le seul ? Un examen du marché ou un test du marché avant d'acheter pour 20 000€ de stocks, ne serait-ce pas une bonne idée ?

5- Son prix public est d'au moins 30€ TTC

Nous ne nous intéresserons pas à un produit qui se vend pour moins de 25€ HT. Tout ce qui se vend pour moins de 30€ TTC (soit 25€ HT) ne crée pas assez de marge en valeur absolue (en €). Un produit vendu 10€ HT (soit 12 € TTC) à 50% de marge brute ne rapporte que 5€. Cela ne fait pas beaucoup et oblige à en vendre vraiment beaucoup de façon continue pour constituer un « business véritable », avec lequel vous puissiez vivre.

6- Vos marges doivent être solides

Vos marges doivent être cohérentes avec votre type d'activité. Etes-vous un revendeur haut de gamme ou un discounter ? Si votre produit se vend a minima 30€ TTC, il vous faut au moins 60% de marge brute sur le HT soit 15€, d'où un coût d'achat rendu chez vous à 10€ HT maximum.

Si ce n'est pas le cas, passez votre chemin car c'est déjà « limite » (vous devriez être à un coefficient 3 du HT au HT, soit 8€ HT à l'achat rendu chez vous pour 24€ HT en prix de vente).

Il n'y a que 2 chemins à la profitabilité : vendre beaucoup de produits à faible marge ou en vendre moins à forte marge. Evidemment vendre beaucoup à forte marge c'est le Graal. Mais dans la « vraie vie » c'est l'un OU l'autre.

Dans le cas d'une TPE/PME il n'y a, de fait, pas de choix : c'est « vendre moins avec une forte marge » car vous n'avez pas les moyens d'un « gros » pour payer les volumes.

7- Le ratio marge/poids doit être favorable pour le transport

Si vous avez déjà la capacité d'envoyer des produits lourds et encombrants, bravo et vous pouvez passer au point suivant. Sinon posez vous la question du coût de transport. Non seulement celui du fabricant jusqu'à chez vous mais également de chez vous au client. Il faudra bien que quelqu'un paie ce coût et généralement ce sera vous, du moins en partie. Votre Participation aux Frais de Port (PFP) doit être cohérente avec celles de vos concurrents et, généralement, elle ne couvre pas vos frais.

Il faut essayer de trouver des produits légers et bien emballés, cela réduit la facture de transport ainsi que le coût pour l'entrepôt.

8- Vos produits doivent être uniques

Pour toutes les raisons que nous avons vues depuis le début de ce livre, vous voulez vendre des produits uniques :

- Ceux qu'Amazon ne vendra pas (du moins sans votre accord),
- Ceux qui vous permettront d'échapper à la « taxe publicitaire » de Google et Facebook. Car vos clients potentiels chercheront directement votre marque.

- Vous devrez également réfléchir à des produits complémentaires, des variantes ainsi que des produits proches qui peuvent vous permettre de construire votre propre ligne de produits et ainsi générer des ventes récurrentes avec vos clients.

54/ Les critères de sélection d'un fabricant

Nous en comptons 3 :

1- Capacités :

Votre fabricant est-il réellement un industriel ou s'agit-il d'un grossiste revendeur ? Quelles sont ses capacités ? En effet tous les industriels ont des limites de capacités, il est important de les connaître, dès le début de votre relation, avant même de commencer à discuter de façon précise sur un projet de collaboration.

2- Matières premières :

La *supply chain* est l'une des contraintes importantes au développement de votre marque et de vos produits. Votre fabricant a-t-il lui-même une bonne *supply chain* ? Quelles sont ses limites en termes de capacité liée à celle-ci ? Combien de marchandises peut-il acheter ? Quelles sont ses capacités d'approvisionnement en circuits électroniques et en aluminium pour votre lampe de poche ? Mieux vaut, là aussi, avoir des éléments de réponse dès le début de votre relation.

3- Exclusivité :

Votre fournisseur doit s'engager à ne pas vendre le même produit à vos concurrents ou en direct sur vos marchés, a-minima avec vos spécifications (couleur, emballage…).

Si des produits que vous commercialisez actuellement ne correspondent pas, a minima, aux critères 1 et 2, terminez votre stock en cours et ne renouvelez pas ce produit.

Maintenant que vous avez parcouru ces check-lists et êtes certain que vos produits remplissent ces critères, voyons les 2 façons de commencer à vendre des produits sous votre propre marque : la « marque blanche » ou les « produits originaux ».

55/ Vendez sous votre propre marque

551 - La marque blanche

La marque blanche est la façon la plus simple pour débuter la vente de produits sous votre propre marque. Elle ne nécessite ni conception, prototypage ou développement. En effet la marque blanche consiste à trouver un produit existant, le modifier si possible légèrement et le marquer à votre logo et utiliser votre packaging. Tout le monde en fait, voyez Amazon basics.

Mais la marque blanche ce n'est pas « vendre ce que tout le monde vend déjà » parce qu'elle construit votre marque et décuple vos profits. Si, par exemple, le marché de la spatule en bambou est en plein boom, vendez une spatule en bambou sous votre propre marque. Vous feriez 4 à 5 fois moins de marge en vendant une spatule Alessi que si vous vendiez sous votre propre marque votre spatule, ce qui fait toute la différence quant à la rentabilité de votre activité de e-Commerçant.

Vous pouvez soit faire varier le produit (changer la couleur par exemple) pour vous différencier des autres, fabriqués par le même fabricant. Personnaliser au-delà du simple fait de poser son nom et son logo sur le produit, comme le fait la majorité, vous permet de vous démarquer.

Commencez par créer votre marque avec son nom, son logo, son packaging en premier puis présentez-la à votre fabricant quand vous débutez. Vous pensez peut-être qu'il vous faudra dépenser des milliers d'euros mais ce n'est pas le cas : de nombreux fabricants ont des stocks et ils vous vendront quelques centaines de produits. Et tout ce qu'ils auront à faire c'est coller votre logo, faire une sérigraphie et le mettre dans un emballage pour vous.

Alibaba est bien sûr la plateforme la plus connue pour se sourcer de Chine et d'autres pays. Des fabricants du monde entier font du chiffre au travers d'Alibaba. Ils ont toujours un minimum de commande (*Minimum Order Quantity*, MOQ) mais ce n'est pas un réel problème. Il vous faudra acheter 500 ou 1000 unités mais pas 50 000.

Ayez juste conscience que ce n'est pas parce qu'une entreprise est listée sur Alibaba que cela en fait un fabricant, ce sont généralement des intermédiaires. Pour des industriels français ou européens, allez sur Google mais, comme leurs sites ne sont généralement pas terribles, armez-vous de patience et n'hésitez pas à aller à la deuxième ou troisième page de résultats.

Attention : quand il s'agit d'importer en Union Européenne un produit qui n'a jamais été importé, il vous faut aller au travers d'un processus de validation spécifique (la fameuse norme CE). C'est pourquoi il vaut mieux importer la variante d'un produit déjà importé ou, pour tester le marché, trouver l'importateur en Union Européenne.

552 - L'OEM – Les produits originaux

L'OEM (*Original Equipment Manufacturing*) est également une façon de construire votre marque mais n'est pas toujours adaptée à vos besoins. Si vous avez une idée pour un produit qui n'existe pas sur le marché ou si les modifications que vous souhaitez faire sur un produit en marque blanche le modifie de façon substantielle, pensez à l'OEM.

L'OEM implique de travailler avec un fabricant pour créer le prototype d'un produit original. Il s'agit d'un processus beaucoup plus lourd qu'une marque de distributeur mais si vous avez une idée que vos études/tests de marché indiquent comme viable, cela vaut les efforts et la prise de risque. D'autant plus qu'avec l'impression 3D le prototypage rapide a vu son coût diminuer fortement au cours de ces 5 dernières années.

Voyez le projet de Thomas Frangin, Truffe & Moustache, qui commercialise, sous sa propre marque de l'OEM : un moulin à compléments alimentaires pour chiens et chats. Il a fait son prototype avec un industriel du Jura, spécialisé dans les moulins à poivre en bois, avec qui il a dérivé son produit.

Par contre, s'il s'agit de votre première activité en e-Commerce, ne « mettez pas la charrue avant les bœufs » ! Essayez en marque blanche dans un premier temps puis quand vous avez une marque bien établie ainsi que les finances pour subvenir à un projet OEM, allez-y !

553 - Quelques considérations autour de la création et de l'évolution de votre offre :

Vos clients vont toujours consommer plus que ce que vous pouvez leur proposer. Il s'agit d'une règle à toujours avoir en tête. Par nature nous adorons consommer (voir la pyramide de Maslow) et nous vivons dans un monde dirigé par la consommation. Ne faites pas l'erreur de croire que vos clients ont « fini » d'acheter.

Heureusement il y a des manières innovantes de satisfaire ces consommateurs et ainsi améliorer vos revenus sans que cela nécessite un investissement significatif. *Print on demand*, *crowdsourcing*, *crowdfunding* et les produits digitaux peuvent tous accroître la rentabilité de votre activité en leur offrant quelque chose de nouveau à acheter. Voyons-les rapidement.

- *Print on Demand* (POD) :

  Il s'agit de l'impression à la demande et c'est un bon générateur de revenus récurrents. La technologie POD consiste à vendre de la marchandise personnalisée qui est imprimée et fabriquée uniquement quand une commande est passée. Pas de stocks, vous n'avez qu'à créer des designs et les promouvoir via email, de la pub ou les réseaux sociaux. Vous faites de l'argent dès que quelqu'un commande. Il peut s'agit d'impression papier, de chaussures, de t-shirts, de coques d'iPhones, de mugs…. Un bel exemple d'entreprise POD est CreateSpace qui appartient à… Amazon. CreateSpace réalise du POD pour des livres, des DVD… tandis que, toujours chez Amazon, Amazon Merch réalise des T-shirts et des vêtements personnalisés.

- *Crowdfunding* :

  Le crowdfunding consiste à collecter des fonds de personnes pour créer un produit. Les sites de crowdfunding peuvent également créer une traction virale pour votre activité. Pour créer une campagne de crowdfunding utilisez une plateforme comme Wiseed, Kickstarter ou Indigogo. Une fois que vous avez créé une campagne sur ce que vous souhaitez produire, tout le monde peut abonder et devenir un investisseur. Les investisseurs ne possèdent pas d'actions mais ils ont la garantie que vous leur enverrez le produit, une fois qu'il est fabriqué, avec des bonus et autres avantages que vous offrez à ceux qui vous ont aidé à financer la campagne de lancement.

- *Crowdsourcing* :

  Il s'agit d'une combinaison de POD et de crowdfunding. Elle est principalement utilisée dans le monde de l'habillement et de la décoration. Voici comment cela fonctionne avec Teespring ou Spreadshirts, les plateformes de crowdsourcing les plus importantes. Vous créez un T-shirt selon différents styles (manches longues, courtes, capuche…), vous créez une campagne pour un certain nombre de jours, disons 10 jours. La plateforme vous procure un lien pour que vous promouviez vos produits sur votre boutique, vos bases email ou vos réseaux sociaux. Vous déterminez le nombre minimal de t-shirts que vous souhaitez produire, en fonction de la marge que vous voulez retirer de la campagne, 10 ou 100 par exemple. Toute personne qui achète un t-shirt est mise sur une liste d'attente et quand votre minimum est atteint (10 ou 100) les clients sont débités mais vous pouvez continuer à vendre vos t-shirts jusqu'à la fin de la campagne. C'est à ce moment que Teespring ou Spreadshirt impriment puis expédient vos t-shirts. Si vous n'atteignez pas votre minima les clients sont remboursés. En France le site La Fraise de Patrice Cassard avait brillamment lancé cette tendance dès… 2003 !

- Les produits digitaux :

Nous, commerçants, pensons souvent « produits » au travers de produits physiques et c'est une erreur. D'une part parce qu'un produit digital associé à un produit physique permet de le différencier. Pour la marque Le Parfait, par exemple, les vidéos d'emploi ou de recettes associées aux produits physiques via un QR code imprimé sur l'emballage et/ou le produit).

D'autre part parce que, toujours associés à un produit physique, vous pouvez vendre des produits digitaux, ce qui vous permettra d'accroître la marge globale du panier. Les extensions de garantie pour les appareils photos, extensions de SAV, livres électroniques fonctionnent très bien quand ils sont associés à des produits physiques, soit en *bundle*, soit en *upsell*. Ils permettent de maintenir le contact, dans la continuité d'actes d'achats, comme une carte de membre virtuelle. Ils sont simples à créer, n'ont pas de coût de livraison ou de stock, présentent des taux de marge incroyables et ce serait idiot de ne pas avoir ce genre de produits sur votre site !

Créez des PDF, un bout d'application, un calculateur ou même un tableur. Mais rappelez-vous que cela ne fonctionne réellement que quand l'offre est spécifique et qu'elle s'adresse à une niche de marché. Plus votre offre sera spécifique, meilleurs seront vos taux de conversion !

56/ Organisez votre logistique

En e-Commerce il faut envoyer les produits, en France et pourquoi pas, dans le monde entier. Votre marché potentiel en est accru, ce qui est génial pour une niche mais les impacts en termes de logistique sont importants. Il existe 4 façons de faire parvenir votre produit à vos clients : l'arbitrage, le drop shopping, l'entrepôt externalisé et l'entrepôt internalisé.

561 - L'arbitrage :

L'arbitrage est devenu à la mode ces dernières années car il est facile à mettre en place, sans nécessiter d'investissement. Tout ce que vous avez à faire est de trouver le bon produit en vente sur AliExpress, eBay ou tout autre site de vente en ligne puis de le mettre en vente sur votre propre site de e-Commerce à un prix supérieur à celui auquel les autres le vendent. Quand vous vendez ce produit, vous passez la commande sur eBay ou Ali Express et demandez à ce qu'il soit envoyé à votre client. La différence c'est votre bénéfice !

Il y a cependant bien des soucis avec ce mode d'organisation : Que se passe-t-il si le produit que vous avez vendu n'est plus disponible quand c'est vous qui souhaitez l'acheter ? L'expédition provient de Chine, elle est souvent offerte mais prend généralement 4 à 5 semaines (au mieux). Souvent ces produits ne sont pas présentés comme devant payer des droits de douanes et les Douanes françaises commencent à se méfier (pour rappel : vous êtes également responsable de cette fraude à la douane). Bien souvent ces produits n'ont pas de certificat d'import CE et, quand ils l'ont, il est souvent faux. Votre responsabilité est également engagée à ce niveau.

Les plateformes de paiement de type PayPal détestent ce mode de commerce car il suscite beaucoup de demandes de remboursement côté client final. De nombreux acteurs de l'arbitrage ferment après Noël car ils ont vendu des milliers de produits pour les fêtes, que leurs clients ne recevront qu'en février.

L'arbitrage n'a finalement à nos yeux qu'un intérêt : tester un produit. Dans tous les autres cas vous jouez à la roulette russe avec vos clients, les douanes et la justice.

562 - Le Drop Shipping

Le *Drop Shipping* c'est vieux comme le monde. Il est similaire à l'arbitrage mais avec quelques différences importantes. Vous travaillez avec des fabricants ou des grossistes souvent plus proches géographiquement (France ou Europe), donc sans problème d'import illégal. Ils envoient souvent rapidement vos commandes à vos clients, souvent à vos couleurs. De nombreux sites de e-Commerce ne font que du *Drop Ship* car cela leur permet d'avoir un grand catalogue sans risque de stock. C'est ce que font également de nombreuses boutiques eBay.

Tout comme pour l'arbitrage vous pouvez tester des produits via le Drop Shipping. Il permet également de compléter une gamme avec des produits encombrants, lourds ou avec un taux de commande faible.

Mais si le Drop Shipping est bien préférable à l'Arbitrage, il n'est pas une solution pour une activité car il n'est pas scalable. Il ne permet pas à l'entreprise de bénéficier d'économies d'échelle, car il condamne d'office à des marges brutes de l'ordre de 10 à 30%. Vous vendez toujours les produits des autres comme un revendeur de base. C'est super pour commencer mais vos marges vont être horribles et vous devrez, au plus vite, vendre aussi vos propres produits à votre propre marque.

563 - La logistique externalisée

L'externalisation de la logistique consiste à remettre votre stock à un tiers qui va s'occuper des réceptions, du stockage, du picking, de l'emballage et de la remise aux transporteurs. Dès que vous recevez une commande, le logisticien auprès de qui vous avez externalisé la reçoit automatiquement et la traite.

Le prestataire logistique va prendre également en charge votre marque : il peut utiliser vos emballages, faire apparaître votre marque sur les étiquettes de transport, insérer des documents dans vos colis. Leur modèle économique est généralement lié à la commande, au nombre de lignes (SKU) dans cette commande, les frais d'expédition, puis un forfait mensuel, fonction de l'importance de votre stock.

Externaliser sa logistique est intéressant dans bien des situations. Si vous ne souhaitez pas gérer des entrepôts, du personnel, faire des colis, c'est idéal.

L'externalisation peut vous permettre également de bénéficier de conditions de transport plus avantageuses : les logisticiens représentant de gros volumes, ils bénéficient de niveaux de remises plus importants que ceux que vous auriez en direct et vous en font bénéficier, au moins pour partie.

L'externalisation peut aussi être intéressante quand vous avez de gros pics saisonniers : un logisticien important gérera mieux les àcoups. Enfin si vous vous développez sur certaines zones géographiques, il peut être intéressant d'avoir un logisticien sur place pour éviter les acheminements unitaires à longue distance.

Un logisticien type est Amazon FBA ou Expédié par Amazon. Il stocke votre marchandise et l'expédie à la demande. Son système se connecte avec les principales plateformes de e-Commerce du marché. Les inconvénients d'Amazon FBA sont l'emballage qui reste aux couleurs d'Amazon, ce qui n'est pas idéal pour construire votre marque et les prix pratiqués sont généralement supérieurs à ceux du marché (mais avec un niveau de service remarquable)

D'après notre expérience, l'externalisation est intéressante. Pas au tout début de votre activité car il faut que vous compreniez votre logistique au démarrage, notamment la qualité de la logistique de vos fournisseurs (livrent-ils ce qui est promis ? tiennent-ils leurs délais ?) mais quand vous êtes en phase de croissance : l'externalisation vous permet de grossir vite.

Puis une fois que vous avez atteint un seuil significatif d'activité (pour donner un chiffre, disons 10 M€ de CA) avec un taux de croissance moindre, cela devient intéressant de réinternaliser car vous aurez le bénéfice de la marge du logisticien mais surtout plus de flexibilité au niveau technique.

564 - La logistique internalisée

Là, vous êtes chez vous. Cette solution présente bien des avantages, comme nous l'avons souligné par défaut précédemment, mais présente également ses propres inconvénients : vous n'êtes plus une stricte entreprise de e-Commerce basée sur la vente mais également un logisticien et cela c'est un métier en plus. L'internalisation induit aussi des coûts fixes bien plus élevés :

entrepôts, salariés, automatisation… et donc un niveau de risque plus élevé.

ACTION :

Notre recommandation est donc que vous deveniez une DNVB (Digital Native Brand) ou, si vous avez déjà un *sourcing* ou que vous êtes, encore mieux, un fabricant, de vous lancer dans le D2C (Direct to Consumer : vente directe au consommateur), si ce n'est déjà fait.

Dans ce dernier cas, vous avez, en plus l'avantage du circuit court et du « *made in France* » ce qui, en ces temps de développement durable est assurément l'un des points forts que vous devez mettre en avant.

Voilà, vous avez votre marque, votre offre de produits à forte marge, vous êtes au clair sur votre logistique…. vous pouvez construire votre stratégie.

Cela tombe bien, c'est le chapitre suivant !

Le mot de Jeff

Ne vous prenez pas la tête sur les changements de comportement des consommateurs dans 10 ans !

Il est plus sain de penser à ce qui ne va pas changer :
Vos clients vont continuer à chercher un prix bas, ils exigeront une livraison hyper-rapide et un vaste choix.

6. CONSTRUISEZ VOTRE STRATEGIE ET VOTRE TACTIQUE

POUR RAPPEL, la stratégie consiste à définir le chemin que l'on va prendre pour atteindre ses objectifs et la tactique, les détails de ce chemin.

Si les objectifs du e-Commerce restent bien les mêmes, les chemins possibles doivent s'adapter à l'évolution du marché. Nous avons testé et validé les nouvelles approches que nous vous présentons ci-après, qui prennent en compte le poids exorbitant d'Amazon et les péages sans cesse plus élevés de Google, Facebook et... Amazon.

Dans ce chapitre vous verrez pourquoi vous devez vous focaliser sur votre activité de e-Commerce, c'est-à-dire sur vos entonnoirs de conversion… Et non sur votre boutique e-Commerce. Nous allons voir pourquoi ces entonnoirs sont aussi efficients. Nous vous décrirons les différents types d'entonnoirs et comment les mettre en place dès aujourd'hui.

Un point clef pour commencer : **Vous ne devriez jamais investir pour envoyer des visiteurs sur votre site de e-Commerce.** Voyons maintenant pourquoi et… que faire.

61/ Pensez « entonnoir de conversion »

611 - Pour améliorer votre taux de conversion

Les taux de conversion des sites de e-Commerce (si on enlève les visiteurs qui sont déjà des clients) sont extrêmement bas. Si vous ne bénéficiez pas d'une marque « forte » que les gens cherchent sur Internet, vous avez de fortes chances qu'il soit de l'ordre de 1%. Si vous payez des Ads sur Google ou de la publicité sur Facebook, vous risquez de ne pas atteindre la rentabilité, ni à la première commande, ni aux suivantes.

C'est pour essayer d'améliorer cette situation que nous avons testé les entonnoirs de conversion, pour vendre des compléments alimentaires. Nous avons alors constaté que nous n'étions plus à 1% mais plutôt dans les 5% et cela, ça change tout !

Dans un premier temps, plutôt que d'essayer de vendre tous les produits de notre catalogue, nous nous sommes focalisés sur une offre de prospection, très limitée (3 produits) que nous vendions chacun dans son propre entonnoir.

Nous avons ensuite sophistiqué notre procédé avec une vente en deux temps. Dans un premier temps en collectant une adresse de prospect intéressé par le produit, en lui proposant de télécharger gratuitement un guide de présentation.

Puis, dans un deuxième temps, grâce à l'adresse email collectée, lui proposer une offre de test du produit « qu'il ne peut pas refuser », c'est-à-dire avec des garanties extrêmement fortes (dans notre cas, si le consommateur ne ressentait pas d'effets sous 15 jours, nous le remboursions – nous avons eu une seule demande pour des milliers de ventes !).

Nous avons continué sur cette logique de l'entonnoir en l'adaptant et en testant de nombreuses variantes, dans de multiples cas d'application, pour nous ou nos clients. Cela n'a pas toujours fonctionné mais dans 80% des cas les taux de conversion ont crû de 2 à 6 points. Cela signifie que pour chaque euro investi le rendement a été multiplié de 2 à 6 fois !

Ainsi cela permet de ne pas perdre, si ce n'est de gagner de l'argent dès la première commande et donc d'auto-investir pour la croissance de son activité…

D'autant que l'entonnoir de conversion peut également accroître le panier moyen de 20% à…60% et là, cela devient superbe ! Si vous y ajoutez des modèles de revenus récurrents que nous verrons par la suite, vos résultats vont crever le plafond !

Avant de construire ces entonnoirs voyons les raisons pour lesquelles ils sont bien plus efficients que le tunnel de conversion de votre boutique de e-Commerce. Cela vous permettra d'aller par la suite au-delà des modèles que nous vous proposerons.

Tout d'abord, l'entonnoir de conversion respecte l'investissement de votre visiteur car cet internaute, ce « consommateur » de vos pages web, est au cœur de votre problématique. Il est donc essentiel d'essayer de comprendre son comportement pour pouvoir lui proposer un entonnoir qui le satisfasse et donc une succession d'interfaces.

612 - Pour respecter vos visiteurs

Pour comprendre la logique de ce « consommateur » de pages, il est nécessaire de faire un petit tour des études qui ont été faites sur son comportement. Nous ne prendrons que celles qui nous sont apparues à l'usage, comme les plus pertinentes.

Voici la clef de voûte de ces études :

L'internaute a toujours un objectif lors de sa navigation sur Internet. Même s'il se promène, même s'il zappe, il a un but. Ne l'oubliez jamais.

6121/ Fouille de données et piste de l'information

Le premier résultat d'étude à prendre en compte s'intitule la « fouille de données » (ou *information foraging* pour faire plus chic). Il s'agit d'un concept clef, développé par Peter Pirolli dans le cadre du Xerox Center.

Ce concept découle d'études faites sur la façon dont nous recherchons (« fouillons ») des informations (des « données ») sur des systèmes informatiques – cela fonctionne de la même façon sur Internet.

Les stratégies de recherche que nous appliquons, de façon inconsciente, pour chercher de l'information sont extrêmement complexes. Tellement complexes qu'aucun algorithme mathématique ne parviendrait à les simuler. Et elles sont non seulement très complexes mais également très efficaces. Là aussi, aucun ordinateur ne peut faire mieux.

Peter Pirolli a fait le parallèle entre la recherche d'information et la recherche de nourriture par les organismes vivants. La recherche de nourriture, de l'amibe à l'homme, est l'objectif primordial de tout être vivant, car c'est le premier besoin à satisfaire (au premier niveau de la pyramide de Maslow). Depuis des millions d'années, les organismes vivants ont mis en place des stratégies de plus en plus efficientes pour survivre. Être efficient signifie arriver à l'objectif avec le moins possible de moyens. Être efficace c'est arriver à l'objectif, sans prendre en compte les moyens mis en œuvre. C'est pourquoi le terme d'efficience est bien plus intéressant que celui d'efficacité.

Or Peter Pirolli a prouvé que nous mettons en œuvre, pour trouver de l'information, les mêmes stratégies qu'un animal sauvage pour la recherche de nourriture ! Il en a fait une théorie. C'est celle de la « fouille de données » que nous pouvons résumer de la façon suivante :

« Quand nous recherchons de l'information sur un système informatique, nous cherchons à optimiser notre efficience ».

De cette optimisation de l'efficience découle un autre concept, celui de *l'information scent* ou « piste de l'information ». Pour optimiser notre efficience, nous allons faire ce que fait le renard quand il chasse des lapins : il va tout d'abord chercher une piste. Puis quand il l'aura trouvée, il va la suivre, suivant le sens où elle va devenir de plus en plus « odorante » ou « chaude », signe que le lapin est allé dans cette direction. Plus cette piste est « chaude », plus le renard sait qu'il se rapproche du lapin. Peu importe la longueur de la piste : tant qu'elle est de plus en plus « chaude » c'est là le signe que, bientôt, il le verra ce lapin ! (et pourra peut-être le croquer).

Pour trouver de l'information, nous recherchons des pistes pouvant nous y mener. Ces pistes, il faut qu'elles deviennent de plus en plus « fortes », « précises » pour nous montrer que nous allons dans la bonne direction.

Par exemple, je recherche un complément alimentaire à base de rhodiola (une racine adaptogène, géniale contre le stress). Je vois une publicité sur Google pour de la rhodiola. OK c'est début de piste. Je clique. J'arrive sur une page d'atterrissage me présentant la rhodiola avec plusieurs entrées, un livre d'information, de l'extrait, des synergies, des avis clients. OK, je suis bien chez un spécialiste de la rhodiola. Il s'agit d'un site de vente, qui a l'air sérieux car de nombreux avis clients sont positifs. Je souhaite uniquement de l'extrait, c'est là, je clique. OK, j'arrive bien sur une fiche produit pour l'extrait de rhodiola. Cet extrait se présente sous 2 formats : 10 ou 120 gélules, je choisis 10 gélules, je clique.

Voilà pour la théorie de Peter Pirolli.

La leçon à tirer de cette théorie c'est qu'il ne faut pas essayer de tout dire d'un seul coup mais qu'il faut donner les bonnes indications au bon moment, au service de l'objectif de recherche des internautes. Pour notre entonnoir de conversion cela signifie que nous ne parlerons que de ce qui intéresse notre visiteur en fonction de sa progression

6122/ Temps x effort cognitif = ROI

L'acte d'achat est *toujours* précédé d'un acte de recherche d'information, tout d'abord en dehors de votre site ou entonnoir, puis, si vous avez bien travaillé votre visibilité, chez vous. Il faut trouver la rhodiola avant de l'acheter puis évaluer votre offre par rapport à celle de vos concurrents.

Comment le visteur quantifie-t-il, de façon inconsciente, « son attente de retour sur investissement pour ses efforts » pour la recherche d'information sur vos pages Internet ? Avec deux facteurs :

1- Le temps : *time is money* .

   Passer du temps sur une des pages Internet est un investissement de la part du visiteur. Ce dernier a forcément un objectif en venant sur votre site, aidez-le à l'atteindre. Il ne va donc pas « investir » du temps en pure perte, aidez-le à maximiser l'efficacité du temps qu'il va y consacrer. Ne l'ennuyez pas en essayant de lui « parler » d'autre chose : vous le dérangeriez et il vous en voudrait. C'est bien là que réside le premier degré de « beauté » d'un entonnoir de conversion, il va traiter uniquement ce qui intéresse le visiteur et ne va pas le perdre avec 10 000 références produit.

2- L'effort cognitif : réfléchir c'est aussi un investissement.

Vous devez donc aider l'internaute à trouver l'information : il faut que cela soit ressenti comme « facile ». Chaque étape sur la « piste de l'information » doit alors être aisée. Pas d'interprétation, pas de question à se poser, pas de rébus, pas de pistes qui ne mènent à rien, de sollicitations qui ne l'aident pas dans sa recherche. Les intitulés de vos pages doivent donc être évidents, sans ambigüité et au service de l'objectif

Votre site, votre entonnoir, s'il veut être ressenti comme « intuitif » et participer à une expérience utilisateur positive, doit optimiser l'investissement consenti par l'internaute, c'est-à-dire les deux facteurs de l'équation : temps passé et charge cognitive.

Mais ce n'est pas suffisant ! Vous devez faire en sorte que votre site soit aussi ressenti comme étant agréable. Que le fait de naviguer dessus soit non seulement facile, efficace, mais aussi agréable.

Avant de quitter notre étude de l'attente de retour sur investissement de la part de nos visiteurs, deux remarques.

- S'il y a de l'affect, les investissements seront toujours ressentis comme moindres par notre visiteur.
- Cette espérance de ROI est bien plus importante qu'elle en a l'air de prime abord.

  Notre visiteur a bien commencé à investir envers nous dès son 1er clic dans notre direction. Tenons-en compte, notamment au moment de construire nos indicateurs clefs de succès (KPI).

6123/ La première impression est toujours la bonne

Vous le savez bien, la première impression est toujours la bonne ! Pour les visiteurs de votre site il en est de même. Leur première impression sur votre site est essentielle car c'est à partir de ces premières secondes que votre visiteur va décider s'il souhaite investir son « temps x effort cognitif » sur votre site.

Rappelez-vous le bon vieil acronyme : A.I.D.A. Acronyme reprenant les différentes phases que doit respecter un message publicitaire. Attirer l'ATTENTION – Susciter l'INTERÊT – Provoquer le DESIR – Inciter à l'ACTION. La « page d'atterrissage » de votre tunnel doit correspondre à ce principe.

Mais, comme nous allons le voir, sur Internet, c'est diablement difficile.

Gitte Lindgaard a démontré qu'une personne peut donner un avis (positif ou négatif) sur une page web en l'ayant vue… 50

millisecondes. 50 millisecondes pour se forger une opinion sur une page web ! Vous imaginez ce que c'est, 50 millisecondes ? Ce n'est rien. En comparaison un battement de paupière dure une éternité.

Or émettre un jugement de valeur en 50 millisecondes montre tout simplement que ce n'est pas notre rationalité qui exprime ce jugement (l'information n'a même pas été formulée) mais bien notre inconscient ou, en d'autres termes, notre cerveau reptilien.

Ce que montrent les tests de Gitte Lindgaard c'est tout simplement que l'on se forge une opinion sur une page web, non pas suite à un raisonnement mais sur la base d'un « j'aime/j'aime pas » irraisonné.

Cela rejoint la thèse qui est développée par Malcom Gladwell dans son fameux livre « Blink » (en français : « La force de l'intuition : prendre la bonne décision en deux secondes »). Il y décrit notre capacité à évaluer les situations en un clin d'œil puis, par un effet « halo », de reconstruire une explication a posteriori pour justifier (à nous-mêmes puis aux autres) cette prise de décision de façon rationnelle.

Mais allons encore plus loin avec Marc Hassenzhal.

Marc Hassenzahl est professeur à l'Université de Folkwang et chargé de recherche à Mediacity de l'Université de Abo en Finlande. Il s'intéresse à la relation entre l'affect et l'usage des technologies interactives – pour faire court l'expérience utilisateur.

Il fait le lien entre le sentiment de beauté, qui induit la notion de bon pour arriver sur la notion d'utilisabilité. Ce qui est beau est bon donc utile et utilisable. Et ce qui est utilisable induit la notion de confiance. CQFD Il souligne l'intérêt du blanc dans la construction des pages Web : voyez Google !

Cela signifie donc que votre entonnoir et votre boutique e-Commerce doivent être « évidents », « bâtis » graphiquement avec du blanc, au service des objectifs de recherche puis d'action de ses utilisateurs.

Par exemple, vous vendez des tondeuses à gazon : montrez- les dès votre page d'atterrissage.

Aidez vos visiteurs à trouver la tondeuse à gazon qui correspond à leur besoin. Ne les ennuyez pas avec vos services d'affûtage de lame à tout bout de champ ni avec votre nouvelle gamme de taille-haie !

Ne proposez le service d'affûtage que quand vos visiteurs auront choisi leur tondeuse et décidé de l'acheter chez vous !

Tout ce qui n'ira pas dans ce sens sur votre site ou votre page d'atterrissage sera non seulement contre-productif mais mettra également en péril l'acte d'achat.

Il faut vous contraindre à faire du… KISS !

6124/ Simple et Stupide

Si nous adaptons la pyramide de Maslow à la navigation de vos visiteurs sur vos pages Web, nous obtenons la pyramide de leurs exigences :

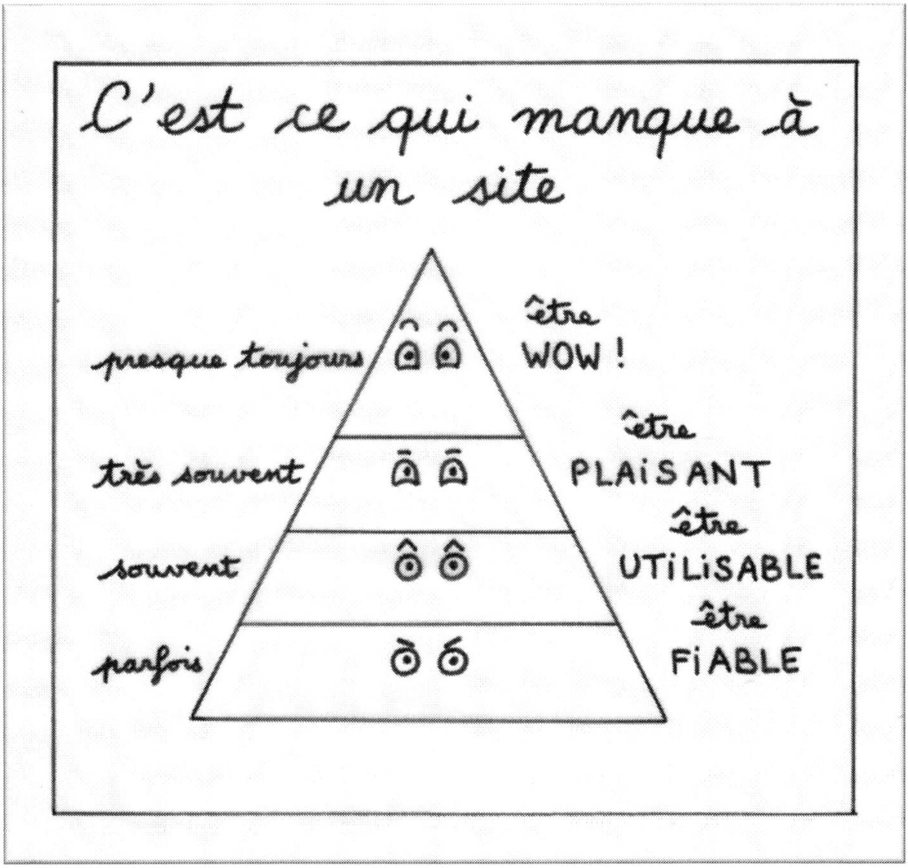

Cette pyramide doit être lue de bas en haut car si les degrés du bas ne sont pas solides rien ne sert de construire les strates supérieures.

Vos pages ou site Web doivent être FIABLES c'est-à-dire qu'elles doivent présenter des informations précises, sincères et loyales (description des produits, images des produits réellement vendus…).

Elles doivent ensuite être UTILISABLES par votre cible : vos pages doivent s'afficher correctement et rapidement sur les navigateurs et les outils de consultation de vos utilisateurs (PC, smartphones…)[11]. Elles doivent également être compréhensibles et utiles (ne pas utiliser de jargon technique, procurer suffisamment d'information pour pouvoir acheter le produit…).

Puis il faut que votre présentation soit PLAISANTE. Cela ne veut pas dire qu'il faut mettre plein de couleurs dans tous les sens, bien au contraire. Il faut qu'elle soit agréable à l'œil et ce en 50 milli secondes, rappelez-vous !

Enfin, quand toutes les étapes précédentes ont été remplies il faudrait que vos pages Web soient WOW ! Là aussi, toujours du point de vue de votre cible : qu'elles présentent un plus qui fasse la différence, une astuce, une super vidéo sympa, un clin d'œil complice… Quelque chose qui rende votre page différente de toutes les autres.

En conclusion sur le design de votre site, la clef du succès réside dans un seul acronyme : « K.I.S.S. », *Keep It Simple, Stupid*, qui peut se traduire par « Garde-le stupidement simple ».

Il faut que le design et l'ergonomie soient simples, évidents et agréables pour vos utilisateurs. L'objectif du design et de l'ergonomie, c'est d'être au service des objets que vous vendez, du service que vous proposez, au service de vos clients et prospects.

---

[11] Pour tester vos pages web, reportez-vous à l'annexe « Outils, Blogs et Sites » en fin d'ouvrage.

Ce ne sont pas le design et l'ergonomie qui sont importants mais leur efficacité.

Ils doivent permettre à vos clients de se focaliser sur ce qui est important pour eux : trouver rapidement le produit qui correspond à leur besoin, puis être rassurés sur le choix qu'ils font de VOUS faire confiance.

Le reste est littérature. « La commande en 3 clics », « Parlez le langage de l'utilisateur », "UX" ou « Soyez cohérents »…

Votre seul objectif : maximiser l'efficience de vos visiteurs, en optimisant leur combinatoire temps/efforts cognitifs, comme nous l'avons vu précédemment !

Quand un internaute dans votre cible marketing, arrive sur l'une de vos pages Web il ne doit pas se poser de questions. Il doit trouver des réponses à son principal objectif de recherche : il n'y a que cela qui l'intéresse !

Il faut par exemple que les intitulés des boutons ou des liens soient évidents. Sur notre site de vente d'appareils photos numériques, nous avions mis un onglet « trucs et astuces » pour permettre aux internautes de trouver les bonnes façons de faire des photos. Personne n'y allait.

La raison ? Personne ne comprenait ce qu'il y avait « derrière » cet onglet. Du coup cet intitulé générait plus de questions que de réponses et n'était pas cliqué.

C'est exactement la même chose quand un visiteur se demande si un bouton ou un lien est cliquable. D'accord, s'il passe la flèche de la souris dessus, elle se transforme en une petite main. Mais il est déjà trop tard !

Vous avez créé des doutes dans l'esprit de vos visiteurs. Vous avez ainsi accru leur charge cognitive. Vous leur avez demandé un effort sans raison. Vous avez alors pris le risque de les perdre ou à tout le moins, de faire mauvaise impression.

Nous ne soulignerons jamais assez le fait que toutes vos pages Web, de votre Landing Page à votre Boutique e-Commerce, doivent être « évidentes », « intuitives ».

Rendre vos pages « évidentes » c'est comme l'obligation d'avoir un éclairage de qualité et une bonne musique dans un magasin. Cela donne une impression d'aisance et de facilité. Vous vous sentez alors mieux.

Il y a trop de sites encombrés de questions sans intérêt, qui pompent l'énergie, l'enthousiasme et le temps de l'internaute. Et cela, il ne le pardonne pas ! Du coup il va ailleurs – cet ailleurs qui est à un clic de distance et lui tend les bras sur la page de résultat de Google.

Nous avons vu avec Gitte Lindgaard qu'en 50 millisecondes l'internaute sait si votre page web était plaisante. Mais même quand l'internaute regarde vos pages, il ne les lit pas.

Il « cherche » des indices pour trouver la « piste » de l'information qu'il veut trouver.

Et pour ce faire il ne va pas lire votre page de façon systémique : il va « scanner » cette page à la recherche d'une « piste ».

La ligne qui circule sur la page web présentée à gauche de l'illustration ci-dessous, c'est ce que vous pensiez que l'internaute fera quand vous avez conçu votre page Web. Vous avez pensé qu'il lira votre page, de A à Z.

Erreur ! l'Internaute ne lit pas, il scanne votre page, à la recherche de « traces » ainsi que nous l'avons vu précédemment avec la « Fouille de Données ». Ce scan de votre page, est illustré par la flèche qui traverse à toute vitesse la page Web de droite.

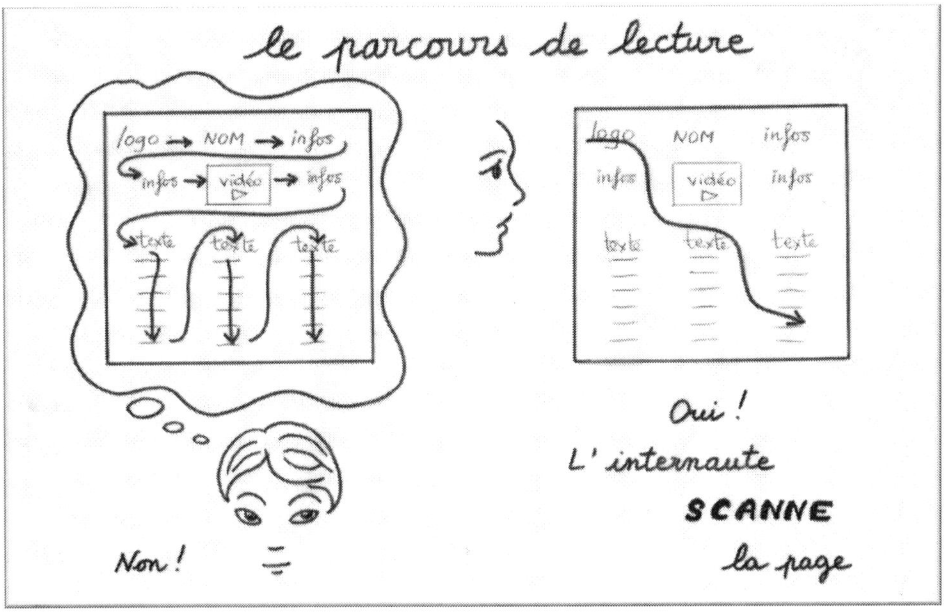

Votre visiteur ne lira vos contenus que quand il sera certain d'avoir trouvé celui qui l'intéresse, à partir des indices qu'il aura identifiés.

6125/ Dopez l'ergonomie, le design et le graphisme de vos pages web

Nous venons de voir que l'internaute va jeter un coup d'œil rapide à votre page, chercher des pistes puis cliquer sur ce qui ressemble à un lien lui permettant d'aller plus loin dans son cheminement, vers la réalisation de son objectif de navigation.

Cette recherche d'indices est liée à son objectif de recherche mais également à des mots qui font toujours réagir, quel que soit le contexte : « gratuit », « promo », « Mon Nom », « sexe »…

L'internaute va prendre une décision.

Va-t-il évaluer les multiples choix possibles pour sélectionner l'option optimale ? Non !

En fait, il clique sur le premier choix qui lui semble pouvoir être satisfaisant[12].

Pourquoi ? Pour maximiser son efficacité pardi !

Car un mauvais choix n'est pas certain et ne va lui faire consommer qu'un peu de temps. Tandis que l'effort cognitif est certain et ne donne pas forcément plus de chance de trouver le bon chemin.

Autre point clef qu'il vous faut garder en mémoire : personne ne s'intéresse à la façon dont fonctionne votre site ou votre page.

Qui lit un mode d'emploi ? Personne !

On trouve une manière pour que cela marche puis on reste sur ce mode de fonctionnement. Le principe est le même, chacun

[12] Si vous souhaitez aller plus loin sur ce concept de « suffisance » nous vous conseillons les travaux de Gary Klein basés sur ceux de Herbert Simon (voir la BIBLIOGRAPHIE).

maximise son efficience : réfléchir cela fatigue et peut même faire mal à la tête[13] !

Du coup, pour mettre en page/faire le design de pages web, la métaphore la plus efficace est celle du panneau d'affichage en 4x3. Les règles sont alors les suivantes :

Hiérarchisez clairement chaque page : ce qui est le plus important doit être le mieux mis en avant, ce qui est lié est également lié visuellement, ce qui est à l'intérieur de quelque chose l'est aussi visuellement. La Presse quotidienne utilise très bien ce système pour ses manchettes de Une.

N'utilisez de la couleur que quand elle a une utilité. C'est pourquoi il vaut mieux dans un premier temps faire ses maquettes de pages tout d'abord en noir et blanc puis appliquer la couleur là où elle servira à quelque chose (par exemple pour identifier des blocs fonctionnels liés à la passation de commande).

Utilisez les conventions préexistantes : ne réinventez pas la roue, imitez les "gros" sites. Vos clients les connaissent, y ont déjà acheté, y ont déjà pris des habitudes.

Rendez visible ce qui est cliquable, car le clic est l'action de base du web. Une fois que cela est fait, faites-en sorte que la mise en évidence soit toujours la même. Et n'oubliez pas, les images sont souvent perçues comme une zone à cliquer, ne décevez pas vos utilisateurs ! Nous avons vu que le nombre de clics importait peu tant que l'effort cognitif pour cliquer n'est pas trop élevé et tant que le résultat de ce clic n'est pas déceptif (toujours être sur la bonne piste !).

---

[13] Ce n'est pas le cas que sur Internet. Savez-vous pourquoi les parkings des hypermarchés sont DEVANT le magasin : pour qu'il soit évident qu'il y a un parking et de la place pour se garer. Le conducteur ne fera pas l'effort d'aller derrière le magasin pour voir s'il y a de la place.

Limitez le « bruit » : faites-en sorte que l'information mise en avant soit au service de l'objectif de navigation de l'internaute. Le reste ne sert pas à grand-chose, limitez donc son impact ! Vous ne savez pas précisément ce que recherche l'internaute ? Proposez-lui des « amorces » de pistes d'information clairement identifiées. N'essayez pas de tout lui dire tout de suite.

6126/ Captez l'attention pour capter les euros

L'ensemble de ces théories rejoignent celle développée par l'économiste Herbert Simon selon lequel nous sommes dans une « économie de l'attention », du fait de la prolifération de tous types de dispositifs de captation (vidéos...).

Selon Seth Godin le consommateur occidental était exposé à 500 messages publicitaires par jour dans les années 1970, aujourd'hui c'est de 2000 à 4000 !

L'attention des individus étant naturellement une capacité limitée, cette hyper-sollicitation la rend rare.

C'est pourquoi David Eun, ancien responsable partenariats chez Google disait: « Les internautes vous paient avec le temps qu'ils passent sur vos contenus, ils vous paient avec leur attention.

C'est cette attention, que les annonceurs veulent » rejoignant à quelques années de distance les fameux propos de Patrick Le Lay alors PDG de TF1 : « Ce que nous vendons à Coca-Cola, c'est du temps de cerveau humain disponible ».

Capter cette attention, c'est-à-dire un cumul des temps de visionnage, d'audition et d'utilisation, est alors clef et coûte forcément mais il faut réussir à garder cette attention, la « mériter » et les leviers disponibles sont, toujours selon Herbert Simon, l'historicité (intégration de repères pré-existants, de références communes), la confiance (crédibilité de la source), la personnalisation du message et la forme de transmission de l'information.

Voici ce sur quoi nous allons devoir travailler pour nos entonnoirs ! Mais ce n'est pas tout. Il nous faut également profiter du pic de dopamine de nos clients ! Voyons cela de plus près.

6127/ Profitez de la dopamine

Quand un consommateur achète, son taux de dopamine s'accroît.

Il s'agit d'un neurotransmetteur récompensant le cerveau de ses bonnes actions pour rétablir son équilibre interne, qu'il soit psychique ou physique. Du coup le consommateur est dans une phase d'euphorie et c'est là que nous avons la meilleure chance de lui vendre des offres additionnelles. Comme les entonnoirs sont dans la bonne « fenêtre de tir » pour un timing optimal, cela fonctionne très bien.

Cette phase permet également de placer bien plus facilement les abonnements et autres facturations récurrentes.

Car si vendre ce type d'offre est très difficile à réaliser pour de nouveaux clients (qui ne vous font pas encore confiance), si vous positionnez la vente récurrente comme un *upsell*, après que le client a fait son achat, alors que le facteur de confiance est à son plus haut, votre capacité à vendre s'accroit très fortement.

Cela explique la force de la récence bien qu'elle paraisse contre-intuitive : un client qui vient d'acheter a plus de chance d'acheter de nouveau, surtout s'il est toujours sous les effets de son pic de dopamine ! Nous verrons cela avec la segmentation RFM.

Bon, assez théorisé, rentrons dans l'action.

Moteur !

62/ Construisez cet entonnoir

621 - Les composants

La plupart des entonnoirs utilisent les mêmes éléments de base. Tous ne sont pas forcément nécessaires et vous pouvez en ajouter d'autres mais, schématiquement voici les différentes pièces du puzzle dont vous avez besoin.

6211/ La page d'atterrissage

Il s'agit de la page sur laquelle vous faites arriver votre flux de visiteurs. Elle se présente généralement comme un courrier commercial ou une page d'avis.

Nous l'appelons « Achète, mets en Favori ou Pars » (AFP) car il s'agit d'une page d'offre dédiée uniquement à la vente d'un de vos produits clefs sans aucune autre distraction que peut apporter votre boutique e-Commerce.

Il n'y a pas de catégories de produits, de produits additionnels, de liens de navigation ou d'éléments visuels qui pourraient distraire l'acheteur potentiel de la réalisation de son achat.

Au niveau des produits, commencez par vos « meilleurs » produits puis positionnez les tous, un par un. Sur cette page d'atterrissage les visiteurs n'ont que trois choix : acheter le produit, le mettre dans ses favoris ou partir. C'est pour cela qu'elle est bien plus efficiente que votre fiche produit.

Merci l'AFP !

Les composants de la page d'atterrissage :

- En-tête :

  Introduit le produit et capte l'attention du visiteur

- Images :

  Plusieurs images du produit sont positionnées sous l'en-tête avec sur la droite le bouton « acheter » et dessous mettez en avant vos éléments de service (en stock, livraison 24h00…)

- Vidéo :

  En option mais ce serait vraiment dommage de ne pas l'utiliser. Cela peut être très simple, comme par exemple une vidéo de quelqu'un présentant le produit sous différents angles ou expliquant à quoi sert le produit. Si vous vendez un produit pour lequel le consommateur doit apprendre à s'en servir, votre vidéo peut être explicative et un peu plus longue. Cela peut très bien fonctionner. Si une vidéo de présentation doit faire dans les 30 secondes, une vidéo « explicative » ne doit pas faire plus de 3 minutes.

- Fonctionnalités et plus produit :

  Á chaque fonctionnalité doit correspondre un plus produit qui explique pourquoi cette fonctionnalité est si importante. Listez de 5 à 10 de ces plus produit, du plus important à celui qui l'est moins.

- Avis clients sur le produit :

Si vos produits sont sur Amazon, sélectionnez ceux qui valorisent des fonctionnalités distinctives les plus importantes. Faites-en sorte que la place des avis clients soit équivalente à celle des Fonctionnalités.

- Incitations à l'achat :

  Offrez une remise, du port gratuit ou une association de produits (*bundle*). Mettez en avant ces éléments partout où vous positionnez le bouton « acheter ». Mais ne les mettez pas ailleurs sinon vos mises en avant deviendront invisibles.

- Pixels de *retargeting* :

  Ils ont un impact important sur les ventes et donc sur votre page d'atterrissage. Posez ces pixels pour l'ensemble des plateformes de *retargeting* auxquelles vous adhérez ainsi, si quelqu'un visite votre page et n'achète pas, il sera automatiquement destinataire de publicités sur des sites qu'il visitera par la suite. Si vos visiteurs achètent, utilisez également le *retargeting* pour leur présenter des produits ou des offres complémentaires.

- La captation de l'adresse email en sortie : il s'agit d'une fenêtre qui apparaît quand un visiteur va quitter votre page sans avoir acheté. A ce moment vous avez perdu la vente mais si vous réussissez à récupérer son adresse email vous pouvez garder le contact et espérer réaliser la vente plus tard. La demande d'adresse email doit proposer un aimant à contact : plus de contenu à l'offre, une remise en plus, un avantage quelconque en « échange » de l'adresse email. Seul un faible pourcentage de votre trafic prendra cette offre mais ce sera toujours un plus à vos ventes.

Voici comment présenter ces éléments sur votre page d'atterrissage :

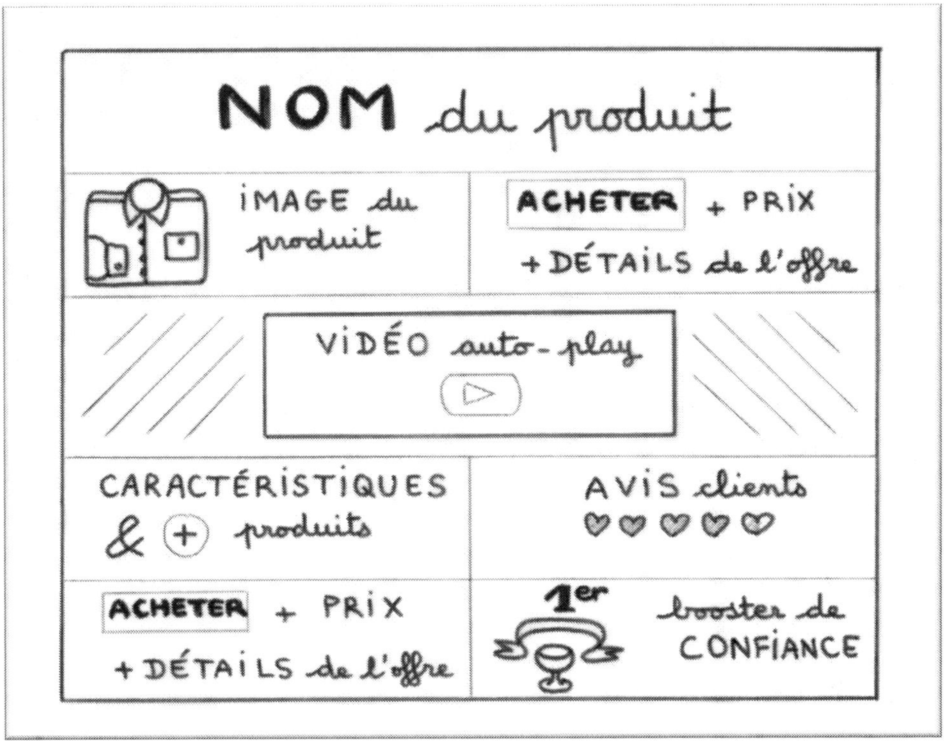

6212/ Le coup de pouce

Le coup de pouce, nous l'appelons « Monsieur + » en hommage à la publicité vintage des biscuits Bahlsen (1978 – 1992).

« Monsieur + », c'est une offre spéciale créée pour accroitre le panier moyen AVANT que le client n'entre dans le tunnel de commande et que vous lui proposiez des *upsells* ou des offres exceptionnelles.

Le produit proposé à cette étape est similaire au produit que le client va acheter.

Cela peut être un *bundle* avec des produits digitaux (vidéos, guides…), une extension de garantie ou des piles, qui complètent l'achat principal.

Le coup de pouce apparaît sur la page de validation de commande, juste au-dessus de la partie paiement ou sous le détail du panier. Il n'y a pas de gros bouton « ajouter au panier » ou de pages multiples à parcourir, c'est KISS !

Il s'agit juste de quelques mots, peut-être une image du produit et une case à cocher pour indiquer que le visiteur veut ajouter ce produit ou service à sa commande.

Attention, résistez à la tentation, ne cochez pas cette case par défaut, c'est illégal !

6213/ L'*upsell*

L'*upsell* (la « vente en plus ») vient après que le client a validé sa commande, lors de la phase de paiement mais avant qu'il ne soit redirigé vers la page de confirmation de paiement.

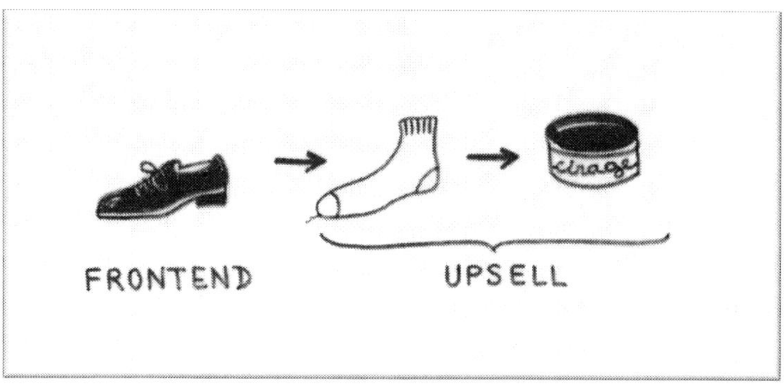

Bien des sites mettent l'*upsell* avant la validation de la commande. Il s'agit d'une erreur car cet *upsell* peut mettre en péril la commande en elle-même. Assurez-vous d'avoir bien validé cette première commande avant de proposer de la compléter. Il peut être inséré dans l'email de confirmation de commande.

Vous souhaitez vendre un produit en +, lié à ce que vient de commander le client. Une housse avec le tapis de yoga ou un repose-nuque. Ou bien si vous avez des offres de carte de membre à votre club, un système d'abonnement. C'est le meilleur endroit pour le faire.

Vous pouvez avoir plusieurs *upsells* dans la même instance mais nous ne sommes pas trop fan car cette répétition risque de faire perdre son influx de dopamine à votre client.

N'hésitez pas à offrir un avantage si votre client prend l'*upsell* : remise sur le produit en *upsell*, gratuité des frais de port…

Un entonnoir de e-Commerce qui fonctionne utilise la technologie de paiement en 1 clic, sans « 3D secure » ou autres éléments de validation.
Il faut que le client n'ait qu'à cliquer sur le bouton « ajouter à la commande », que cela soit ajouté au paiement sur la carte et que le produit supplémentaire soit ajouté.

C'est un élément vital car sinon le taux d'*upsell* va chuter de 50%.

L'*upsell* se nourrit du pic de dopamine de l'acheteur et tout ce qui ralentit le processus fait chuter le taux de conversion.

6214/ Le *downsell*

Le *downsell* c'est tout simplement une version plus simple, moins onéreuse que l'*upsell*.

Il n'est présenté qu'aux clients qui ont refusé l'*upsell*. C'est une façon de relancer la balle.

Est présentée ci-dessous une vue schématique d'un processus avec un *upsell* et un *downsell* .

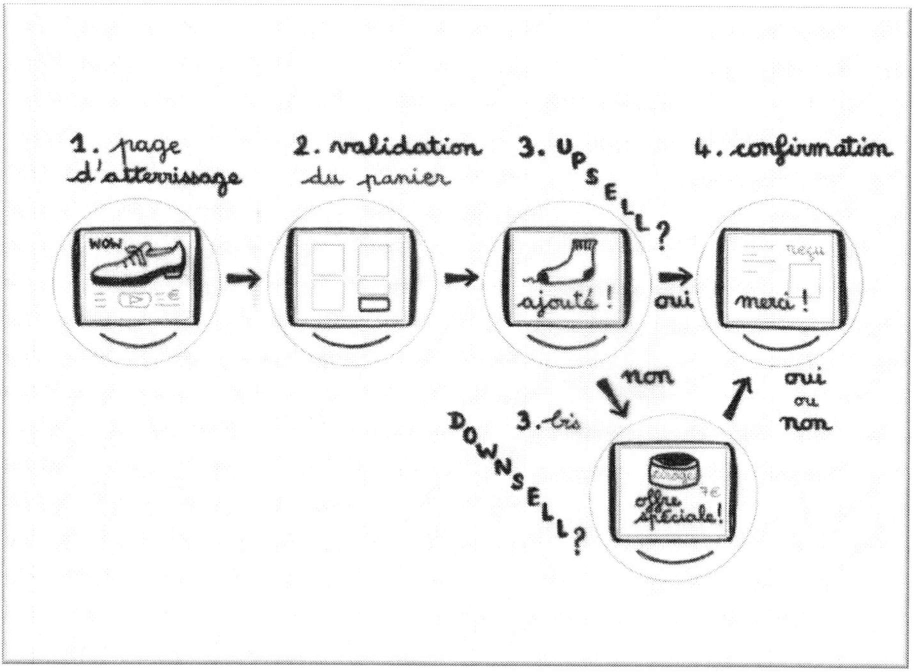

Il existe 2 types de *downsell* :

1- La réduction du prix de l'*upsell.*

Ce n'est pas ce que nous préconisons car cela peut endommager la relation de confiance que vous avez réussi à construire jusqu'à maintenant. Attention : risque de chute du taux de dopamine !

2- Une proposition d'alternative moins onéreuse que l'*upsell.*

Par exemple un nettoyant pour tapis de yoga plutôt que la housse. Ça, c'est la bonne façon de faire un *downsell.*

Un dernier conseil concernant les *upsells* et *downsells* :

Il est tentant de les multiplier : plusieurs propositions d'*upsells* avec chacun leur *downsell.* Nous ne vous le conseillons pas, toujours parce que la multiplication des offres risque d'agacer rapidement un client qui vous fait confiance.

622 - Les 2 types d'entonnoirs

6221/ L'entonnoir simple

L'entonnoir simple consiste à répondre aux demandes des visiteurs, sans les distraire dans la réalisation de leur objectif. Il s'agit d'une succession de pages web qui pousse le client dans un processus de vente sans qu'il soit redirigé vers votre boutique.

Quand le visiteur clique sur votre publicité ou sur votre email, il est dirigé vers votre entonnoir. Il ne visitera pas votre page d'accueil, votre liste de produits et ne cliquera pas sur « ajouter au panier ».

L'entonnoir simple intègre toujours ces 3 composants :

1- Une page d'atterrissage qui vend le produit clef.

Une page de vente, une vidéo, une combinaison des deux.

2- Une page de confirmation où le client saisit ses détails de paiement.

Idéalement ce devrait être une page unique. Même si vous avez une succession de pages dans votre tunnel de vente sur votre boutique, utilisez une page de confirmation de vente unique pour votre entonnoir.

3- Les *upsells* et *downsells*.

Chacun a sa page de présentation de l'offre avec du texte, des images et/ou une vidéo, tout comme pour la page d'atterrissage.

Nous nous répétons parce que c'est important : **vous ne devriez pas investir dans de la création de flux de prospects en les amenant directement vers votre boutique.**

L'accès à votre boutique est pour vos clients, c'est-à-dire ceux que vous avez déjà converti une première fois via vos entonnoirs de conversion. Vous les y amenez via des emailings pour de nouveaux achats.

6222/ L'entonnoir d'*upsell*

L'entonnoir d'*upsell*, à la différence de l'entonnoir simple, est lié à votre boutique et donc à un flux de visiteurs composé majoritairement de clients existants. Il est activé automatiquement dès qu'un client y réalise une commande.

Toutes les plateformes de e-Commerce (Magento, Prestashop, Shopify…) permettent de mettre en place ce type d'*upsell*, qui est bien plus aisé à mettre en œuvre que l'entonnoir simple.

Différents types d'*upsell* peuvent être paramétrés. Le premier est un *upsell* par défaut, que vous devez mettre en place dès aujourd'hui. Dès qu'un client rentre dans votre tunnel de vente vous lui proposez cet *upsell*. Mais nous vous invitons à ne pas vous limiter à cela car si les rendements ne sont pas nuls ils resteront bien faibles.

Il vous faudra en effet mettre en place des *upsells* spécifiques pour vos produits les plus vendus. Cela prend du temps car il s'agit d'être pertinent à chaque fois. Les systèmes automatiques peuvent vous aider dans la préparation du travail mais ils ne pourront pas le faire à votre place !

Vous pouvez également mettre en place un entonnoir d'*upsell* spécifique selon le comportement de vos visiteurs. Il peut prendre en compte l'historique des achats du client, la succession de pages vues, le temps passé…

Ce type d'*upsell* est plus complexe à mettre en place que les deux précédents, utilisez-le quand vous avez épuisé les deux précédents ! Des sociétés comme Devatics[14] réalisent ce type d'optimisation comportementale.

63/ Incorporez-le dans votre business

Commencez par l'entonnoir pour vos meilleurs produits ; associez-y des produits et services pour chacun d'entre eux.

Quand vous l'avez fait, envoyez-y du trafic via des emails et/ou de la publicité via Google.

Validez vos chiffres via votre système d'analytics (Google Analytics par exemple).

---

[14] Pour une complète transparence, l'un des auteurs de ce livre y possède des parts sociales au travers de l'une de ses sociétés.

Ne passez à un autre entonnoir pour votre deuxième meilleur produit que quand vous avez atteint des chiffres satisfaisants en termes de taux de conversion et surtout de rentabilité.
Répétez ce processus jusqu'à ce que tous vos produits se vendant le mieux aient chacun leur propre entonnoir.

Une fois que tous ces entonnoirs sont en place, envoyez tout votre trafic payant, tous vos efforts marketing, vos emailings de prospection, *tout* vers eux. Rappelez-vous que les entonnoirs de conversion doivent convertir au moins 3 FOIS plus que votre boutique. Pourquoi investir ailleurs ?

À ce point vous vous demandez sans doute si cela vaut le coup d'avoir une boutique.

Nous pensons qu'il vaut mieux que vous ayez toujours une boutique car cela donnera des opportunités d'achat plus larges pour vos clients et vous pourrez générer du trafic en travaillant sur vos fichiers.

Vous pouvez également y générer du trafic via le référencement naturel, votre blog ou des relations presse « corporate ».

Une boutique ajoute également de la crédibilité à votre activité. Si vos clients et prospects vous trouvent sur Google cela vous rend plus crédible, plus professionnel.

Cela permet également à vos clients de faire du bouche-à-oreille : ils peuvent envoyer à leurs amis le lien du super produit qu'ils viennent d'acheter chez vous.

D'ailleurs n'hésitez pas à proposer à vos clients un lien pour partager leurs achats qu'ils viennent de réaliser avec leurs amis. Leur niveau de dopamine est encore élevé, continuez à en profiter !

64/ Pensez revenus récurrents

Tous les euros ne naissent pas égaux. Car si un euro gagné est bien un euro gagné, plus cet euro est prévisible plus il donne de la valeur à votre activité. C'est cela le « revenu récurrent ».

Le revenu récurrent est le revenu gagné sur une base automatisée suite à une première vente. Hebdomadaire, mensuel ou semestriel, peu importe, le tout c'est que vous ayez cette visibilité sur des revenus futurs qui soient « assurés ».

Pourtant l'immense majorité des entreprises de e-Commerce n'y pensent pas ou ne comprennent pas son fonctionnement. Elles sont tellement focalisées sur leurs ventes à court-terme qu'elles ne pensent pas à la suite.

C'est là que réside une superbe opportunité car celles qui pensent revenus récurrents connaissent une croissance et une profitabilité exceptionnelles.

Voyez le site La Vie Naturelle qui vend, chaque année, une carte de membre à ses clients. Cette carte permet d'avoir des prix plus bas et des services tels que des contacts avec des thérapeutes, des échanges avec d'autres clients… Il s'agit, vous vous en doutez, du produit le plus profitable de ce site commercialisant des compléments alimentaires ! Et c'est sans parler d'abonnements pour les dentifrices ou autres produits d'utilisation régulière ! Le revenu récurrent est sans doute le secret le mieux gardé des entreprises de e-Commerce dans les compléments alimentaires !

L'une des 3 manières de faire grandir un business est d'accroître la fréquence d'achat de ses clients.
C'est ce que font les revenus récurrents en vous permettant non pas de dépendre du flux entrant de nouveaux clients, toujours aléatoire, mais de générer plus d'argent à partir de votre base client existante, à périmètre constant.

La plupart des e-Commerçants ne mettent pas en place de système de revenus récurrents parce qu'ils ne se voient pas comme une activité d'abonnement. Il s'agit, selon notre expérience, d'une erreur qui peut s'avérer fatale.

Nous pensons que dans un futur proche toute activité de e-Commerce qui n'intégrera pas une forme quelconque d'abonnement aura de plus en plus de difficulté à survivre.

Alors, sautez dans le train avant qu'il ne soit trop tard !

Trouver des sources de revenus récurrents devrait être au cœur de votre activité.

Comme nous y reviendrons souvent nous lui avons trouvé un nom, le RA, pour Revenu récurrent ou Abonnement.

Donc si vous n'avez pas de RA dans votre business, il va falloir que vous mettiez tout à plat pour en trouver car c'est vraiment essentiel pour que votre activité puisse devenir pérenne.

Il faut tout d'abord faire évoluer votre point de vue : l'objectif n'est pas forcément de proposer à longueur de temps des offres d'abonnement mais plutôt de considérer que les offres de produits peuvent représenter un support à la vente d'abonnement.

Comme La Vie naturelle avec sa carte de membre.

Voyez par exemple la société Honest Company de l'actrice Jessica Alba : tout son business tourne autour d'un abonnement mensuel et d'une livraison automatique de produits essentiels tels que du savon, des crèmes, des couches… Bien sûr, le client peut tout à fait réaliser un achat unique à partir de la boutique en ligne, mais l'ensemble de l'activité est structuré pour conduire les clients à l'un des plans d'abonnement ou de facturation récurrent. Sa société, au jour de l'impression de ce livre, est valorisée plus de 1 Mrd de $….

Pas mal, non ?

Donc le RA vous permet de générer des revenus réguliers, anticipables et, si vous continuez à prospecter pour gagner de nouveaux clients, vous aller avoir un effet de croissance cumulative : de nouveaux RA vont s'ajouter aux anciens RA… et tant que vous maitrisez bien le taux de désabonnement et qu'il reste inférieur au taux d'abonnement, tout se passera pour le mieux !

Quand nous présentons le RA lors de cours ou conférences, tout le monde est intéressé mais souvent nos auditeurs ne savent pas comment s'y prendre.

Or « aucun business n'est unique », regardez autour de vous !

Il n'y a aucune raison que vous ne trouviez pas une forme de RA pour votre activité.

Nous vous défrichons néanmoins le chemin en vous classifiant ce qui se fait actuellement mais n'hésitez pas à vous montrer créatifs en mixant les modèles !

641 - Choisissez les types et les modèles de RA

6411/ Les différents types de RA

1/ Les abonnements de consommables

Il s'agit du modèle le plus classique. Par exemple Amazon propose des abonnements sur des produits de consommation courante : papier toilette, couches pour bébés, lingettes… Vous pouvez le faire également, c'est facile.

Supposons que vous vendiez un complément alimentaire à base d'huile de poisson. Il y a 100 gélules par flacon et les consommateurs doivent en prendre 1 par jour… Pourquoi ne pas proposer un abonnement trimestriel par lequel vous envoyez automatiquement 1 flacon ? Vous offrez un meilleur prix à l'unité dans le cadre de l'abonnement.

Dès que vous avez des produits qui se consomment à intervalles réguliers, faites-le : nous aimons tous nous simplifier la vie, nous et nos clients.

2/ La Box

Les Box sont des ensembles de produits regroupés dans une Box qui est envoyée régulièrement à vos clients, sur la base d'un abonnement.

Avec la Box vos clients paient un montant forfaitaire pour une super offre, une grande facilité (il n'y a rien à faire) et le fun de recevoir les produits auxquels ils ne s'attendaient pas.

Le système des Box fonctionne très bien et cela va de la Box pour chien ou chat à celle pour bébé ou d'échantillons de produits de beauté.
Les Box sont bien adaptées aux marchés de niche et il n'y a pas de limites.

Des exemples ?

Birchbox pour les produits de beauté, de bière avec Une Petite Mousse ou Craftine pour la couture. Il existe même des sociétés comme LabelBox qui proposent de créer des box pour votre secteur d'activité.

Certaines Box proposent un forfait mensuel avec une étiquette prépayée pour le retour de produits que vous n'aimeriez pas. De nombreuses Box de mode proposent ce système. Bien sûr c'est moins sûr en termes de revenus qu'une Box sans possibilité de retour (et de remboursement) c'est pour cela que nous préférons le modèle « classique » de la Box.

3/ Le digital

L'abonnement à des produits digitaux est généralement basé sur des contenus.

Avec un coût de diffusion très faible (via une plateforme d'emailing) et un faible coût de production, les taux de marge peuvent être très élevés, de l'ordre de 80 à 90%.

Les systèmes traditionnels proposent des accès à des vidéos, à des contenus écrits, à des forums de communautés… les possibilités sont sans fin.

Nous vous recommandons vivement d'intégrer ce type de RA dans votre business.

4/ La newsletter

Toute activité peut vendre une newsletter mais nous avons trouvé que cela fonctionne mieux pour des niches de passionnés.

Si une marque électronique grand public a peu de chance de vendre un abonnement à sa newsletter, un site de VTT spécialisé dans la descente de montagne peut justifier des contenus et des échanges d'expérience avec une communauté de passionnés.

La newsletter peut être également ajoutée à un RA déjà existant pour en justifier le prix. Elle peut aussi, de façon secondaire, renvoyer vers vos produits et proposer des remises exclusives à vos abonnés.

La périodicité de la newsletter est idéalement mensuelle : cela permet de rester dans l'esprit des abonnés et de générer des revenus de façon régulière.

5/ Le club d'acheteurs

Le club d'acheteurs est un autre moyen facile pour générer des RA.

Le club d'acheteurs est une forme d'élite de consommateurs qui paye un forfait mensuel, trimestriel ou annuel en échange d'avantages tels que les frais de port offerts, une remise systématique sur des produits… Le meilleur exemple de club d'acheteurs est l'Amazon Prime.

Vous pouvez même imaginer que les avantages offerts aux membres de votre club s'étendent en dehors de votre marque et/ou de votre boutique. Voyez ce que fait Costco qui propose à ses membres non seulement un accès à ses magasins mais aussi des choix sur des voyages, des places de cinéma…

Les clubs d'acheteurs fonctionnent mieux sur la base de forfaits ayant un montant peu élevé, voyez le forfait annuel Prime qui est de 49€ par an avec les premiers 30 jours gratuits.

Il faut que l'utilisateur n'ait aucune hésitation tant le bénéfice de l'utilisation est clairement bien plus élevé que l'abonnement au club d'acheteurs et que le montant absolu demandé ne soit pas vu comme une contrainte. *No brainer* comme ils disent de l'autre côté de l'Atlantique !

6/ Les associations

Créer un RA autour d'une association est une excellente idée pour les produits de niche.

Vous pouvez par exemple proposer aux personnes qui vous ont acheté des produits pour leur Pitbull d'adhérer à l'association française des propriétaires de Pitbull.

Vous leur vendez l'accès à l'association et aux avantages que vous choisissez de créer.

Vérifiez sur Google ce que proposent les associations à leurs membres pour vous faire une idée.

L'adhésion à l'association peut être également vue comme un avantage à adhérer à votre Box ou à votre club d'acheteurs.

7/ La micro-continuité

La micro-continuité peut s'appliquer à tout type de RA.

Vous pouvez avoir une newsletter digitale en micro-continuité ou une Box en micro-continuité.

C'est facile car la micro-continuité coûte un micro-prix, moins de 15€, d'où son nom.

Les offres en micro-continuité sont à des prix auxquels les clients n'ont pas à se poser de questions.

L'un des meilleurs prix en micro-continuité est clairement 4,95€ parce qu'il est suffisamment bas pour encourager des achats d'impulsion et ce n'est pas difficile de proposer de la valeur pour ce prix.

De nombreuses personnes scrutent leurs relevés de compte mais ils se plaignent rarement de prélèvements à 4,95€. Et même s'il est très simple d'annuler ce prélèvement, il s'agit toujours d'un tracas.

Du coup la majorité d'entre eux ne va pas s'ennuyer à cela. Utilisez la micro-continuité autant que vous le pouvez : les petits ruisseaux font les grandes rivières !

8/ Choisir son type de RA

N'hésitez pas à mixer les types de RA que nous venons de voir : il faut que vous composiez votre propre RA pour qu'il soit irrésistible.

Par exemple, combinez un club d'acheteurs avec une Box pour que chaque fois qu'un consommateur rejoint votre plan de souscription à la Box il ait le bénéfice de la livraison gratuite ou de 10% de remise.

Quel RA fonctionne pour votre activité ? Cochez-les dans la grille ci-après :

Ma sélection de RA	
Abonnement à des consommables	
Abonnement à une Box	
Digital	
Newsletter	
Club d'acheteurs	
Associations	
Micro-continuité	

6412/ Les modèles économiques de RA

Il existe 3 types de modèles économiques de RA : l'abonnement, l'adhésion et l'hybride, qui combine les forces des deux premiers (et qui est du coup notre préféré 😉).

1/ Abonnement

Les abonnements (à des produits consommables, des Box ou des newsletters) sont les types de RA les moins impliquants : ils induisent peu d'interaction entre le client et l'entreprise.

L'abonnement crée de la valeur par euro mais ne participe en rien à construire une valeur relationnelle qui alimente la fidélité à la marque ou construit un sentiment d'appartenance. Cela ne signifie pas que l'abonnement n'est pas une bonne idée mais il doit être vu comme un simple moyen de « faire du chiffre ». Mais si vous souhaitez bâtir une tribu de clients passionnés, il vous faut aller plus loin.

2/ Adhésion

L'adhésion (à une association, à un club d'acheteurs…) concerne plus la relation à la marque que ne le fait l'abonnement. Dès que vous fournissez du contenu plutôt que du produit, vous fournissez de la valeur intrinsèque, personnelle, quelque chose qui sera identifié comme étant supérieur à la valeur fournie pour chaque euro investi.

L'adhésion construit une tribu de consommateurs qui aime votre marque et ce qu'elle représente. Il y a bien sûr de la valeur marchande mais il y a également un sens d'appartenance qui est bien plus difficile à rompre.

Parce que les fans sont fidèles, les adhésions ont généralement un taux de rétention bien plus élevé que les abonnements. Pour la vaste majorité de la population, la valeur par € est moins importante que la valeur intangible ou intrinsèque.

3/ Hybride

Nous pensons que si vous combinez abonnement et adhésion vous bénéficiez du meilleur des deux mondes.

Vous vendez une marque et non des produits ou services. Et c'est cela que vous permet le modèle hybride. Et c'est d'autant plus intéressant qu'il créera des ambassadeurs de votre marque, qui la recommanderont à leur entourage, ce qui est essentiel pour votre développement et votre rentabilité.

Nous l'avons montré avec le système du NPS, que nous vous recommandons vivement de mettre en place[15].

4/ Les Fréquences

Tout est possible, bien sûr, mais les fréquences les plus communes sont mensuelles, trimestrielles et annuels. Comme nous l'avons indiqué précédemment, notre préférence va à la mensuelle.

642 - Incorporez-les dans votre business

Une fois que vous avez décidé de votre mix de RA et sa fréquence, il vous faut l'implémenter et faire en sorte que vos clients l'achètent… Il est fort probable que le taux de conversion de votre RA soit faible mais rappelez-vous qu'il s'agit d'un travail cumulatif, sur la durée. Plus de 10% est un excellent taux. Si vous n'y êtes pas, testez régulièrement des axes d'amélioration.

6421/ Quelle technologie ?

Avant de vous lancer, vérifiez bien que votre plateforme de e-Commerce gère ce type d'offre. Elle devrait le faire sans problème (quitte à utiliser des plugins). Si ce n'est pas le cas, pensez sérieusement à en changer car cela vous pénalisera. Et il est plus facile de changer aujourd'hui plutôt que demain.

Vérifiez également la compatibilité du modèle économique de vos modes de paiement avec les RA que vous envisagez. Notamment ses capacités à réaliser des prélèvements (et ce de façon aisée pour le client) ainsi que ses coûts fixes et variables (notamment pour les micro-continuations).

---

[15] Voir les annexes pour les indications bibliographiques et les liens utiles.

6422/ Vendre votre RA

Il est clair que vendre de la récurrence est difficile à réaliser en premier contact. Un client qui ne vous connait pas sera réticent à vous acheter sur la base d'une facturation ou pire d'un prélèvement mensuel. Ce qui signifie qu'il va falloir être malin pour y arriver.

1/ *Upsells*

Le tunnel de vente est un bon moyen pour placer votre RA. Placer un RA derrière chaque produit que vous vendez est une bonne approche. Testez les upsells avec un RA. Même si le taux de conversion est faible, le business ainsi collecté est cumulatif.

2/ Essais

L'essai permet de bien faciliter les choses.

Par exemple sur une base de 1€ le premier mois puis 29€ les mois suivants.

Bien sûr vous allez perdre de l'argent le premier mois et mettre 2 à 3 mois pour revenir à de la profitabilité. Il est alors essentiel de valider la durée de rétention. Pour vous caler à des « normes » sachez que les programmes de type Box durent en moyenne dans les 4 mois…

6423/ Flux multiples

Une fois que votre premier RA est en place et est rentable, testez un système de micro-continuité pour le compléter.

Par exemple vous avez un RA de type Box, testez un produit complémentaire (inclus dans la Box pour économiser les frais de port) ou une newsletter pour 4,95€ de plus auprès de vos abonnés.

6424/ Rétention

Une fois que des clients ont embarqué dans votre RA l'objectif est qu'ils y restent.

Une étude du cabinet BAIN montre que 5% de progression en rétention peut amener de 25 à 95% d'amélioration en termes de résultat !

Et avec notre RA tout cela se cumule dans le temps.

Bien que cela vaille vraiment les efforts nécessaires, un programme de RA est différent de ce que fait une entreprise de e-Commerce classique et va en effet nécessiter du travail additionnel de votre part.

Un RA consiste en un accord continu avec votre consommateur et cela ajoute des responsabilités dont vous n'avez sans doute pas l'habitude.

Il vous faut maintenir la qualité de la relation dans le temps, faire en sorte que vos clients continuent à être impliqués, heureux de vous verser tous les mois une somme d'argent.

Il vous faut la mériter de façon continue. Plus vos clients seront heureux avec vous, plus vous aurez de chances qu'ils deviennent des ambassadeurs de votre marque et vous trouvent de nouveaux clients heureux (d'ailleurs plusieurs études montrent qu'un client amené par un client fidèle a plus de chance de devenir fidèle que quand il est arrivé par d'autres canaux que le bouche-à-oreille)[16].

1/ La règle des 10x

La règle des 10x est notre règle de base pour la rétention (et le commerce en général) : **fournissez toujours dix fois la valeur perçue pour laquelle vous facturez.**

Si cela est devenu la norme sur le marché de l'information, ce n'est pas toujours le cas pour la vente de produits.

Notez bien que nous parlons de « valeur perçue ». Il ne s'agit pas d'envoyer pour 100€ de produits quand votre client vous en commande pour 10€. Il s'agit de la perception de la valeur que le client a de votre produit et des services qui y sont associés.

Prenez les clients d'Amazon Prime : ils perçoivent clairement qu'ils en ont pour bien plus que 10 fois la valeur de leur abonnement à 49€. C'est en cela que le système hybride est excellent : il accroît fortement la valeur perçue de l'offre.

2/ Les métriques de la rétention

En e-Commerce il existe des tonnes d'indicateurs clefs de succès (rappelez-vous, les fameux KPI). Mais pour la rétention de votre RA il n'y en a que 3.

---

[16] https://hbswk.hbs.edu/archive/the-economics-of-e-loyalty

Taux de Perte (TP)

Le taux de perte (en anglais *Churn rate*) est un indicateur à court terme qui vous permet de suivre le pourcentage de clients qui annule leur abonnement sur une période donnée. Il vous faut réaliser un calcul du TP régulier. Par exemple votre TP au bout de 2 mois d'abonnement est de 15% mais il est de 9% pour le 3ème mois.

Calcul du taux de perte : Nombre de clients perdus dans un intervalle de temps / nombre de clients au début de cet intervalle.

Taux de rétention (TR)

Le TR se calcule sur une période assez longue. Il répond à la question : au bout de X mois quel pourcentage de clients me reste-t-il ?

Revenu Moyen Par Client Abonné (RMPCA)

Le Revenu moyen par abonné est différent de la valeur vie client (LTV) en ce sens où la LTV inclut tous les types de revenus liés au client et non pas uniquement ceux liés au RA. C'est un bon indicateur global du succès de votre programme.

Pour le calculer, la formule est la suivante :

RMPCA = Prix de Vente du RA x TR

Les Points de chute

Une fois que vous connaissez ces 3 KPI il est temps d'étudier où se trouvent les points de chute. Ce sont les périodes auxquelles vous avez un TP particulièrement élevé.

Pour les connaître il vous faut avoir un certain historique de votre RA et vous demander pourquoi vos clients se désabonnent à ce moment-là. Pas le bon produit ? Trop proche du précédent envoi ?... Ce qui est certain c'est que quel que soit le problème vous devez le résoudre.

La façon la plus efficace est de mettre en place un « booster de rétention » à ce moment-là. Si c'est au 3ème mois que vos abonnés vous quittent, offrez-leur alors un bonus. Annoncez-le dès le 2ème mois et ne le leur livrez l'avantage supplémentaire qu'une fois que vous avez encaissé l'abonnement du 3ème mois.

Rendez l'annulation simple mais non sans peine

Bien sûr il faut être *clean* envers ses clients mais ce n'est pas pour cela qu'il faut se tirer une balle dans le pied.

Par exemple, pour toute annulation, exigez que le client appelle votre service.

D'une part c'est plus difficile que de juste cliquer sur un bouton de désabonnement, ensuite cela permet de leur demander pourquoi ils annulent et enfin vous pouvez essayer de les faire changer d'avis en leur proposant 2 mois gratuit ou une remise.

Ces 3 raisons feront que mécaniquement votre TP global s'améliorera.

ACTION :

Vous êtes certainement étonné que nous ayons focalisé notre approche uniquement sur les pages d'atterrissage. Cela est dû au fait que, dans un premier temps, il vous faut gagner des clients et qu'il vaut mieux mettre en place des entonnoirs de conversion focalisés sur ce que recherchent **et uniquement ce que recherchent** vos prospects.

Nous considérons qu'un site de e-Commerce de type boutique (avec une offre large) ne devrait être destiné qu'à vos clients ou du moins aux personnes ayant déjà eu un contact avec votre marque.

C'est aussi pour cela que les « anciennes » recettes du e-Commerce fonctionnent de moins en moins bien : elles ne sont plus suffisamment efficiente **du point de vue du client**.

Vous avez également dû être étonnés par les développements, notamment théoriques, que nous avons consacré à tout ce qui a trait à l'ergonomie, au design et au comportement de l'internaute.

Nous pensons que c'est important et qu'au-delà de certaines règles que nous vous avons fourni, il faut essayer de comprendre « comment cela se passe » dans la tête des visiteurs pour pouvoir faire des propositions originales, réellement différenciantes.

Ne vous méprenez pas, il n'existe pas de « recette magique » pour le design de pages Web et de sites.

Si certains se disent experts en la matière vous reconnaîtrez le véritable expert au fait qu'il est humble et « qu'il sait qu'il ne sait pas ».

Sur la base des éléments que nous vous avons fourni il vous faut tester, encore et encore, vos interfaces. Vous trouverez en fin de livre nos conseils pour réaliser ces tests[17].

Enfin, pour ne pas alourdir ce présent chapitre nous avons reporté, également en fin de livre, nos conseils pour la réalisation de votre site de e-Commerce « boutique », que ce soit au niveau de l'ergonomie, du design ou de la technique.

Mais pour l'instant, restez focalisé sur l'essentiel et voyons ensemble comment vous devez exploiter vos données.

Le mot de Jeff

Le client, le client, toujours le client !

Un dixième de seconde de latence pour le téléchargement de mes pages, c'est 1 % de chiffre d'affaires perdu.

[17] Nous ne pouvons que vous inciter à lire le meilleur livre à ce sujet : « Je ne veux pas chercher » de Steve Krug (voir BIBLIOGRAPHIE).

7. EXPLOITEZ VOS DONNEES

POUR EXPLOITER ses données il faut tout d'abord les exporter. Et comme cela dépend de votre plateforme de e-Commerce, il faut que vous vérifiiez que cela est facile. Vous devez pouvoir exporter toutes vos données, pas juste la liste de vos clients ou les 30 derniers jours de commandes. Il faut exporter au moins 6 mois de données. Plus serait préférable.

Quand vous allez exporter vos données vous allez peut-être vous rendre compte que vous n'avez pas vos données de stock ou de coût d'achat parce que vous n'avez pas pris le temps de les enregistrer ou parce que vous gérez votre entreprise au feeling.

Carton rouge ! *FAKE* ! dirait Jeff.

Ces données sont importantes et il faut que vous sachiez pourquoi vous ne les avez pas et comment les avoir.

71/ Votre Panier

Les données de vente que vous devez connaître :

- Les produits qui se vendent le mieux,
- Les catégories de produits qui se vendent le mieux,

- Les produits qui sont le plus fréquemment ajoutés au panier,
- La valeur moyenne du panier.

A partir de ces données vous devez rechercher :

- Les produits que vous vendez peu,
- Les combinatoires de produits achetées le plus fréquemment. Cela peut vous aider à les mettre en avant. Quand l'un d'entre eux est mis au panier, proposer d'autres produits de la combinatoire. Cela peut aussi vous servir pour construire des tunnels de vente spécifiques avec des *upsells*,
- Le produit le plus vendu. Bien souvent il ne s'agit pas du produit auquel vous auriez pensé. Là aussi mettez-le en avant, construisez un tunnel de vente à partir de ce produit. Faites-en sorte que ce produit se vende encore mieux.

72/ Vos Ventes

La prévision des ventes est un exercice intéressant et pour lequel vous avez besoin de vos données.

Faire des prévisions annuelles c'est intéressant mais il vaut mieux les affiner au trimestre. Faites-en 3 variantes : pessimiste, optimiste et super optimiste. Parce que vous voulez de la croissance pour votre entreprise, il est important de définir plusieurs prévisionnels.

Quand vous étudiez vos données de vente, partez sur une base de 3 ans (si vous avez suffisamment d'historique, bien sûr !). Prenez chaque année et étudiez vos ventes par mois, lors de périodes de promotion (soldes…), ou de périodes particulières à votre activité (fêtes, congés…).

Le fait de regarder ces périodes sur 3 ans vous permet de mieux comprendre les progressions, d'avoir plus de chance de vous poser les bonnes questions.

Se limiter à 2 ans peut vous masquer le fait que, par exemple en juin de l'année dernière, votre principal concurrent a déposé le bilan et que cette très forte progression était en fait une anomalie (ou qu'à l'inverse vous étiez en rupture de stock sur votre meilleure vente).

Quelles sont les données que vous utilisez pour votre prévision ?

- Les charges de frais généraux,
- Les coûts d'achat des marchandises vendues,
- Le budget publicitaire,
- Le temps moyen pour qu'un prospect devienne un client,
- La durée entre 2 achats d'un client,
- Le pourcentage de clients qui vous achètent tous vos produits.

Ce que vous recherchez :

- Les produits les plus populaires (ou pas).

  Il y a des chances que la loi de Pareto s'applique et que 80% de vos clients achètent le top 20% de vos produits. Si vous regardez attentivement vous pourrez avoir une idée des produits les plus achetés par la majorité de vos clients les plus fidèles. Si vous avez des produits qui ne se vendent pas est-ce dû au fait que vous ne les avez pas marketés correctement ? Puis posez vous la question de la saisonnalité et s'ils correspondent vraiment aux besoins du marché.

- Les mauvaises saisons.

  Il existe des activités très saisonnières qui font 80% de leur chiffre pendant 2 à 3 mois. Rentrée scolaire, période de Noël… Vous n'avez pas à vous faire dicter la saisonnalité de votre activité. Il vous faut être créatif. Poussez vos clients à anticiper leurs achats, créez des gammes complémentaires pour la morte saison…

- La fréquence d'achat.

  Elle est fonction des habitudes des clients. Vous devez pousser des offres, des produits complémentaires. Faites du *retargeting* et des emailings pour les faire acheter de façon plus fréquente. Une règle fondamentale : la population qui vient d'acheter a le plus de chance d'acheter à nouveau (la récence) alors allez-y : comme nous l'avons vu précédemment la personne qui vient d'acheter vous est favorable, c'est l'effet dopamine, profitez-en !

73/ Votre Stock

La prévision des stocks est une question de produits se vendant bien ou pas et de rotation du stock. Votre chaîne d'approvisionnement est également en jeu : vos fournisseurs vous livrent ils rapidement ? Sont-ils fiables quant à leurs livraisons ?…

Le stock n'est pas juste un empilement de coûts. Il devient également critique quand vous avez des dates d'expiration ou quand vous avez une durée de vie limitée des produits.

Les étapes pour construire un prévisionnel de vos stocks :

- Etape 1 : combien de jours de stocks vous reste-t-il en fonction de vos ventes ?

- Etape 2 : Croisez vos prévisions de ventes, de panier de produits vendus et regardez votre stock : à quelle vitesse le produit part-il ? Quel est alors l'optimum de stock par produit, compte tenu des contraintes d'approvisionnement ? Vous voulez avoir suffisamment de marchandise mais pas trop. Si des multinationales peuvent gérer des stocks en temps réel, pour des petites entreprises comme les nôtres, il s'agit d'une illusion.

74/ Vos Canaux

L'analyse des canaux consiste à analyser comment les ventes sont distribuées selon les différents canaux d'acquisition.

Par exemple le référencement naturel, Facebook, Bing ou Google Ads, Youtube.

Cela doit vous permettre une allocation plus fine de vos budgets publicitaires

Il s'agit d'une analyse clef car là vous avez de l'argent qui file et il est essentiel que vous soyez confiant dans la rentabilité.

Commencez par analyser vos principaux canaux : le référencement naturel, les adwords, les emailings…

Ce qu'il faut regarder :

- Le budget publicitaire :

  La plupart des entreprises n'ont que 1 canal majeur puis 1 ou 2 complémentaires. Est-ce que le canal qui vous apporte le plus de trafic est celui qui apporte le plus de ventes ? Sans doute pas. Alors tâchez de rééquilibrer votre budget.

- Les dépenses trop importantes en acquisition client :

  Il se peut que sur un canal publicitaire vos coûts d'acquisition client (CoCA) soient trop élevés. Il vous faut immédiatement couper le budget jusqu'à ce que vous ayez remédié à ce problème. Si vous vous rendez compte que l'un de vos canaux n'est pas du tout rentable, fermez-le et réinvestissez sur les canaux qui le sont. Ou bien testez-en d'autres.

- Les meilleures ventes :

  Quels sont les meilleures ventes pour chacun des canaux ? Pouvez-vous optimiser ou généraliser ?

75/ Vos outils de consultation

Vos clients utilisent-ils leur mobile ou leur ordinateur pour acheter vos produits ? Est-ce que ce sont surtout des utilisateurs d'Android ?

Vous pouvez alors vérifier le parfait fonctionnement de votre site sur Android et basculer votre budget vers les utilisateurs de ce système d'exploitation.

76/ Vos Clients

Vos données clients incluent toutes les personnes qui ont acheté vos produits, y compris une seule fois.

Vous savez déjà qu'il est crucial que vous écoutiez ce que vos clients vous disent. Vous devez utiliser toutes ces données pour prendre des décisions sur votre activité, pour optimiser votre processus de vente, votre site et votre publicité.

Avec leur comportement vos clients vous « disent » des choses et là vous avez la chance d'avoir des données précises. Utilisez-les !

761 – Votre objectif

Votre objectif commercial en e-Commerce est de vous constituer un fichier- clients.

Chaque fiche client doit être structurée de manière à vous permettre de recueillir les informations suivantes :

- nom, prénom,
- adresse complète,
- téléphone,
- email,
- éventuellement, date d'anniversaire,
- source : de quel fichier, par quelle opération commerciale et à quelle date a-t-il été recruté ?
- liste et date des 3 ou 5 dernières commandes (quels produits, expédiés quand et par quel mode de transport),
- recours au SAV,
- observations…

Ceci est un minimum. Bien entendu, vous pouvez ajouter les critères qui vous paraissent importants selon la nature de ce que vous vendez.

Tous les critères ci-dessus doivent être des critères de tri. Vous devez pouvoir trier tous vos clients qui se prénomment Fernand (ou Fernande) pour leur souhaiter leur fête, tous ceux nés un 23 avril pour leur souhaiter un bon anniversaire, tous ceux qui habitent dans telle ville ou telle région, etc.

Au minimum, vous devez disposer des caractéristiques commerciales de chaque client, permettant de les intégrer à des sous-populations.

762 – La segmentation commerciale

Il s'agit de diviser une population (votre fichier clients) en sous populations.

L'enjeu est d'importance : optimiser les rendements des actions publicitaires.

Les 3 clés dont il faut disposer au minimum sont :

- L'action à l'ORIGINE de l'entrée dans le fichier (prospection Internet, tel fichier loué en septembre 2020). Cette première segmentation sert surtout à dénombrer les sous-fichiers de base. Elle permet de connaître les rendements par action de prospection. Elle est également utile pour l'ADV (Administration Des Ventes). Il est bon de savoir comment le client vous a connu, en cas de réclamation, de demande d'information, etc.
- Lorsqu'un client rentre dans le fichier, c'est un CLIENT NOUVEAU (CN). Dès qu'il commande pour la deuxième fois, il devient ABONNE (AB). Ce second critère est donc un critère dynamique, les sous populations varient dans le temps. Certains CN (pas tous) deviennent des AB.

- La clé la plus importante est la DATE DE LA DERNIERE COMMANDE. C'est aussi un critère dynamique.

Autrement dit, votre fichier est composé de sous-fichiers, triés selon le mode d'entrée dans le fichier.

Par exemple, le code FX1025 correspond à un client ayant commandé suite à une annonce de la campagne X sur Facebook, en octobre 2025. Cette clé de répartition reste fixe, il est bon de pouvoir dénombrer ces populations, ne serait-ce que pour évaluer si acheter de la publicité sur Facebook est une bonne opération.

À son entrée dans le fichier, correspondant à son premier achat, le client nouveau est répertorié selon la clé spécifique client nouveau et l'année de son entrée dans le fichier.

Par exemple : CN25 qualifie un client nouveau entré dans le fichier en 2025.

Si, à l'été 2026 ou suite à une relance emailing de l'automne 2026, ce client commande pour la seconde fois, sa clé change : il devient aussitôt AB26. S'il fait sa deuxième commande à partir du 1er janvier 2027, il devient AB27.

Si nous sommes en 2028, les sous-fichiers des AB26 et des AB27 sont le cœur de votre fichier. À chaque opération de relance, ce sont ces 2 sous-fichiers qui auront le meilleur rendement car, en e-Commerce, LE MEILLEUR CLIENT EST LE CLIENT LE PLUS RECENT.

763 – Comment l'utiliser

Il est important de mettre en place cette segmentation dès que possible. Au minimum, il faut pouvoir trier selon la date du dernier achat. Ainsi, votre fichier sera composé, pour chaque année :

- de CN27, CN26, CN25, etc., correspondant à des clients ayant acheté pour la première fois l'année 2027, 2026, 2025, et n'ayant pas effectué un second achat depuis.

- d'AB27, AB26, AB25, etc., correspondant à des clients ayant acheté pour la seconde fois (et la troisième et la quatrième, etc.) en 2027, 2026, 2025, et n'ayant pas effectué d'achat depuis.

Il est stratégique que vos nouveaux clients (CN) deviennent des clients fidèles (AB), nous y reviendrons.

Les abonnés et les clients nouveaux dont la dernière commande est plus ancienne, constituent le fichier des INACTIFS (INA). Ces INA doivent être réactivés avec des messages spécifiques, nous y reviendrons également.

Vous pouvez sophistiquer votre approche en y ajoutant des éléments de fréquence et de montant d'achat (il s'agit alors d'une classique segmentation de type RFM (Récence, Fréquence, Montant).

Quelques exemples de données de segmentation :

- Les clients fréquents, les acheteurs continus et les « baleines blanches » (le top 1% de vos clients) : quels sont vos clients qui achètent fréquemment ? achètent-ils de façon continue ? Certaines plateformes de e-Commerce vous fournissent directement ces informations à partir de leur *back-office* sinon vous travaillez ces données à partir d'extractions sur MS Excel. Listez vos « baleines blanches ». Appelez-les régulièrement juste pour leur demander en quoi vous pouvez les aider, leur dire qu'ils sont importants pour vous et que « comme ils ont acheté ce produit ils seront peut-être intéressés par cette nouveauté ». Et non seulement vous faites des ventes additionnelles mais en plus vous renforcez leur fidélité.

- Les affinités régionales : France, UE, hors UE. Si vous ne vendez qu'en France, l'exercice reste intéressant. Voyez les types de produits achetés, la fréquence des « baleines blanches »... Adaptez votre pression publicitaire selon les zones géographiques, mixez avec les produits préférés...

- Les préférences de modes de paiement : si vous proposez différents types de modes de paiement, analysez-les (vous devriez accepter a-minima les cartes de paiement et PayPal). Supposez que vos meilleures ventes se fassent via PayPal. Du coup, mettez en avant ce dernier, même si généralement PayPal est un mode de paiement plus onéreux que les autres.

- Les préférences de modes de livraison : quel type de livraison préfèrent vos clients ? Est-ce que vos clients fréquents préfèrent les points relais ou la livraison Chronopost ?

  Vous pouvez bénéficier de remises en regroupant vos livraisons auprès de certains transporteurs ou via des logisticiens. Regrouper ses modes de transport peut alors être tentant mais il faut que ce choix soit bien en adéquation avec les préférences de vos clients. Si vos clients fréquents utilisent peu les points relais, pourquoi les garder ?

- Cherchez les sources de trafic les plus intéressantes. Testez, testez, testez... Une vidéo sur Youtube ? Essayez.

  Si vous avez du trafic provenant de sites référents qui vous apportent des clients, utilisez cette information. Voyez comment démultiplier ce trafic via des accords avec ce site, la production de contenu offert, la location de leur fichier d'abonnés à leur newsletter

---

ACTION :

A partir de vos données clients, vous segmentez votre clientèle et vous lui faites des offres spécifiques, que ce soit par rapport aux périodes de commande préférées, aux niveaux de prix, aux assortiments d'offres, à la saisonnalité…

Pour cela il va falloir que vous activiez vos canaux publicitaires car votre meilleur actif pour réaliser votre marge de demain c'est votre fichier client existant. Mais ne brûlons pas les étapes, c'est justement l'un des sujets du chapitre suivant.

Les 4 piliers d'Amazon :

1. Centrage sur le consommateur / client,
2. Optimisation permanente de la rentabilité,
3. Culture de l'innovation,
4. Agilité commerciale.

Le mot de Jeff

8. ACTIVEZ VOS CANAUX PUBLICITAIRES

QUAND NOUS étudions les canaux publicitaires des e-Commerçants, nous nous rendons compte qu'ils n'en utilisent principalement qu'un. Et c'est bien dommage car utiliser plusieurs canaux permet non seulement d'accroître vos ventes mais améliore également la perception que les clients potentiels vont avoir de votre marque.

Plus vous apparaissez à des endroits différents plus vous semblez professionnel, pertinent, légitime. Si vous vous débrouillez bien il n'y aura pas moyen, pour quelqu'un qui fait une recherche de votre type de produit en ligne, de faire la différence entre quelqu'un tout seul dans le garage de ses parents et une grande entreprise.

Bien sûr, la démultiplication des canaux ne doit pas se faire en une fois (il faut y aller canal après canal et ne passer au suivant que quand le précédent est bien maîtrisé) et il faut garder l'œil sur la rentabilité des actions.

Considérez vos canaux publicitaires comme de nombreuses rivières qui viennent alimenter un grand fleuve. Il existe alors 3 types de rivières : celles qui vous appartiennent, celles que vous contrôlez et celles que vous ne contrôlez pas.

Avant de sauter dans les explications juste un point d'information complémentaire avec une illustration qui reprend la même idée que la métaphore du fleuve et des rivières mais selon une autre perspective :

Cette vision des media est en effet complémentaire de celle de vos flux : il y a les media qui sont les vôtres (site Internet, blogs…), ceux que vous contrôlez (la pub) et ceux que vous ne contrôlez pas : ce que vos clients disent de vous. Il s'agit des médias que vous « méritez ».

Devinez ceux qui sont les plus importants car les plus crédibles ?

Il s'agit donc de tout faire pour susciter des avis clients, des témoignages… et s'assurer qu'ils soient positifs. Le système de NPS doit le permettre.

Refermons cette parenthèse et rentrons dans le vif du sujet…

81/ Votre trafic

Il s'agit de votre meilleur trafic, et de loin. Votre objectif est d'en avoir le plus grand nombre car c'est là que le ROI est le meilleur. Il s'agit de :

- Vos listes d'adresses email (clients et prospects),
- Vos listes d'adresses postales (clients et prospects).

Ces listes peuvent facilement faire l'objet d'envois automatisés, de publicités ciblées et générer du CA immédiatement et souvent de façon certaine.

811 - Développez votre fichier d'adresses email.

Plus votre fichier sera important plus vous aurez de résultat, à niveau de qualité équivalente de fichier, bien sûr.

On va sûrement vous proposer de louer des adresses via des *brokers*. Nous ne vous conseillons pas ce type de solution. Ces adresses sont le plus souvent issues de jeux, ce qui fait qu'elles ne sont pas de bonne qualité. En plus, les critères de tri proposés ne sont issus que d'un questionnaire lié au jeu. Autant dire que les réponses ne valent pas grand-chose.

Il peut exister des fichiers intéressants, soit en réalisant des échanges[18] avec des entreprises dont les cibles sont proches de la

---

[18]Attention : le fisc ne vous autorise pas à réaliser des échanges de services avec d'autres entreprises : vous devez réaliser une facturation croisée, même si les montants s'annulent… Une base de facturation pour location de 0,40 € HT l'adresse nous semble correcte. Vérifiez bien que le fichier est celui de clients, ayant acheté sur Internet … depuis moins de 18 mois.

vôtre[19] (dans le cas des tondeuses à gazon, le fichier d'un vendeur de pelouse ou d'un pépiniériste serait intéressant, celui d'une revue de jardinage pourrait également être envisagé).

Si votre cible est composée de professionnels, il existe aussi de nombreuses offres de fichiers : associations/syndicats professionnels, magazines, salons, *brokers*.

Notre attitude par rapport à ces fichiers est similaire à celle des particuliers. Il vous faut même être encore plus circonspect car, à la différence du particulier, le législateur n'exige pas qu'il y ait expression du consentement de la personne pour pouvoir utiliser l'adresse email[20], ce qui génère des dérives importantes.

Du coup ces adresses ne valent rien car elles sont « spammées » et donc non utilisées par leurs possesseurs. Autre point concernant les fichiers de professionnels : il est essentiel d'avoir des fichiers **nominatifs**. Une adresse de type « contact@ta-societe.com » risque en effet d'être l'objet de tous les spams.

---

[19] Attention ne remettez pas vos fichiers à autrui. N'oubliez pas qu'il s'agit de votre actif le plus précieux ! Soit vous routez le message de votre partenaire (à charge pour ce dernier de faire de même), soit vous confiez tous les deux votre fichier à un tiers de confiance (une plate-forme d'emailing par exemple) qui s'occupera du routage. Faites également attention : si lors de l'opt in vous n'avez pas signalé que vous pourriez louer cette adresse à des partenaires, vous n'avez pas le droit de le faire. Une façon de tourner cet obstacle est de « parrainer » l'envoi. L'emailing sur votre fichier comportant le message de la société partenaire sera émis sous votre intitulé et un message de parrainage sera apparent. Après tout, c'est sans doute la meilleure façon d'introduire la société partenaire auprès de votre clientèle !

[20] Attention : de petits malins utilisent des fichiers professionnels (non soumis à l'obligation d'opt in) pour émettre des messages destinés à des particuliers. En dehors de rendements proches de zéro, ce type d'action tombe sous le coup de la loi protégeant le particulier car vous ne vous adressez pas à une personne dans le cadre de son travail mais à titre privé.

Quand vous louez ou achetez un fichier, il faut tout d'abord le tester. Par exemple sur un échantillon de 10 000 adresses. Vous allez faire 2 tris aléatoires pour créer 2 fichiers de 5 000 chacun et envoyer 2 messages simultanément à chacun de vos fichiers.

L'un de ces messages peut par exemple tester la réactivité du fichier en termes d'achat (offre découverte), l'autre pour valider un message permettant d'en augmenter le rendement. Car ce sont bien là les 2 objectifs d'une action de location :

Le fichier est-il réceptif à mon offre ?

Il faut donc valider ce point par un acte d'achat, même de valeur minime et même si les taux d'achat sont faibles (1 pour mille fera l'affaire)

Si le fichier réagit bien, comment optimiser le résultat ?

Car si vous vous limitez à l'acte d'achat, vous ne récolterez qu'une quantité réduite d'adresses. Vous aurez intérêt à mettre aussi en place une action avec un opt in. Proposez un téléchargement gratuit, un bon de réduction à valoir par la suite…. Vous pourrez alors récupérer davantage d'adresses, à intégrer dans votre fichier email, avec un code origine pour vous rappeler d'où proviennent les clients et analyser leur rentabilité à plus long terme.

L'inscription à la newsletter sur votre site est une bonne piste pour collecter des adresses email. Dynamisez-la en proposant des « plus » tels que des points de fidélité lors de l'inscription, des avant-premières exclusives… Rassurez les personnes désirant s'inscrire en mettant en avant le fait que vous n'allez pas les spammer. Mettre en avant une garantie « anti-spam » est une bonne démarche.

Si vous proposez un envoi de catalogue (sous format papier ou électronique), mettez-le en avant et profitez de l'occasion pour récupérer des adresses email.

Si vous avez des magasins, faites-en sorte de récolter les adresses email lors des achats.

Développez par « tache d'huile ».

812 - La meilleure base pour enrichir votre fichier, ce sont vos clients !

Essayez de faire en sorte que vos clients vous envoient les adresses de leur gestionnaire de messagerie. Car les centres d'intérêt et les modes de vie de leurs amis seront proches des leurs. Ce sont alors pour vous des prospects de 1er choix. D'autant plus que vos clients peuvent témoigner en votre faveur !

Vous pouvez aussi réaliser un parrainage plus *light*, moins impliquant pour votre client-parrain.

Par exemple en faisant un jeu et en faisant participer ses amis (le fait que les amis jouent également donne au parrain plus de chance de gagner). Il est important de récolter les adresses email des « amis » en opt in, pour pouvoir les intégrer ensuite dans votre base email. Puis vous pouvez décliner en amis des amis….

L'élément clef pour ce type de jeu est la prime.

Elle doit être en forte adéquation avec votre marché, c'est elle qui « sélectionnera » le type d'amis auxquels vos clients vont diffuser le jeu[21].

Par exemple, si vous commercialisez du sportswear typé rugby, mettez en jeu des places pour la Coupe du Monde !

Ces actions devraient vous permettre d'ajouter au moins 25% d'adresses email par an à votre fichier. Et accroître d'autant le rendement de vos actions emailing.

82/ Le trafic que vous contrôlez

C'est là que 90% de vos acquisitions de prospects et de clients ont lieu. C'est bien là que cela se passe.

Le trafic que vous contrôlez exige de la gestion, du temps, des efforts et un investissement.

Comme nous l'avons dit précédemment l'objectif est que vous possédiez tout votre trafic.

Vous voulez convertir le trafic que vous contrôlez en trafic que vous possédez. L'objectif de vos actions à ce niveau est alors non seulement d'acquérir une base de clients mais aussi une base de prospects.

Ne l'oubliez pas.

---

[21] Autre élément important mais plus « classique » : il faut que la prime soit accessible et qu'il y ait suffisamment de lots en jeu – même s'ils sont de faible valeur – pour que les joueurs prennent le temps de jouer en se disant qu'ils ont des chances de gagner quelque chose. Pour les primes, n'hésitez pas à mettre à contribution vos fournisseurs, ils ne demandent pas mieux !

821 - La publicité payante

Il s'agit du canal le plus important car vous y avez accès quand vous le souhaitez et il présente un niveau de scalabilité pratiquement sans limite. Utilisez-le tant que vous pouvez, à condition que vous restiez rentable. Les sources les plus faciles à utiliser sont Facebook puis Google et Bing.

N'externalisez pas vos achats de mots clefs.

Pour apparaître sur les moteurs de recherche et notamment le principal d'entre eux, Google, vous devez enchérir sur certains mots clefs. Ainsi, votre publicité apparaît lorsque l'internaute tape un mot qui correspond aux produits ou services que vous vendez.

Il s'agit sans conteste du moyen le plus efficace de promouvoir son site de e-Commerce.

Mais les interfaces de gestion de type Google Ads (le gestionnaire des achats de mots clefs sur Google) sont complexes, même si elles sont ouvertes à tous.

Or, nous l'avons déjà vu, la réflexion sur les mots clefs est au cœur de votre réflexion sur vos marchés. Leur évolution vous indique les tendances, leurs rendements et vous informe sur le degré de pression concurrentielle.

Les mots clefs portés par vos insertions vous indiquent la qualité de vos USP…
Bref acheter vos mots clefs et étudier attentivement les résultats, c'est réaliser une étude de marché en temps réel.

Nous vous encourageons donc vivement à les gérer par vous-mêmes.

Quitte à les externaliser une fois que vous aurez « intégré » la mécanique mais en y faisant un tour régulier, pour « sentir » ce qui se passe.

Par ailleurs, nous avons été témoin de nombreuses mauvaises pratiques de la part de prestataires dans ce domaine. Surtout quand, à partir de la gestion de vos achats de mots clefs, ils vous garantissent des ventes ou indexent leurs rémunérations sur celles-ci. Nous avons en effet vu plusieurs cas d'achat de nom de la marque ou du nom des produits par le prestataire qui, ainsi, vous fait payer pour un client qui vous recherche…

Autre difficulté liée aux achats de mots clefs : Google ne rémunère les sociétés prestataires qu'à partir de niveaux d'achats très importants. C'est pourquoi elles vous demandent des frais de gestion. Or ceux-ci sont généralement trop faibles pour qu'une personne compétente y passe suffisamment de temps. Du coup le travail est généralement bâclé.

Nous avons vu comment « fonctionne » l'internaute et quelles sont les phases préalables à l'acte d'achat.

L'avantage de l'achat de mots clefs par rapport au référencement naturel, que nous aborderons par la suite, réside dans le fait que si l'action est payante, elle nous permet de maîtriser les résultats et par-delà le retour sur investissements.

Nous vous avons mis en garde au début de ce chapitre contre 2 écueils : croire que le gratuit existe et penser pouvoir externaliser les achats de mots clefs.

Si vous souhaitez rester en phase avec votre marché, réalisez vous-même les achats de mots-clefs. Bien sûr, il s'agit d'un processus complexe, beaucoup plus que ne le laisse imaginer l'accès aux tableaux de gestion, qui sont ouverts à tous.

Nous pouvons prendre comme exemple Google Ads, les interfaces Bing étant très proches. Il vous faut avant tout, soit prendre une formation de 2 fois 1 journée, soit vous acheter un livre dédié au sujet. Ne comptez ni sur les équipes Google ni sur les forums et autres aides en ligne.

Sur les forums, trouver une information intéressante est interminable et aléatoire. Avec les équipes Google vous ne pouvez être sûrs que d'une chose : ils vont vous pousser à la consommation ! Le retour sur investissement est bien loin de leurs préoccupations. Un exemple simple : sur les conseils de la régie Google, un distributeur de parquets et de linos investissait 50 000€ par mois sur l'expression « Lino Ventura ». Pas mal, non ?

Au-delà de la technique et de l'usage de l'interface de gestion, gardez en tête le leitmotiv de la stratégie : raisonnez « cœur de cible » et n'investissez que là où vous pouvez discerner des résultats immédiats avec Google Analytics ou compatibles avec votre LTV.

Investir dans de la « communication » pure ne vous donnera pas de résultat immédiat et est fortement aléatoire, en achats de mots clefs comme ailleurs.

En achetant des mots-clefs, vous vous mettez en position de répondre à une DEMANDE du marché. Cette demande est plus ou moins bien exprimée mais elle vous permet d'AIDER vos prospects à trouver vos produits.

Vos annonces doivent répondre à cette demande, se situer dans cette perspective. Il s'agira de tester des scénarios d'approche ou certains mots afin d'arriver, par itérations successives, à des actions de prospection. Rentables à terme, selon la LTV du client ou, mieux, immédiatement.

Nous avons développé cette partie du référencement payant autour des moteurs de recherche de type Google mais savez-vous que le deuxième moteur de recherche pour des produits est Amazon ? Et Amazon est devenu en très peu de temps la deuxième plateforme publicitaire digitale au monde ! Il n'y a pas encore beaucoup de recul en la matière mais nous y avons vu des résultats très intéressants… nous vous incitons vivement à la tester.

822 - Le display

Le display est mort avec le XXème siècle.

Une étude de 1998 effectuée par France Télécom a montré que les internautes sont « aveugles aux bannières publicitaires ». Depuis, le phénomène de *banner blindness* est largement connu et documenté.

Et pourtant… elles sont toujours sur le marché. D'ailleurs, comme par hasard, la tarification prépondérante en est le CPM. Seules les entreprises n'ayant pas de notion de ROI ou suivant aveuglément les conseils de leur agence de communication ou centrale d'achat, achètent encore ce type de support.

Tous nos tests ont montré qu'il s'agit d'actions qui offrent peu d'intérêt, à l'exception de marques très fortes, dont la communication est relayée par d'autres media, sans souci de ROI à court terme.

Plutôt que de faire du display en CPM, investissez en relations presse !

823 - Les comparateurs de prix

Ce ne sont pas des comparateurs de prix mais des comparateurs de budgets publi-promotionnels.

Plus vous payez le comparateur, plus il vous met en avant !

Cette approximation est entretenue par les principaux acteurs qui, sous couvert d'un service rendu aux internautes, ont biaisé de façon intentionnelle les informations présentées. D'ailleurs, avec la prise de maturité du marché, leurs jours sont comptés car de moins en moins d'internautes sont dupes.

Mais ne pas aller sur les comparateurs de prix est aussi important en termes de stratégie. Il est nécessaire de créer des asymétries afin de créer de la valeur.

Or toute la démarche des comparateurs de prix va dans le sens inverse. Il n'est donc intéressant d'aller sur ce type de plateformes que pour une petite partie de votre catalogue, sur lequel, de façon intrinsèque, vous possédez une capacité à proposer les prix les plus bas du marché. Mais faites attention à ne pas trop baisser les prix – et donc vos marges – pour l'ensemble de ce dit marché. Si le site comparateur exige l'ensemble de votre catalogue, passez votre chemin.

Vous pouvez aussi vous positionner sur des produits sur lesquels la concurrence n'existe pas ou est faible. Nous abordons l'autre danger des comparateurs de prix, qui est leur capacité à capter vos positions en référencement naturel (tout comme les marketplaces).

Car il s'agit de sites puissants, très bien optimisés pour le référencement. Leur confier vos produits, dont la désignation ou le nom vous sont propres, risque de faire passer les comparateurs avant vous en référencement naturel et, du coup, capter la plus grande partie du flux qui vous est destiné pour, ensuite, vous le revendre !

Le comparateur de prix passé maître en la matière est Le GUIDE.com avec son site webmarchand.com. Ce dernier vous permet en effet de référencer gratuitement votre site et votre catalogue, ce qui est tentant. Mais, comme nous venons de le voir, terriblement risqué. Car pas plus sur Internet qu'ailleurs, « there's no free lunch » !

Google Shopping, de son côté, est le comparateur de prix le plus important au monde (en ayant éliminé ses concurrents de façon totalement déloyale mais quand on est puissant…).

824 - L'affiliation

Les affiliés sont une forme de trafic où vous payez sur la base de la réalisation de la vente.

Trouver de bons affiliés est souvent difficile car les arnaqueurs sont légion. D'ailleurs on parle plus souvent « d'enfiliation » (sic) que d'affiliation. En effet les plateformes d'affiliation utilisent généralement des sites de diffusion de codes promo pour capter le trafic de personnes qui vont sur votre site pour rechercher ce fameux code promo, souvent inexistant. Mais ils auront « pris » le cookie de la plateforme qui du coup va venir vous réclamer 15% sur une vente qu'ils ne méritent pas.
Méfiez-vous par principe de l'affiliation et exigez toujours de voir dans votre outil les noms des sites apporteurs de trafic. Si cela vous

est refusé, passez votre chemin sans regret, on a essayé de vous arnaquer.

L'affiliation consiste en la possibilité de ne payer la présentation d'une publicité (une bannière par exemple) par un site que si elle vous génère des ventes. Sur le papier ce système est idéal. C'est le rêve : vous payez la publicité au rendement ! Dans les faits, il peut être la meilleure ou la pire des choses.

En effet, comment savoir si c'est bien la publicité sur tel site qui a généré l'acte d'achat ? Généralement n'est mis en mémoire (par l'intermédiaire de cookies) que le dernier site visité par l'internaute, ce qui privilégie le dernier site visité et non pas forcément celui qui a incité l'internaute à venir voir votre site.

Si nous considérons le processus d'achat, nous voyons que pour des produits comparables, le client s'informe tout d'abord sur le produit (lequel acheter ?) puis sur le site sur lequel acheter. Il va alors réaliser 2 vérifications : voir si le site qu'il a choisi est bien le plus compétitif (et hop ! un tour sur un comparateur et je prends le cookie de celui-ci) puis, on ne sait jamais, il va chercher s'il existe un code promo pour votre site.

En tapant « code promo site Dudule.fr » sur Google il va avoir le choix entre plusieurs sites présentant des listes de codes promos. Le visiteur prend alors un autre cookie (c'est là le modèle des sites listant les codes promos). En tant que commerçant vous avez alors droit à la « double peine » : l'application d'un code promo + le coût de l'affiliation.

Assez classiquement 75% des flux générés par l'affiliation viennent de sites de codes promo. Or les personnes allant sur les sites de codes promo savent chez qui elles veulent réaliser leur acte d'achat. Qu'il y ait ou non un code promo, elles auraient acheté chez vous…

En résumé : l'affiliation, c'est merveilleux quand vous n'êtes pas une enseigne ou une marque connue et quand vous demandez à votre gestionnaire d'affiliation d'extraire les sites porteurs de codes promo et autres bons de réduction de la base des affiliés.

Sources	**Exemples**
Facebook Ads	Egalement Twitter, Instagram…
Plateformes de retargeting	Google, Critéo…
CPC moteurs de recherche, marketplaces et comparateurs de prix	Google Ads et Shopping, Bing Ads, Amazon…
Captation d'adresses email	Sur vos sites et blogs bien sûr mais aussi via la location de fichiers d'adresses email pour essayer d'en capter par exemple via un envoi d'échantillon ou le téléchargement d'un livre ou via la location d'adresses via des brokers.
CPM	Google…
CPA	Affiliation…
Syndication de contenus	Payer pour diffuser vos contenus sur un réseau
Marketplaces	Amazon…

83/ Le trafic que vous ne contrôlez pas

Il existe de multiples façons pour générer du référencement « naturel » sur Internet : nouvelles plateformes, réseaux sociaux…

Les plateformes d'abonnés (YouTube, Periscope…) en font partie. Mais vous n'avez pas la main sur ce trafic et c'est très frustrant. La plupart des novices en e-Commerce investissent des efforts considérables à ce niveau mais c'est une erreur. Rappelez-vous : il n'y a pas de trafic gratuit.

Créer ce type de trafic nécessite de très gros investissements en termes d'efforts et doit être vu comme un investissement à long terme dont votre activité ne doit et ne peut dépendre car cela reviendrait à dépendre du bon vouloir d'entreprises qui n'ont sans doute pas les mêmes intérêts que vous.

831 - Les places de marché (*marketplaces*)

Amazon, Cdiscount, eBay, Etsy… Vos clients y vont sans doute et ce peut être un bon moyen de les capter. C'est également un moyen de montrer que vous êtes une marque qui compte.

Par contre sachez que les places de marché « hybrides » (celles qui sont aussi des commerçants : Amazon, Cdiscount…) vont vous utiliser dans leur propre intérêt : les commissions bien sûr, mais aussi vont étudier vos produits, vos prix, vont vous utiliser pour leur propre référencement naturel, pour combler leurs manques de stock… tout cela pour vous éjecter quand ils n'auront plus besoin de vous…

Les plateformes « pures » c'est-à-dire ne commercialisant pas de produits pour leur propre compte (eBay, Etsy) sont en cela bien préférables car elles ne deviendront pas votre concurrent.
Utiliser les places de marché est alors intéressant pour être là où se trouvent vos clients. Par contre mettez en avant les produits de votre marque mais pas forcément votre catalogue complet. Mettez en avant les produits rentables sur la place de marché et utilisez-les pour amener des clients qui peuvent vouloir du choix, des déclinaisons vers votre propre site, qu'ils atteindront en cherchant votre marque sur Google…

832 - Le mythe du référencement naturel

Il existe un mythe du référencement naturel. La preuve : des conférences que nous animons sur le e-Commerce, ce sont toujours celles qui sont les plus remplies. Et je ne parle pas des livres, blogs et autres forums qui lui sont dédiés.

Ce mythe est celui de la gratuité. Or il n'existe rien de gratuit en ce bas monde…

Ne vous méprenez pas sur nos propos, le référencement naturel est un axe important pour votre visibilité. Mais il n'y a rien de magique sur le sujet. Il y a juste des techniques de base, qui, bien appliquées, peuvent, peut être et suite à de grands efforts et/ou de grands investissements, vous permettre d'être positionné en 1ère page/1ère position sur une requête intéressant votre business.

Mais tout cela n'a rien de gratuit et est plutôt aléatoire. Il y a sûrement des choses bien plus efficaces et moins risquées à mener… avant de se consacrer corps et âme au référencement naturel.

Le référencement naturel est un point important de votre stratégie. Mais ce n'est pas le cœur de celle-ci. Le résultat est (très) aléatoire et vous dépendez d'éléments sur lesquels vous n'avez aucune maîtrise : l'algorithme d'indexation des moteurs de recherche, notamment du premier d'entre eux, Google.

De nombreux ouvrages, blogs et forums sont consacrés au référencement naturel. Certains valent la peine d'être consultés (voir la bibliographie en fin d'ouvrage). Nous reprenons dans ce chapitre les points clefs à prendre en considération afin de « réussir » votre référencement naturel :

Être bien positionné en référencement naturel est aléatoire et, en cas de succès, prend du temps. Comme nous nous disait Jonathan Wall, le Directeur Marketing de DAB's en 2004 : « je préfère acheter des mots clefs plutôt que d'investir en référencement naturel. Au moins je sais ce que je paie et je peux faire un budget sur cette base ». Plutôt clairvoyant !

En dehors de Google, point de salut : les moteurs de recherche rassemblent 75% des accès à Internet et parmi ces 75%, 95% des requêtes sont faites sur Google. En dehors des 4 premières lignes de la 1ère page point d'espoir : la 1ère page de résultat de Google génère 98% des clics.

Ne croyez pas aux vendeurs de rêve : être en bonne position sur une requête compétitive demandera de gros efforts et/ou des investissements importants.

De gros efforts car il n'existe pas de recette miracle. Et si elle existait, personne ne vous la donnerait : elle serait à la hauteur de la capitalisation boursière de Google ! Cela ne sert donc à rien d'aller passer son temps sur des blogs et des forums dédiés. Il vaut mieux connaître les « règles de base » et les appliquer.

Les solutions promettant d'être en 1ère position pour 20, 50 ou 100 € par mois sont souvent des arnaques. On vous vend quelque chose de très simple à mettre en œuvre, par exemple être en première position sur une requête du type : « magasin de fleurs 25 rue de Metz à Toulouse ».

Ou alors ces promesses proviennent de personnes de bonne foi mais donc incompétentes. Il n'existe que quelques bons spécialistes du référencement naturel en France (celles que nous avons testé et validé : Olivier Andrieu, Cybercité, Objectif Papillon). Faire appel à leurs services vous coûtera a minima 2 500 € HT par an.

Dernier point : les « combiens » générant des milliers de pages en automatique… seront détectées par Google un jour, si ce n'est déjà fait. Votre site risque d'être sanctionné et si votre référencement naturel fait partie de vos principaux actifs, il disparaîtra !

Il faut que votre site soit structurellement « lisible » par le robot d'indexation de Google. Cela veut dire qu'il faut que les contenus textuels portés par la structure technique de votre site puissent être vus par le robot. Vus et hiérarchisés.

Cela signifie qu'il vous faut utiliser une structure technique qui soit récente (les progiciels de création de sites de e-Commerce tels WooCommerce, Shopify, Prestashop ou Magento le sont) et correctement mis en œuvre. Cela veut dire que la réécriture d'url, le nommage des pages, les balises H1 et Alt Images soient renseignés et puissent être adaptés au contenu.

Cela signifie également que votre site doit être en html (et non en flash) et que les pages soient bien reliées entre elles via des liens hypertextes et non des liens en javascript. Une astuce : ayez un nom de domaine reprenant votre requête-cible clef.

Puis il faut que vous sachiez sur quelles requêtes vous souhaitez vous positionner. Nous avons évoqué le sujet au niveau de la stratégie. Il faut que vous raisonniez cœur de cible et « atteignable ». Ce dernier point est fondamental : rien ne sert de développer des moyens afin d'atteindre une position sur laquelle il vous sera extrêmement difficile de demeurer.

Allez plutôt vers des « niches ». Plutôt que de chercher à vous positionner sur « foie gras », positionnez-vous sur « foie gras mi-cuit ».

Une fois ce travail effectué, il faut que votre site présente un contenu textuel attractif, en relation avec vos requêtes-cible.

Ce contenu doit être pertinent et varié.

Pertinent car il faut que chaque page de votre site soit dédiée à une ou deux requêtes-cibles.

Varié car il ne faut pas répéter inlassablement les mêmes requêtes mais avoir un contenu qui soit « lisible » par un être humain. Même si le style est un peu lourd et répétitif. Par exemple, si votre requête-cible pour cette page ou cet ensemble de pages est « étole 100% yangir », n'hésitez pas à légender vos images par « étole 100% yangir noire, … grande taille… ».

Maintenant que votre site est optimisé, il va falloir que vous génériez des liens extérieurs de qualité vers lui.

C'est une étape clef pour réussir votre référencement naturel.

En effet Google part, dans son analyse, sur le principe que même si vous « dites » être spécialisé dans des domaines (ce sont vos « requêtes-cible »), cela n'a pas beaucoup de valeur. C'est vous qui le dites. Par contre, si un site déjà connu de Google, dans un champ sémantique proche, parle de vous dans ces domaines, alors Google vous trouve plus crédible.
Si 3 ou 4 autres sites, toujours connus par Google et toujours dans des champs sémantiques proches, font de même, votre référencement naturel est en très bonne voie pour vous placer en 1ère page 1ère ligne. Mais le robot de Google repère les listes de liens, les échanges équilibrés de liens… Donc cherchez de « vrais » liens à partir de « vrais » sites, bien référencés par Google.

Pour trouver des sites intéressants, regardez ceux qui sont déjà bien référencés, étudiez les sites ayant déjà des liens vers vos concurrents… ou vers vous (utilisez la commande link), faites des relations-Presse vers des blogs influents et demandez-leur de ne pas positionner une balise « no follow » vers les liens qui pointent vers vous.

Pour avoir des liens sur ces sites : demandez-leur, en leur racontant votre projet, votre histoire, en essayant de les impliquer. Vous pouvez aussi intervenir sur les blogs, forums. Nous vous conseillons d'y aller de façon ouverte. Il peut être tentant d'y intervenir de façon déguisée. Mais faites attention de ne pas être détecté car la sanction risque d'être lourde !

Attention, tout ce qui vient d'être dit est éminemment relatif ! Car si vous souhaitez vous positionner sur des requêtes cibles dans le tirage photo, la concurrence sera extrêmement rude alors que si vous êtes dans celui des poêles en fonte, l'univers concurrentiel sera moins « pointu ».

C'est pourquoi rien ne sert de concourir si vous êtes pratiquement sûr par avance de ne pas y arriver. Cela rejoint une donnée de base : il vaut mieux aller dans des domaines ou sur des marchés où vous avez tous les atouts plutôt que de multiplier les risques. Déjà qu'en ayant tous les atouts ce ne sera pas évident…

Voilà, tout a fonctionné au mieux, vous êtes en 1ère page 1ère position sur Google, sur vos requêtes-cible. Ne vous endormez pas sur vos lauriers ! Car la concurrence va évoluer, et rapidement, votre première position va être attaquée.

Il faut maintenant que vous fassiez vivre le contenu de votre site. Vous donnerez ainsi une bonne raison au robot de Google de venir vous voir et vous aurez des chances de maintenir votre référencement par rapport aux autres.

Le mieux est de s'efforcer de faire « vivre » votre site une fois par semaine (changement des offres marketing, mise à jour, évolution du catalogue produit…). Ceci est vrai pour le côté *in-site*. Pour l'aspect *off-site* des choses, il faut également faire parler régulièrement de vous « en dehors » de votre site. Ceci est non seulement efficace au niveau marketing mais également en termes de référencement naturel. Pour ce, il faut mettre en place des relations Presse ou publiques sur une base régulière.

Surveillez ce qui est dit sur vous. Car vous ne maîtriserez pas totalement le web ! Des clients, des concurrents… vont parler de vous. Pas toujours en bien. Dès que vous allez vous mettre en visibilité sur Internet il va vous falloir surveiller ce qui est dit sur vous (et tant que vous y êtes, faites la même chose sur vos concurrents).

Car la pire des choses serait qu'Internet bruisse de votre nom et que vous ne soyez pas au courant !

Première action : mettre en place un outil de veille, il en existe un gratuit, Google Alert. Un autre outil, payant cette fois, vous permettra de cibler de façon plus précise votre veille : Giga Alert. Giga Alert sera surtout intéressant si vous avez à mettre en veille des termes très larges au niveau sémantique, vous amenant beaucoup de « bruit » inutile. S'agissant d'un outil auto-apprenant, il vous permettra de cibler plus finement votre veille en l'associant à des nuages de mots clefs.

Cette veille doit être faite sur l'ensemble de vos dénominations commerciales ou légales, ou sur les noms des dirigeants de votre entreprise… Ainsi vous aurez une vue de ce qui est dit sur vous, sur ce que les internautes peuvent apprendre sur votre entreprise… Faites de même sur vos concurrents. Car n'oubliez pas, tout cela est relatif : s'il est dit 10 fois plus de bien sur vos concurrents que sur vous, c'est eux qui sont en position de force, pas vous.

En cas de messages négatifs sur vous, que devez-vous faire ? S'il s'agit d'un client et que cela peut être fondé, réagissez rapidement, de façon factuelle et précise, même si les attaques ne le sont pas. Reconnaissez vos torts, proposez des solutions. Le témoignage négatif sera alors tourné à votre avantage.

S'il s'agit de calomnies, de mensonges, deux solutions s'offrent à vous.

Soit vous l'enterrez en publiant du contenu sur les requêtes pouvant amener ce contenu en première page de moteurs de recherche (par exemple via un blog).

Soit vous menacez votre adversaire d'une action en justice, s'il est en France, s'il est identifiable et si vous intervenez moins de 3 mois après publication. Mais la Justice est longue, onéreuse et aléatoire (surtout si vous êtes un « professionnel » face à un particulier). La première solution est donc souvent préférable.

Nous avons fait ici la part belle à Google mais il ne vous faut pas oublier les vidéos YouTube, les blogs, le marketing de contenu et la syndication. Tout comme pour Google et les autres moteurs de recherche les résultats ne dépendront pas que de vous. Vous n'aurez donc aucun contrôle quant à la quantité et la qualité du trafic que vous générerez.

En synthèse, pour être sûr de votre position en référencement naturel, ayez une marque (exclusive) et faites-en sorte que vos clients et surtout vos prospects vous recherchent via votre marque. C'est la meilleure façon de ne pas être Google / Amazon dépendant.

833 – Les réseaux Sociaux

Nous avons parlé de la partie payante des réseaux sociaux. La partie « gratuite » rejoint celle abordée précédemment : il s'agit peut-être de votre page Facebook mais vous êtes bien chez Facebook et non pas chez vous. Idem pour Pinterest, Instagram et Twitter. Y être c'est bien mais c'est risqué de trop en dépendre. Soyez-y tout de même pour montrer que vous êtes une marque puissante.

De toute façon, ne comptez pas sur la portée « naturelle » de vos pages Facebook pour grandir en influence : les algorithmes vous brideront au bénéfice de la partie publicitaire.

Considérez plutôt que les réseaux sociaux sont ceux de vos clients et essayez de faire en sorte que vos clients parlent de votre marque sur leurs pages auprès de leurs amis. Là ce sera un vecteur réellement puissant. Un bon travail sur vos promoteurs, détectés via votre NPS, devrait vous permettre d'y arriver. Ils seront vos micro-influenceurs, convaincus par votre marque. Reconnaissez-les et aidez-les.

Cela amène à la question des influenceurs. Il s'agit de « leaders d'opinion » sur les réseaux sociaux. Soit vous les payez (et ils le disent – ou pas - ce qui est illégal et peut se retourner contre vous) soit ils le font de façon plus désintéressée. C'est intéressant mais cela a ses limites.

834 - Les relations-Presse et relations publiques

Faire en sorte qu'autrui parle en bien de vous est à la base du commerce.

C'est bien là l'objectif des relations-Presse.

Les résultats sont aléatoires et il s'agit avant tout d'une action au long cours. Mais c'est un outil intéressant car il crédibilise le message de votre site.

Quand vous travaillez vos relations-Presse, n'omettez surtout pas les sites d'information et les blogs.

Ils sont souvent mieux positionnés sur la toile que la version web des titres papier. Or l'objectif est que le prospect qui cherche sur Internet une information sur vous, la trouve…

Les relations publiques vous permettent de mieux communiquer avec des leaders d'opinion et parmi eux, des bloggeurs.

Dans une optique « Web 2.0 », où chaque individu communique avec les autres, la frontière entre relations Presse et relation publiques devient floue.

Sources de trafic non payantes	
Type	Commentaires
SEO	Optimisez vos contenus, votre site et les pages produit pour être au maximum dans les moteurs de recherche pour les requêtes qui vous intéressent.
Social Media Marketing	Faites une promotion active de vos produits sur différents réseaux sociaux (postez sur Facebook, twittez, épinglez sur Pinterest, publiez sur Instagram…
Marketing de contenu	Bloggez et invitez vos clients ou des invités à blogger. Vos posts doivent être optimisés en termes de référencement naturel pour vous amener du trafic.
Marketing Vidéo	C'est la voie du futur : postez des vidéos sur YouTube et uploadez des vidéos sur Facebook.
Relations Presse	Allez-y, apportez du contenu pertinent pour être repris par la Presse online et offline.

84/ Optimisez !

Voici nos conseils pour optimiser vos actions et investissements :

841 - Evitez la dépendance à un canal

Les règles peuvent évoluer, même pour les canaux payants.

Pour le référencement naturel, Olivier Andrieu recommande de ne pas dépasser une dépendance à plus de 30%.

Nous considérons qu'il s'agit d'une limite que nous vous recommandons d'appliquer à l'ensemble de vos canaux.

Rappelez-vous la chute de MySpace, considéré comme le meilleur canal marketing entre 2005 et 2008. Cela peut arriver à tous, quels qu'ils soient.

842 - Allez-y doucement

Il existe énormément de canaux et chacun d'entre eux évolue sans cesse. N'essayez pas de tous les attaquer de front : votre temps est limité. Ne passez à un nouveau canal que lorsque vous maîtrisez le précédent.

843 - Insérez-vous dans l'écosystème de vos clients

Quel type de canal est-il privilégié par vos clients ? Quels sont ceux qu'ils détestent ? La connaissance de vos clients doit vous permettre de répondre à ces questions et de hiérarchiser vos efforts.

844 - Prenez en compte la température de votre trafic

La vente se fait rarement au premier contact. Il faut souvent que vous construisiez une relation avant de vendre. Pour symboliser cette progression nous utilisons la métaphore de la chaleur.

- Le trafic froid

  Il s'agit des personnes qui n'ont jamais entendu parler de vous. La méthode pour communiquer est basée sur le référencement naturel et payant. Il y a beaucoup de trafic mais il se convertira faiblement en clients si vous y allez directement.

Votre objectif est de les insérer dans vos listes de *retargeting*, de récolter leur adresse email pour leur proposer plus de contenu ou d'essayer de les endoctriner en leur disant qui vous êtes et pourquoi ils devraient devenir vos clients.

- Le trafic tiède

Ce sont des personnes qui vous connaissent de loin mais qui n'ont pas encore acheté chez vous. Ils sont dans vos listes de *retargeting* et d'emailing. Ils peuvent être également des fans sur Facebook, des followers sur Twitter ou des abonnés sur YouTube.

Votre objectif est de les convertir en abonnés à vos emailings, si ce n'est déjà fait. Puis de les convertir en clients pour un 1er achat. Mais vous ne devez pas considérer comme client mais plutôt comme un prospect actif, quelqu'un qui n'a acheté qu'1 fois chez vous (un CN), qui ne deviendra réellement client qu'après son 2ème achat (un AB).

- Le trafic chaud

Ce sont des personnes qui vous connaissent et qui ont déjà acheté chez vous. Vous communiquez auprès d'eux via le *retargeting*, les emailings et par courrier papier. La plus grande part de vos efforts marketing doivent être focalisée sur les trafics froids et tièdes. Votre trafic chaud peut tout à fait être pris en charge par des campagnes automatisées Votre objectif est d'accroître la fréquence d'achat et d'améliorer le volume des achats.

Il est très important de ne pas utiliser les mêmes tonalités de communication avec les 3 types de trafic.
Vous ne communiquez pas avec un inconnu de la même façon qu'avec une personne que vous côtoyez régulièrement depuis 3 ans…

ACTION :

Vous avez déjà bien avancé.

Faites une pause dans votre lecture et listez les points que vous devriez mettre en œuvre.

Hiérarchisez-les : les plus faciles et les plus évidents en premier. Sélectionnez les 5 en tête de liste.

Vous avez là un premier plan d'action.

Nous allons maintenant passer à l'accélération de votre croissance.

Vous voyez le bouton rouge, à la droite du volant ? c'est là !

Boooooster !

Le mot de Jeff

Nous ne gagnons pas d'argent quand nous vendons des choses. Nous gagnons de l'argent quand nous aidons les clients dans leur décision d'achat.

Tous les commentaires clients sont bons à prendre, même les négatifs, à condition qu'ils soient honnêtes.

Si nous avons fait mieux que nos confrères sur Internet, c'est parce que nous nous sommes concentrés, comme un laser, sur l'expérience consommateur.

9. HACKEZ VOTRE MARKETING « FRONT »

LE FRONT, c'est-à-dire la partie visible de votre catalogue est souvent l'endroit où vous construisez la première relation avec les visiteurs qui souhaitent connaître votre marque.

Et c'est sans doute la raison pour laquelle la plupart des sites de e-Commerce ne prêtent attention qu'à cette partie de leur marketing.

Pourtant cette partie visible n'a que 3 objectifs :

1. Convertir le trafic en prospects
2. Convertir le trafic en prospects actifs (CN)
3. Convertir le trafic en clients (AB)

Avez-vous remarqué que nous ne vous parlons pas de profit ?

C'est tout simplement que l'objectif du *Front* n'est PAS de faire du profit.

La plupart des e-Commerçants sont troublés par cela.

Les dirigeants de sites qui sont focalisés sur le marketing Front ne font rien d'autre car ils cherchent à en tirer du profit. C'est la raison pour laquelle leur activité restera limitée et ne se développera pas.

Bien que vous puissiez faire de l'argent à partir de votre *Front* (et vous en ferez) vous ne devez pas en faire une priorité.

91/ Ne vous souciez jamais du trafic

Combien de fois avons-nous entendu des e-Commerçants se lamentant « si j'avais plus de trafic je ferais enfin de l'argent ».

La réalité est que vous n'avez pas besoin de plus de trafic pour faire plus d'argent.

Sauf, bien sûr si vous avez zéro trafic et là c'est un tout autre problème. Ce qui suit ne vous aidera pas (revenez aux chapitres précédents).

Mais si vous avez du trafic vous n'avez sans doute pas besoin d'en avoir plus – pour l'instant. Pourquoi ? A cause de ces chiffres déprimants :

- 99% des visiteurs d'un site n'achètent pas au cours de leur première visite,
- 70% des visiteurs vous quittent sans avoir même regardé ce que vous leur proposiez,
- Parmi les 30% qui sont restés 84% partent en ne regardant qu'1 de vos produits qui les intéressait,
- Parmi les personnes qui ont regardé 1 produit, 8,5% d'entre eux l'ont ajouté au panier et ne sont pas allés plus loin. 5% ont ajouté le produit au panier, ont commencé à remplir leurs détails de paiement et puis ont abandonné la transaction,

- Seuls 2,5 % des visiteurs qui ont vu un produit ont réellement finalisé leur achat.[22]

Pourquoi ajouter de l'eau dans une baignoire qui fuit ?

Vous perdez des masses de trafic du fait de votre taux de rebond, des abandons sur votre page produit ou au panier ?

Plutôt que de chercher davantage de trafic, réfléchissez à ce qui fait partir vos visiteurs.

Il est plus facile de vendre à un client qu'à un prospect et il est bien plus aisé de convertir votre trafic actuel que de l'accroître.

Bouchez les fuites, faites plus d'argent et c'est à ce moment-là que vous entreprendrez d'accroître un trafic que vous saurez gérer.

92/ Combattez vos taux de rebond et d'abandon

Commençons par votre taux de rebond - les visiteurs qui abandonnent tout de suite sans même avoir vu un produit.

Il s'agit sans doute du KPI le plus important quand on pense prospection.

Plusieurs facteurs peuvent expliquer le taux de rebond :

- Le temps de téléchargement des pages. Il s'agit du facteur n°1 : vos pages doivent se télécharger en moins de 4 secondes en

[22] Ce sont nos données chiffrées, recoupées avec des données externes. Ce sont bien sûr des moyennes qui ne sont là que pour fournir des tendances.

desktop et 6 secondes via mobile. Utilisez Pingdom, Webpagetest, GTmetrix ou Google pour vérifier cela. Tant que vous ne serez pas à ces niveaux, ce n'est pas la peine d'aller optimiser d'autres points.

- Le contenu des pages : est-ce que votre contenu correspond à ce qui amène du trafic vers votre site ? Si ce que vous annoncez sur votre publicité ne correspond pas immédiatement à ce que les visiteurs voient sur la page, vous aurez du rebond.
- L'attraction visuelle (ou le manque de). Ce qui est simple fonctionne. Si votre page n'est pas claire sur ce que vous apportez au visiteur, il partira. Vérifiez également que le chemin à suivre soit clairement indiqué.
- Utilisez des offres en sortie. Il est « trop » simple de quitter un site, les pop ups de sortie s'attaquent à ce problème : « Ne partez pas ! Regardez cela plutôt ! ». La mise en place d'un système de pop up en sortie prend 20 minutes et améliore de 2% vos acquisitions d'adresses email dont 10% devraient devenir des clients[23].

Les mêmes facteurs qui influencent le taux de rebond sur vos pages d'atterrissage impactent également vos pages de listes produits. Si vos pages de listes produits sont moches et n'apportent aucune information, vos visiteurs partiront.

Si elles n'ont pas un CTA clair ou ne sont pas congruentes avec les objectifs et les attentes de vos visiteurs, ils partiront. Ensuite vous pouvez utiliser le *retargeting*, qui est une des meilleures façons de rester dans la tête du client mais nous verrons cela plus tard.

---

[23] Là aussi ce sont des moyennes… vérifiées sur nos sites.

93/ Optimisez canaux, campagnes et contenus

Voici notre mantra : « la capacité à faire croître une activité et de produire des revenus consiste à être capable d'utiliser le trafic payant en étant au pire à l'équilibre ».

Il vous faut générer des visiteurs pour vos pages d'atterrissage, vos tunnels de conversion et vos pages d'extraction (une page qui collecte des adresses email).

Vous pouvez alors convertir vos visiteurs en prospects et en clients. C'est tellement vital que vous devriez investir 50% de votre budget de publicité à cela.

Ne vous focalisez pas sur plus de 2 sources de trafic.

Puis essayez d'arriver à l'équilibre (votre marge sur achat est équivalent à votre CoCA) ou, mieux, essayez d'arriver à gagner 3 fois la mise (mais là cela devient très très difficile).

L'illustration ci-contre résume l'état d'esprit dans lequel vous devez être pour répartir votre budget publi/promotionnel.

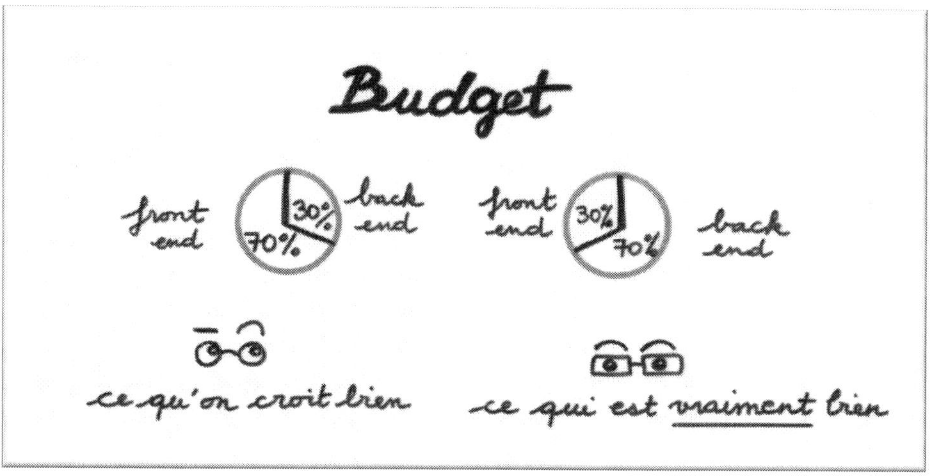

Votre premier objectif est de vendre un produit.

Vous y consacrez la plus grande part de votre budget publicitaire, dans les 60%. Vous y faites la promotion de produits et vos entonnoirs fonctionnent déjà bien.

Focalisez-vous sur vos produits qui se vendent le mieux : quels sont les 20% de vos produits qui font 80% de vos ventes ?

Ceux-ci sont les produits sur lesquels vous devez amener encore plus de trafic. Rappelez-vous que l'objectif n'est pas de vendre votre nouveau produit mais de vendre ce qui convertit.

Votre deuxième objectif est d'acquérir l'adresse email de vos visiteurs.

Investissez-y entre 10 et 20% de votre budget publicitaire. Il s'agit donc d'un élément important de votre budget mais ce n'est pas le principal.

Alors, comment créer sa promotion *online* ?

Du temps du marketing direct, on amenait directement le prospect à l'offre produit. Cela peut encore se faire mais nous ne sommes plus dans les années 80 et cela devient un mode de prospection chaque jour de moins en moins efficient et de plus en plus onéreux.

Allez, quelques chiffres déprimants : le taux de conversion visiteur client des sites de e-Commerce en France est de l'ordre de 1%. Les CPC augmentent en moyenne de 20% par an. Les taux de délivrabilité et d'ouverture des emails n'ont jamais été aussi mauvais et le prix des annonces sur Facebook augmente facilement de 100% par an.

Plus important, Facebook et Google, ainsi que le nouveau venu Amazon, n'aiment pas les annonceurs. Nous sommes ceux qui leur donnons de l'argent mais nous ne sommes pas leurs clients. Ils n'en ont rien à faire de nous car tout ce qui compte pour eux ce sont leurs utilisateurs, les clients finaux.

Ces derniers deviennent plus malins et plus avertis quant au processus de commande. Il est plus difficile de leur vendre et les tactiques du marketing direct ne fonctionnent plus aussi bien qu'avant.

Alors ne soyez pas « *Old School* » !

94/ Devenez un Dieu de l'*Inbound* Marketing : vos Campagnes et Contenus

Autrefois le trafic était le roi et l'offre sa reine.

Le trafic est toujours le maître du jeu mais il y a une nouvelle reine en ville : le contenu. L'offre a été détrônée. Elle est loin d'être aussi importante que le contenu parce que de nos jours, sans contenu, vous ne pouvez pas présenter directement votre offre.

Du coup au lieu d'amener le trafic directement à l'offre, le trafic va d'abord vers du contenu sur un site que vous contrôlez. Le site de contenu dépose un pixel/cookie de *retargeting* sur le navigateur du visiteur, qui déclenchera par la suite une offre….

Et c'est cela le nouveau monde du marketing !

Vous faites de la publicité pour votre contenu et la façon dont le visiteur interagit avec ce contenu détermine s'il va progresser – ou pas – dans votre entonnoir.

C'est le *retargeting* qui fait le lien entre votre contenu et votre offre. Vous pouvez également le faire en proposant un téléchargement, par exemple d'un livre que vous aurez écrit, pour collecter des adresses email. Nous détaillerons le *retargeting* et l'emailing par la suite.

Le contenu présente des tonnes d'avantages. Il permet à vos visiteurs de vous connaître, vous et votre offre, sans la pression de la vente. Il vous positionne en tant qu'expert, vous procure une autorité dans votre secteur d'activité. Vous devenez crédible.

Et puis vous pouvez toujours mettre en avant, sur Google, Bing ou Facebook une proposition de contenu - votre annonce sera toujours approuvée - ce qui n'est pas forcément le cas de vos offres promotionnelles. Enfin peut-être aurez-vous la chance de grimper en référencement naturel grâce à votre super contenu. Sans doute sur des expressions de la « longue traîne » (sur des requêtes assez spécifiques, du genre « comment je peux réduire mon stress ? ») et autres requêtes liées à votre offre sur les moteurs de recherche. Et là vous aurez touché le jackpot, tant que votre référencement naturel sera bon… vous aurez un visitorat « gratuit » que vous pourrez tranquillement *retargeter.*

C'est par exemple ce à quoi nous sommes arrivés sur les pages de contenus consacrées aux textes pour faire-part de naissance nous permettant ainsi de mener du *retargeting* pour nos offres de faire-part.

Puisque le contenu est maintenant tout aussi important que l'offre, il s'agit d'être malin.

Le plus le contenu a un potentiel viral, mieux ce sera. Profitez de sujets qui sont tendance, si vous le pouvez. Vous devez faire attention à utiliser le vocabulaire, les tournures de phrase de votre audience. Il ne faut pas que les personnes que vous ciblez vous considèrent comme un « martien » ou du moins n'appartenant pas à leur communauté.

Si ce n'est pas encore fait, nous vous incitons à utiliser un Persona pour y travailler.

Ne créez surtout pas 15 contenus qui vont dans 15 directions différentes.

Quand vous avez réussi à parler à votre audience, peut-être avec de la viralité, et que vous avez commencé à intégrer des contenus en lien avec votre offre (mais en y allant doucement…), *retargetez* tout cela via plusieurs réseaux (Google, Critéo, Facebook…).

Ne vous dispersez surtout pas, concentrez-vous pour obtenir de bons résultats.

L'*inbound* marketing_c'est cela : créer du contenu qui aide vos clients potentiels pour commencer une « conversation » avec eux puis leur proposer d'acheter vos offres.

Commercer c'est aussi échanger, rappelez-vous-en : c'est ça le « vrai » commerce !

POEM

Privilégiez vos propres media, ceux qui portent vos contenus. Ne créez pas trop de contenu sur Facebook ou autres : vous n'êtes pas chez vous. Nous en avons déjà parlé, nous enfonçons le clou.

Privilégiez vos contenus sur vos sites.

Il est important à avoir en tête qu'il existe 3 types de contenus : Les médias détenus (les vôtres), les medias payés (votre publicité) et les médias obtenus (des gens qui parlent de vous sur d'autres medias). En anglais cela donne *Paid*, *Owned* et *Earned Media*, d'où l'acronyme POEM. Voilà qui vous fournit une gradation pour vos actions.

La publicité présente un faible niveau de confiance : le consommateur sait que vous essayez de lui vendre quelque chose. Pour atténuer ce sentiment et même le contrebalancer il est important que cette publicité amène à un contenu de qualité qui apporte quelque chose aux visiteurs, comme nous venons de le voir précédemment.

Ensuite il y a votre propre contenu.

Celui-ci a un niveau de crédibilité un peu plus élevé que la publicité mais il n'est pas crédible si vous dites du bien de vous-même. Ce qui, après tout est logique. Là aussi, comme nous venons de le voir, il est essentiel que vos contenus en propre apportent de la valeur au client avant que vous ne cherchiez à lui proposer votre offre. C'est ainsi que vous gagnerez en crédibilité. Décupler vos propres contenus sur votre propre media va vous permettre de décupler leur puissance.

Enfin, le meilleur des media : le media « mérité » : ce que les gens disent de vous.

Après tout c'est comme dans la « vraie vie », si quelqu'un vante ses mérites vous ne le croirez pas forcément. En revanche, quand 2 ou 3 personnes vous disent du bien d'une autre, là vous avez bien plus de chance de le croire… Les medias « mérités » sont une vraie pépite pour vous, il faut tout faire pour en avoir. Mettre en place des systèmes d'avis clients va dans ce sens – surtout si le système est indépendant de vous. Trust Pilot, Avis Vérifiés sont là pour cela.

L'utilisation d'un système comme le NPS vous permet d'aller dans cette direction en vous passant, en plus, des systèmes de gestion des avis. C'est directement sur leurs propres pages de contenus, que ce soit leur compte Facebook, leur blog… que vos clients vont parler en bien de vous. Et il n'y a rien de mieux car du coup ce sont eux qui vont être vos commerciaux.

Vous pouvez également les mettre en avant sur vos propres media, via de la publicité et là c'est le Graal ! Vos taux de conversion vont facilement être multipliés par un coefficient de 4 !

95/ Optimisez votre *retargeting*

Vous voici enfin arrivés à la section sur le *retargeting* dont nous n'arrêtons pas de vous parler ! Le *retargeting* c'est quand un pixel ou un cookie, un « mouchard » traque le produit sur lequel le visiteur de votre boutique est allé. Ce pixel va être déclenché lors de la visite d'autres sites par cette même personne.

L'illustration ci-dessous schématise cette séquence :

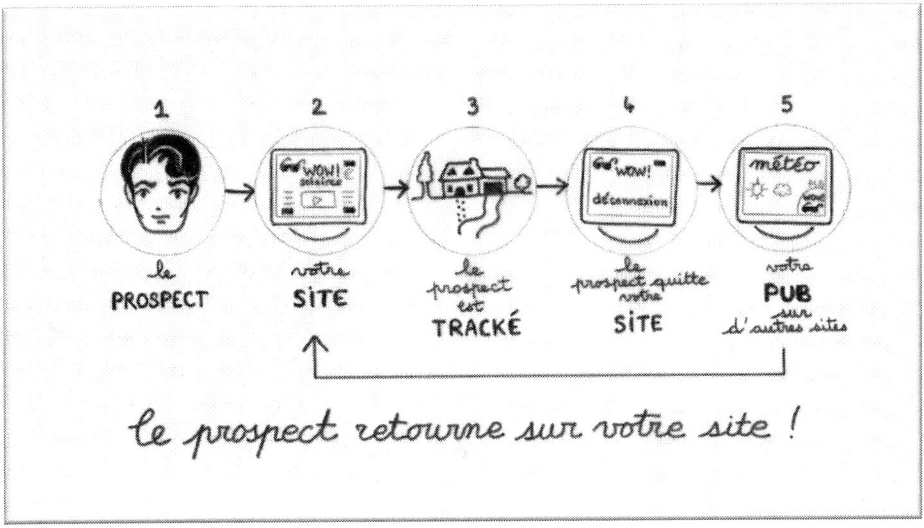

Utilisez le *retargeting* !

Il compte pour plus de 40% de nos ventes sur nos sites de e-Commerce et il ne consomme que 20% de notre budget global tellement il est efficient ! Vous aurez la même audience, si ce n'est plus, avec le *retargeting* qu'avec de la publicité classique.

D'ailleurs vous pouvez, comme nous vous l'avons signalé précédemment, les combiner : de la publicité pour amener du flux sur vos contenus puis du *retargeting* pour le faire aller sur vos offres.

Mais gardez bien en mémoire que le *retargeting* vous apporte du clic, pas de ventes. Bien des marketers essayent de faire en sorte que la publicité amène du clic ET de la vente, ce qui est totalement contreproductif. Laissez la pub faire le clic puis laissez votre page d'atterrissage faire la vente.

Le *retargeting* est une source de média détenu, tout comme votre liste d'adresses email. Vous envoyez un email sur votre liste emailing et vous avez instantanément du trafic. De la même manière, vous mettez votre campagne de *retargeting* en route sur vos listes de *retargeting* et vous avez immédiatement du trafic. Il s'agit dans les deux cas de trafic « à la demande » que vous pouvez utiliser à tout moment.

Il vous faut connaître deux données essentielles du *retargeting* :

- Le Coût Par Pixel (CPP) :

  Il s'agit du coût du media divisé par le nombre de pixels placés. Les pixels coûtent de l'argent, vous devez donc les considérer comme une source de revenu, tout comme vous le faites avec votre liste d'abonnés à votre emailing.

- La Valeur Par Pixel (VPP) :

  Les revenus générés divisés par le nombre de pixels placés. Combien d'argent gagnez-vous avec vos pixels ? Croyez-le ou pas mais les VPP sont plutôt élevés !

Votre budget media devrait être focalisé sur le fait d'amener du trafic sur le contenu et non sur l'offre.

Si vous utilisez un entonnoir de vente, comme nous vous le recommandons, vous devriez envoyer des visiteurs sur votre contenu et utiliser le *retargeting* pour les faire aller sur votre entonnoir de vente. Centrez-vous sur votre roi et votre reine.

Qu'est-ce que cela signifie ?

Si par exemple vous vendez des moules à cupcake en silicone, vous ne devriez pas créer votre contenu sur ce produit.

A la place vous devriez créer un article que les gens qui achètent des moules en silicone pour cupcakes auraient plaisir à lire, comme un article sur la manière de faire des cupcakes de folie. Utilisez des images de votre moule à cupcake en cours d'utilisation pour réaliser cette recette incroyable et insérez quelques arguments de vente *soft* (vous pourriez dire que les moules en silicone pour cupcake rendent la cuisson et le démoulage bien plus faciles) mais ne faites surtout aucune argumentation forte et ouverte.

Quand les visiteurs visitent votre page de recette, positionnez un pixel de *retargeting*. Nous en positionnons en fait jusqu'à 5 provenant de différents réseaux de *retargeting*, pour avoir plus de portée. Une fois cela fait, vous pouvez utiliser des annonces de *retargeting* qui présentent votre offre vers votre entonnoir de vente.

Votre campagne de *retargeting* couvre ainsi le web avec des annonces disant « Vous avez adoré notre recette de cupcake de folie ? Vous allez aimer ce moule en silicone pour cupcake ! ». Selon votre activité vous pouvez amener vos visiteurs, soit directement vers une offre, soit vers un formulaire d'opt-in pour avoir leur adresse email afin de les amener vers la suite de votre cycle de vente.

Vous pouvez segmenter votre liste de *retargeting* tout comme une liste d'emailing et vous pouvez (vous devez) en avoir plusieurs. Nous en avons des dizaines, divisées en segments, sous-segments, niches et catégories, acheteurs et non-acheteurs, prospects…

Il existe 3 types d'actions que vous devez utiliser de façon continue au niveau de votre remarketing. Une fois que vous les avez mises en place, elles doivent tourner en automatique avec peu d'opérations de votre part si ce n'est le monitoring :

1. La promotion d'abandon de panier,

2. La promotion d'un produit spécifique,
3. La promotion de construction de liste.

96/ L'emailing n'est pas *has-been*

De nombreuses personnes considèrent que l'emailing est *has been*, qu'il a eu son temps et que de nos jours, c'est du spam.

Ceux qui pensent cela sont ceux qui ne savent pas de quoi ils parlent.

Pour les e-Commerçants, il s'agit d'argent qui tombe automatiquement dans leur poche. Vous mettez en place des campagnes automatiques et elles tournent en arrière-boutique et convertissent automatiquement les prospects en prospects actifs et ceux-ci en clients fidèles.

Cela crée non seulement des rentrées régulières mais optimise votre LTV.

En fait, plus vous envoyez d'emails plus vous ferez d'argent. Idéalement un site de e-Commerce devrait envoyer des emails tous les jours. Si vous pensez que c'est trop fréquent vous avez tort. Plus souvent vos destinataires entendent parler de vous, plus souvent ils achèteront chez vous. Vous n'êtes pas un spammer en le faisant, vous êtes juste un pro de l'email marketing.

Pour automatiser votre email marketing vous devez construire des campagnes d'emailing et les insérer dans des séquences d'automation de façon linéaire. Le système d'automation envoie chaque campagne d'email à une certaine date ou à un moment donné après que quelqu'un a rejoint votre liste d'abonnés. Le prospect rejoint cette liste et reçoit un premier email puis après un jour ou deux il en reçoit un autre etc… aussi longtemps que vous avez planifié des envois.

Nous adorons les séquences automatiques sur une longue durée. La plupart des sites de e-Commerce, s'ils construisent une séquence, le font sur une période de 7 à 14 jours au plus puis ils arrêtent. C'est tout simplement parce qu'ils ne sont pas centrés sur l'emailing, que ce n'est pas prioritaire pour eux et qu'ils ne mesurent pas l'impact de ce qu'ils font ! Ils font des emailings parce qu'il faut en faire. C'est tout…mais c'est idiot !

Heureusement que vous en savez plus qu'eux !

Votre premier objectif, si ce concept est nouveau pour vous, est de bâtir une séquence sur 30 jours. Si vous suivez la formule que nous allons vous proposer vous pouvez être quasiment certain d'avoir un boost de conversion prospect/client immédiat entre 10 et 30%. Il faudrait vraiment que vous ratiez tout pour ne pas y arriver.

Une fois que vous avez votre séquence de 30 jours qui fonctionne, travaillez pour l'allonger en y mettant plus d'emails et de promotions. Allez jusqu'à couvrir une période entre 6 et 12 mois. Nous avons des séquences de 18 mois qui apportent des ventes tout au long du processus. Vous ne pouvez pas savoir quand quelqu'un va décider de devenir un client.

Vous avez sans doute noté que nous parlons ici de prospects – de gens qui ont rejoint votre liste d'emailing mais qui n'ont pas encore acheté. Quand un prospect ou un visiteur devient un client, il sort immédiatement de la liste de prospects pour aller dans la liste de clients (nous verrons la partie clients au chapitre suivant).

Vérifiez que vous avez bien un système automatique qui enlève les prospects de vos listes dès qu'ils sont devenus clients. Ainsi les prospects recevront des messages pour prospects tant qu'ils le resteront. C'est sans doute un point évident mais c'est très important : il n'y a rien de plus différent qu'un prospect et un client.

Le taux de conversion de votre email marketing sur la base prospects varie selon votre secteur d'activité. Il n'existe pas de norme. Cela dépend fortement de la cible : les *geeks* ont moins de chance d'ouvrir vos emails pour vos promos de gaming que les mamies pour vos offres de crochet. Quoique…

Dans tous les cas l'email marketing vaut le coup parce qu'il donne toujours des ventes en plus avec de nouveaux clients, ce qui est votre objectif principal pour votre marketing *Front*.

961 - Créez le Contenu

Si vous avez des problèmes d'écriture, sous-traitez ce travail. Mais si vos problèmes sont superficiels – ponctuation ou ce genre de chose - écrivez vous-même et ayez une personne pour vous relire.

Rappelez-vous que vous écrivez pour Internet et sauf si des études de marché prouvent que votre audience est particulièrement sensible aux points de syntaxe, ce n'est pas la peine de vous mettre trop de pression à ce sujet. Faire est bien mieux qu'essayer d'atteindre la perfection : vous pourrez toujours vous améliorer par la suite.

Si vous embauchez quelqu'un, embauchez quelqu'un qui s'y connait !

N'embauchez pas quelqu'un qui ignore la conversion ou l'acronyme AIDA. Il vous faut également quelqu'un qui écrive comme vous souhaitez, avec la tonalité qui correspond à votre audience. Gardez cette même personne pour réaliser l'intégralité de votre séquence.

962 - Trackez toujours vos emails

Ceci est un impératif malheureusement rarement réalisé de façon satisfaisante par les entreprises.

Il est vrai que cela prend du temps et n'est parfois pas très facile à mettre en œuvre. Pourtant il vous faut tracker tout ce que vous pouvez : les adresses email sont un investissement, il faut que vous sachiez s'il est pertinent.

Non seulement le fait de tracker vos emailings vous permet de savoir que certaines sources d'adresses email ou certains emailings ne sont pas performants, mais cela vous aide aussi à améliorer vos performances là où elles existent déjà.

Pour nos activités nous trackons les liens pour toutes les annonces et tous les emails que nous réalisons. Nous analysons nos campagnes une par une ainsi que chacune de nos actions. Le métier est là.

Ce n'est que comme cela que vous saurez que le 7ème email que vous envoyez n'est pas ouvert. Ou que le 8ème est par contre un grand succès mais uniquement pour ceux qui ont déjà téléchargé votre livre blanc sur les recettes de cupcakes et non ceux qui ont été retargettés.

Tout peut être amélioré mais vous ne pourrez atteindre l'optimum QUE si vous avez les données pour vous dire ce qui marche ou pas.

963 - Comment faire avec les désabonnés ?

Chaque fois que vous envoyez un email, même pour la plus belle offre qui soit, vous aurez des désabonnés. C'est pourquoi il est important de modifier les objets de ces mails et ne pas rendre apparent un motif, des suites, qui peuvent devenir lassantes.

Un taux de désabonnement de l'ordre de 3 pour mille est tout à fait normal. Au-delà de 1%, posez vous des questions : il y a quelque chose qui cloche.

Il est donc normal d'avoir des désabonnés, jusqu'à un certain point. Au-delà faites évoluer votre approche mais continuez à envoyer des emails !

97/ Les types de campagnes d'emailing

Il existe 3 campagnes d'emailings types pour des prospects : la campagne d'endoctrinement pour commencer, la campagne d'offre pour continuer puis les campagnes de repêchage (de complément ou sur des marronniers) pour terminer.

971 - La campagne d'endoctrinement

Il s'agit de la première campagne que reçoit le prospect suite à son inscription chez vous, que ce soit un abonnement à votre super-newsletter ou pour recevoir votre « Livre sur les bienfaits des huiles essentielles en hiver ».

Ces gens vous connaissent à peine et l'objectif de la campagne d'endoctrinement est de débuter le processus qui va leur permettre de vous connaître, vous apprécier et vous faire suffisamment confiance pour devenir votre client. Ils ont pu voir vos publicités une paire de fois mais ils n'ont pas une relation de qualité avec vous, ils n'ont même pas encore accepté d'acheter votre offre la moins chère. En termes de température ils sont, au mieux, tièdes.

L'objectif est de présenter votre activité et de leur dire qui vous êtes, quelles sont vos valeurs et en quoi vous pouvez leur être utile. Pourquoi vous êtes différent. Ce qu'ils peuvent attendre de vous. Ils ont besoin que vous le leur disiez et que vous expliquiez tout cela.

Ces emails doivent être le reflet de la personnalité que vous souhaitez transmettre. N'essayez pas de leur vendre quoique ce soit. Au contraire, faites-en sorte qu'ils se sentent bien et commencez à construire une relation de confiance.

Un autre avantage de la campagne d'endoctrinement est qu'elle entraîne le prospect à cliquer sur vos emails. Insérez toujours des liens dans votre email sur lesquels vos destinataires peuvent cliquer, pour les habituer à le faire. Car sans clic vous n'aurez pas de vente.

Ce qui est spécifique

Une campagne d'endoctrinement peut être composée d'un email ou de plusieurs. Pour notre part nous en faisons 3, écrits sur le ton de la conversation. Voici ce que nous faisons :

Email 1 : un email basique de bienvenue, qui remercie le prospect pour son action et qui présente l'entreprise. Il peut comporter un lien vers une courte vidéo ou quelque chose de ce genre.

Email 2 : envoyé le lendemain, propose une présentation plus approfondie de la marque et ce qu'elle représente, incluant les noms d'actions caritatives ou environnementales que nous menons ou tout autre projet d'intérêt général que nous soutenons.

Email 3 : envoyé le lendemain, présente un élément de contenu impliquant, très spécifique à la niche de marché adressée, qui présente une réelle valeur pour nos prospects. Il peut s'agir d'un élément de contenu sur notre site, notre blog… Il s'agit d'un contenu conçu pour poursuivre l'histoire que nous racontons sur notre entreprise.

Nota sur l'email de bienvenue (l'email 1 de la campagne d'endoctrinement)
Tout le monde reçoit des tombereaux d'emails qui sont supprimés sans même avoir été ouverts. Mais l'email que la majorité des personnes ouvre est l'email de bienvenue. Par expérience cet email a un taux d'ouverture 3 fois supérieur à celui d'un email standard auprès de prospects et un taux de clic sur les ouverts (CTR) là aussi plus de 3 fois supérieur.

Il s'agit donc d'une pépite.

N'hésitez pas à proposer une offre du genre frais de port offerts à partir d'un certain montant ou un cadeau de bienvenue avec la première commande. Mais ne le mettez pas en avant car ce n'est pas l'objet de cet email. Avant tout soignez cet email de bienvenue qui est une opportunité rare pour débuter une relation durable avec quelqu'un qui ne vous connaît pas.

972 - La campagne d'offre

La campagne d'offre, qui vient après celle d'endoctrinement, est là pour convertir vos prospects endoctrinés en clients. Ces emails doivent promouvoir et vendre vos produits qui convertissent le mieux.

Puisque c'est votre première tentative de vente, il s'agit de proposer de franchir la barrière la plus basse possible. Rappelez-vous, ils sortent juste de leur campagne d'endoctrinement et ils sont encore à peine tièdes vis-à-vis de votre marque.

Utilisez des campagnes de type découverte avec des offres très attractives pour leur permettre de découvrir, sans risque ressenti, votre offre et de la tester.

Tester votre service client, votre logistique, sans qu'ils aient à investir trop d'argent. De notre côté nous garantissons toujours leur satisfaction avec retour gratuit et remboursement s'ils sont déçus. Peu de clients activent cette garantie (quelque pour mille) et cela multiplie par 2 ou 3 les taux d'achat.

Ce qui est spécifique :
Chaque produit faisant l'objet d'une promotion doit avoir son email dédié, sur une période de 3 à 6 jours avec un email par jour ou tous les deux jours. Selon notre expérience, une campagne décomposée en au moins 3 emails donne des résultats 4 à 5 fois supérieurs à ceux d'un email unique. Cela vaut vraiment le coup. Toujours selon notre expérience l'optimum est de faire 3 envois d'email par offre produit. Nous utilisons 3 emails type, que nous faisons cependant varier d'un produit à l'autre pour ne pas lasser le récipiendaire. Vous devez faire une séquence d'au moins 3 emails pour chacun des produits que vous allez promouvoir avec un système pour automatiser les retours (réexpédition si pas ouvert, interruption du cycle de relance si acte d'achat…).

Email 1 : une annonce spéciale pour faire découvrir le produit. Utilisez votre meilleur angle sur ce qu'apportera le produit au prospect et proposez un lien pour qu'il puisse l'acheter directement. Si vous faites une offre quelconque (remise, frais de port offerts…) dites le tout de suite.

Email 2 : « Ce qu'on en dit » ou l'email de la preuve par les clients existants. Les gens veulent être sûrs qu'ils ne sont pas les seuls à acheter votre produit, alors présentez des avis, des témoignages et mettez en avant : « Voilà ce que Marie, de Perpignan nous a dit quand elle a reçu notre produit ».

Email 3 : l'email de la dernière chance. Mettez-y de la rareté. Dites à vos prospects que l'offre spéciale se termine ce soir, que vous n'avez presque plus de stock ou tout type d'annonce de rareté que vous pouvez imaginer. Pour notre part, nous proposons des promotions d'une durée de 72 heures. Une fois le délai expiré, la promotion est terminée. Pas de délai supplémentaire pour ce prospect-là.

Quelques conseils :
Commencez par votre produit qui se vend le mieux, puis le deuxième et ainsi de suite.

Variez les zones de prix de vos offres, les types d'offres spéciales. Ne faites pas toujours 20% ou les frais de port offerts.

Proposez toujours plus de produits et d'offres en automatique. Votre chaîne de proposition doit s'allonger continuellement : vous ne savez pas à l'avance ce qui va fonctionner pour tel ou tel client. Vous pouvez recycler vos campagnes tous les 3 à 6 mois, même auprès de la même cible.

Faites attention aux offres de rareté : si votre audience se rend compte que cela est faux ou si vous utilisez toujours les mêmes ficelles, vos prospects ne vous feront plus confiance. Rappelez-vous que vous construisez avant tout une relation de confiance. Méritez-la.

973 - Les campagnes de repêchage

9731/ Les promotions de complément

Il s'agit d'offres additionnelles de produits qui ne sont pas forcément les vôtres, de marques qui ne sont pas la vôtre. En fait si vos prospects n'ont pas voulu de vos produits peut être voudront ils ceux des autres ?

Tant que le prospect est sur votre liste essayez de lui vendre quelque chose….

Tant qu'il ouvre les emails que vous lui envoyez, même si ce n'est qu'un tous les 3 mois, continuez, y compris des offres d'affiliation.

Bien sûr il s'agit d'un pis-aller mais cela peut vous apporter des revenus complémentaires, alors que si vous restez sur votre offre, vous ne récupérerez rien.

9732/ Les campagnes marronniers

Pour compléter vos campagnes promotionnelles classiques ou de complément utilisez au moins une fois par mois une campagne « marronnier » qui permet de meubler et qui s'accorde avec la période de l'année.
Cela vous permet de garantir le fait que vous ayez au moins une promotion par mois, que vous pouvez justifier par un événement quelconque.

Une par mois nous semble le bon rythme car une par semaine serait trop et perdrait tout côté « événementiel ».

Ces campagnes sont automatisées et sont non seulement une source de déstress pour vous et vos équipes (vous les faites tourner chaque année) mais en plus elles sont une source de revenus complémentaires.

Voici quelques idées pour ces marronniers. Sachez que selon votre cible vous pouvez les adapter, renseignez-vous sur les sites qui listent les fêtes, les jours de commémoration…

- Les promotions basées sur les fêtes et les congés : Noël, Nouvel An, Saint Valentin, Fête des Mères/Pères/Grand Mères/Grand Pères, 14 Juillet, Fête du Travail….

- Les Promotions basées sur les dates commerciales : Soldes bien sûr, Black Friday, Cyber Monday, French Days…

- Les Promotions liées à votre Marque : Anniversaire de votre marque…

- Les Promotions pour de grandes causes : Jour du cancer en promettant qu'une partie de la promotion sera un don…

- Les Promotions liées à une niche : Jour du Yoga, Du Sommeil, Geek Pride Day…

En utilisant tous ces événements vous devriez en avoir 3 par mois, une tous les dix jours. Construisez une campagne promotionnelle spécifique pour chacune. Il faut des offres spéciales pour chacune. Des offres d'associations de produits, de produits et services (extension de garantie…).

Puis analysez vos campagnes, améliorez-les et faites-les tourner de nouveau l'année suivante… sans stress car vous avez construit votre calendrier de l'année, une année à l'avance !

Voici quelques exemples de ce que nous faisons chez nous, mais vous ferez sûrement mieux !

Pour notre site commercialisant des compléments alimentaires, nous avions créé un site de contenu dédié à une plante, la rhodiola. Nous avons payé des campagnes sur Google pour y amener du trafic ciblé sur des requêtes sur le stress et la rhodiola. Là nous avons proposé un contenu très riche sur cette plante adaptogène et son rôle pour contrer les états de stress. Nous avons également proposé un téléchargement gratuit – contre une adresse email - d'un livre sur la rhodiola. En même temps nous avions une campagne de *retargeting* pour que les visiteurs soient amenés vers la page d'atterrissage d'une offre. Cela nous permettait d'agir à la fois sur les personnes nous ayant laissé leur adresse email et sur tous les visiteurs avec une offre. Nous avons ainsi réalisé des milliers de ventes de rhodiola en un mois et lancé notre site de compléments alimentaires.

ACTION :

Ne faites pas directement la promotion de votre offre.

Mettez plutôt en avant ses contenus pour, ensuite, de façon progressive, amener vers votre offre.

En appliquant ce principe, vous avez une longueur d'avance, profitez-en !

Mais la véritable clef du succès est décrite au chapitre suivant et elle est négligée, si ce n'est inconnue, par pratiquement tous les sites de e-Commerce…

Le mot de Jeff

La mauvaise publicité présente l'entreprise elle-même. Ou n'importe quel produit ou service que l'entreprise vend.

La bonne publicité a le consommateur pour sujet. Elle présente comment votre entreprise, ou ses services ou produits, va transformer une partie de l'univers du consommateur.

10. HACKEZ VOTRE MARKETING BACK

AU CHAPITRE précédent, nous avons étudié l'optimisation du marketing *Front* de votre site, là où vous créez des prospects puis des clients. C'est la partie de l'activité dont tout le monde parle mais ce n'est que la moitié de l'activité et en aucun cas la clef de la réussite.

Le *Back* est ce qui sépare les prétendants des gagnants !

Le marketing *Back* n'a pas pour rôle d'acquérir plus de clients. Il s'agit de garder ses clients et d'optimiser leur LTV.

Le marketing *Back* est fortement négligé dans la plupart des sites de e-Commerce et c'est ce que nous étudions en premier quand nous conseillons un nouveau client. Les entreprises sont tellement focalisées sur leur *Front* qu'elles en oublient pratiquement le *Back* et, pire, la plupart des responsables de sites ne savent pas comment s'y prendre.

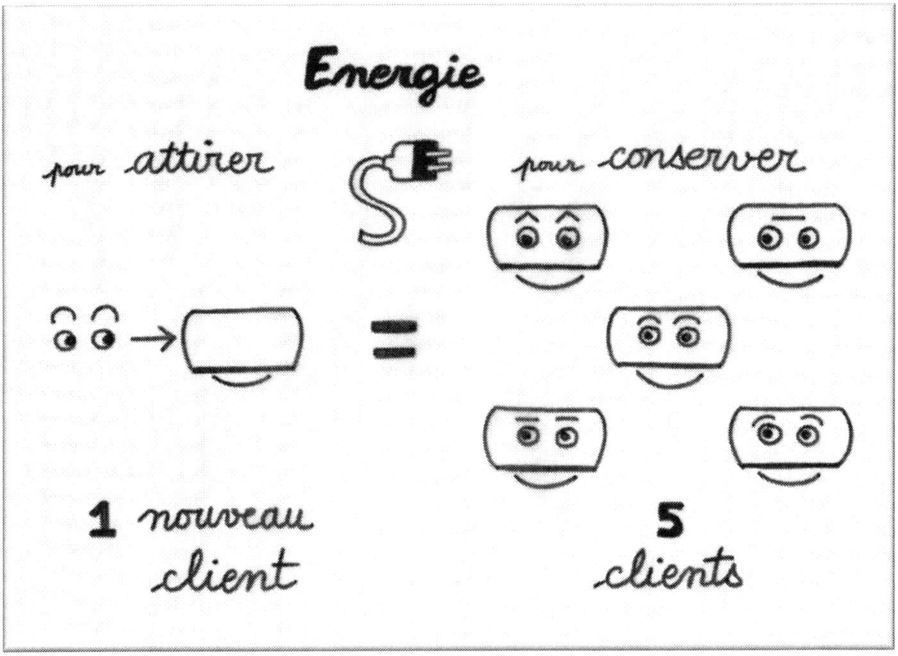

Ce chapitre est essentiel car il va vous permettre de doubler ou de tripler vos résultats avec un accroissement marginal de vos dépenses et le tout sans aucun client supplémentaire. Et vous allez pouvoir le faire en quelques mois et non pas en quelques années !

C'est l'une des raisons de nos succès en e-Commerce.

S'il y a des marques qui acquièrent bien plus de clients que nous, notre marketing *Back* crée plus d'argent et de rentabilité. D'autant qu'il peut être aisément automatisé.

Comment y arriver ?

Eh bien, suivez la loi de Pareto (celle des 80/20) : 20% de vos clients vont vous amener 80% de vos revenus. Alors votre marketing *Back* doit être focalisé pour maximiser ce top 20.

L'illustration ci-dessous présente la relation entre vos revenus et vos clients :

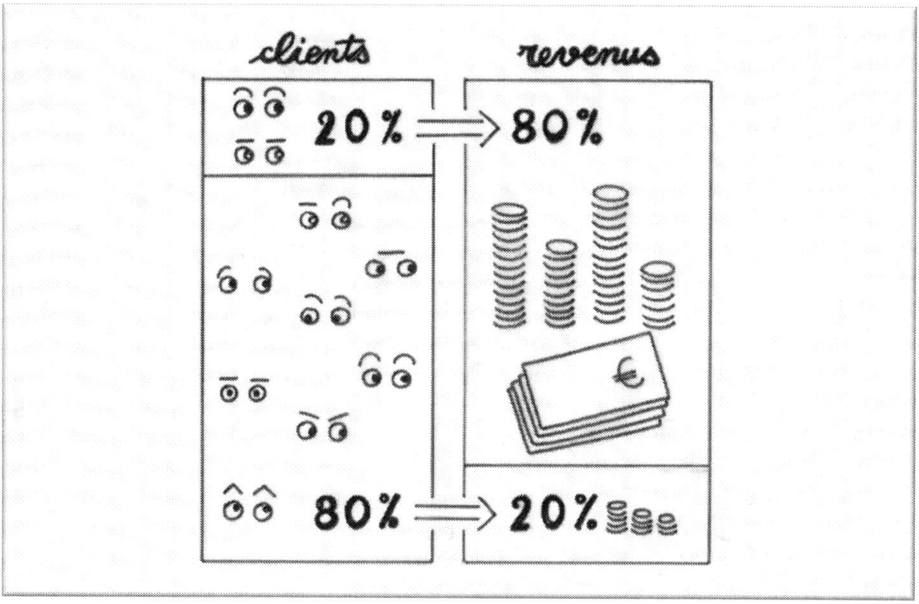

Il y a deux façons d'optimiser ses clients : les garder plus longtemps et leur faire acheter plus fréquemment.

Tous vos clients passent par votre séquence de marketing *Back*.

Mais avant de nous lancer dans un descriptif des actions, commençons par quelques concepts clefs.

101/ Connaissez le Cycle de Vie de votre Client

Comme le dit Jim Novo, l'auteur de *Drilling Down*, « Les clients sont toujours dans un processus de changement de comportement – soit en accélérant leur relation avec vous soit en terminant leur relation avec vous. ».

Il vous faut donc adapter votre marketing client à cet état de fait. Mieux vous saurez communiquer avec votre client selon l'une des 4 phases de sa vie avec vous, plus longtemps vous le garderez. Plus il sera heureux avec vous et plus il achètera vos produits et donc meilleure sera sa valeur pour vous.

Voici une représentation schématique du Cycle de Vie de votre Client, de son entrée à sa sortie de votre base de données :

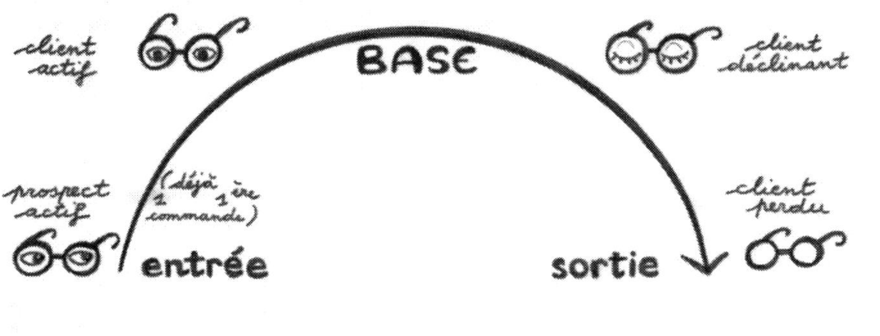

Le cycle de vie d'un client

Les 4 phases du cycle de vie client :

1. Nouveau client ou prospect actif (CN)

   Là il s'agit de la première phase. Nous préférons appeler un nouveau client « prospect actif » car il n'a pas encore pris l'habitude de commander chez nous. Il nous teste avec cette première commande. Il n'est donc pas totalement « acquis » ou « chaud », il faut que nous soyons à la hauteur de ses espérances, celles que nous avons construites pour l'amener avec nous. Il s'agit d'une partie critique qui doit être surveillée comme du lait sur le feu.

2. Client ou client actif (AB)

   Le client prend l'habitude de commander chez nous. A nous de le faire acheter de plus en plus fréquemment avec des paniers de plus en plus importants…. Le plus longtemps possible…

3. Client déclinant (CD)

   Lors de cette phase la valeur du client décline. Il achète moins fréquemment et le déclin s'accroit. Idéalement vous détectez cela et vous le remettez en phase active.

4. Client perdu (INA)

   Il n'achète plus chez vous sur une période longue (dont la longueur dépend de la saisonnalité de votre offre). La plupart des entreprises ne font plus rien de leur fichier de clients perdus et les éliminent de leur base. Mais il vous faut essayer de les faire revenir vers vous. Vous devez donc avoir un programme de réactivation pour redémarrer un nouveau cycle avec vous.

Cette analyse du cycle de vie client doit être réalisée de façon continue et chacun de vos clients doit s'inscrire dans ce cycle.

Cela fera partie de vos éléments de segmentation.

102/ Segmentez prospects et clients

1021 - La segmentation granulaire

La segmentation granulaire est l'un des éléments clefs d'un bon marketing *Back*. En fait il s'agit de la base de vos actions. Organisez donc vos actions avec précision.

La segmentation consiste à regrouper des gens selon un certain nombre de critères (nous l'avons vu précédemment).

La segmentation granulaire est tout simplement une segmentation très fine, très précise.

Avec ce type de segmentation (nous pourrions parler de « micro-segmentation ») vous allez pouvoir « converser », « discuter » de façon presque individuelle avec vos clients.

Ainsi plutôt que d'envoyer le même message à tout le monde, chaque groupe recevra un message bien spécifique. Et là, l'emailing est fabuleux car il vous permet, pour presque rien, d'adresser « le bon message au bon moment à la bonne personne » et ce, de façon automatique.

Les éléments clefs de la segmentation :

- Les produits achetés ou visités,
- Les catégories de produits qui intéressent vos clients,
- L'âge, le genre et le lieu d'habitat de votre client,
- Le montant de ses achats chez vous,

- La fréquence de ses achats (avec notamment les baleines blanches : ceux qui combinent fréquence et montant !),
- La récence de ses achats.

Il existe 4 endroits où fonctionne la micro-segmentation :

1. Dans votre boutique e-Commerce

   Il s'agit du niveau de segmentation le plus fin car c'est là où se trouvent le plus grand nombre de données de vos clients.

2. Avec l'email automatique

   Là aussi vous avez une grande finesse, selon les achats liés à ce client, sa visite récente de votre site, ce qu'il y a vu, ce qu'il vient d'acheter…

3. Les sources publicitaires

   Vous pouvez y suivre vos clients qui cliquent sur vos publicités.

4. Les plateformes de *retargeting*

   Idem que pour les sources publicitaires.

1022 - Publicité, *retargeting*, promotions pour vos segments

Nous n'avons utilisé que 70% de notre budget publicitaire lors des chapitres précédents. Il s'agit maintenant de dépenser les 30% restants.

De ces 30% nous allons en utiliser la moitié (soit 15% du total) en publicité. Une publicité micro-segmentée uniquement pour vos clients. Vous allez vous centrer sur juste 2 sources parmi ce qui est possible (Facebook et Google par exemple) car comme pour vos actions en *Front*, il faut que vous restiez focalisé.

10221/ Les achats répétitifs

Votre objectif, ce sont les achats répétitifs : vous allez donc mettre en avant, selon ce qu'ils ont déjà acheté, des offres complémentaires… et là vous ne cherchez pas à mettre en avant des remises exceptionnelles ou des produits peu onéreux.

Non, vous agissez en tant que conseil, proposant des bons plans, le produit complémentaire qu'il leur faut. Si vous avez la chance de vendre des consommables, c'est là que cela se passe.

10222/ Les promotions de *retargeting* en *Back*

Reprenons toutes les techniques que nous avons vues lors des chapitres précédents, mais cette fois-ci concentrons-nous uniquement sur les clients (ceux qui ont acheté au moins une fois chez nous sur la dernière période « active »). Nous y consacrons les 15% restants de notre budget publicitaire.

Faites bien attention d'exclure de vos fichiers les prospects ainsi que les clients devenus inactifs c'est-à-dire ceux qui sont retombés dans votre fichier de prospects…

Avant de rentrer dans le vif du sujet, un conseil : pensez, là aussi, au pixel de *retargeting*. Même si vous ne l'utilisez pas mais au moins vous serez prêt et vous aurez alors un MEGA fichier.

La publicité
Utilisez les annonces produit « dynamiques » (*dynamic products ads*). Il s'agit d'une version avancée du *retargeting*, qui présente

automatiquement au client des produits sur la base de leurs habitudes d'achat.

Plutôt que d'afficher de façon aléatoire un produit, les annonces dynamiques présentent le produit le plus pertinent. Il existe des applications qui, selon la plateforme de e-Commerce que vous utilisez, se connectent à votre boutique et alimentent automatiquement les publicités dynamiques.

Ces applications se connectent directement à Facebook, Google et autres plateformes. Elles vous proposeront des systèmes automatisés mais préférez toujours les paramétrages avancés pour les faire correspondre aux données client que vous avez déjà.

La réactivation des clients

Les campagnes de réactivation client ciblent les clients qui sont à la fin de leur cycle de vie avec vous. Beaucoup d'entre eux sont peut-être réellement partis ou en sommeil et l'objectif de cette campagne est de les ramener vers vous.

Comment y arriver ?

Eh bien essayez de faire en sorte qu'ils réalisent un nouvel achat. Proposez-leur des offres incroyables, des remises (enfin pas trop, c'est une drogue, rappelez-vous) ou mieux des offres spéciales (plus de produit, un service exclusif…). Seul un faible pourcentage d'entre eux saisira cette offre, quelle que soit sa qualité. Mais une augmentation de 5% du taux de rétention client peut conduire à l'accroissement des résultats de 25 à 95%.

Les promotions de réactivation de clients sont des campagnes automatiques qui peuvent être déclenchées selon deux schémas. Le premier peut être activé en fonction d'une durée : si un achat n'a pas été réalisé ou qu'un pixel n'a pas été déclenché sur X jours, la campagne démarre automatiquement.

Le second schéma est plus classique : la campagne de réactivation est liée à une campagne segmentée d'email marketing. La boutique émet une campagne d'email marketing avec un code de *retargeting* intégré auprès de clients déclinants ou morts et si cet email est ouvert, il déclenche la campagne de réactivation. Nous approfondirons cette approche un peu plus tard.

Le support publicitaire
Les campagnes de publicité active ont une durée de vie plus courte car elles sont liées à la mise en avant d'une offre spécifique pour une durée limitée. Elles sont plus longues à mettre en œuvre car elles doivent être paramétrées manuellement : vous devez les mettre en place pour chacune de vos campagnes, tandis que les annonces produits dynamiques et les campagnes de réactivation client sont totalement automatisées. Pourtant elles valent le coup parce qu'elles boostent l'efficience de TOUTES vos campagnes publicitaires client jusqu'à 30%.

103/ L'email marketing du *Back*

Nous avons vu précédemment les campagnes d'emailings pour les prospects.

Là nous allons agir avec plus de finesse car nous allons envoyer nos messages auprès de nos clients. Il s'agit d'emailings promotionnels automatisés. Ces campagnes sont ce qui ressemble le plus à de l'impression automatique de billets de banque. Vous les paramétrez une fois puis ils vous impriment de la monnaie tous les jours.

Il en existe de 4 sortes. Elles sont toutes déclenchées selon le comportement des clients et leur segment.

1031 - Nouveaux clients

Lors de la campagne nouveau client, votre job est d'accueillir le client au sein de la famille et de créer un sentiment d'appartenance. Ces clients viennent de payer, vous leur expédiez un produit et vous voulez qu'ils continuent de vous acheter. Il vous faut construire une relation avec eux.

Classiquement la campagne nouveau client est constituée par 3 à 4 emails. Il existe deux points clefs à une campagne nouveau client :

Rappelez-leur qui vous êtes, ce que vous représentez et quelle est votre mission. Créer de la fidélité débute avec ce sentiment d'appartenance et ce sentiment aide à la répétition des achats. Faites-leur ressentir qu'ils font partie de quelque chose de spécial. Amenez-les à l'intérieur de l'histoire de votre société et proposez-leur de la valeur avec des contenus spécifiques, de niche. Par exemple, si vous commercialisez des accessoires de cuisine vous pouvez leur envoyer des recettes, des interviews exclusifs de chefs, des tests de produits. Montrez-leur que vous êtes réactifs, enthousiastes et bien plus que juste une boutique en ligne.

1032 - Les campagnes ciblées d'offres

Les campagnes ciblées d'offres consistent à faire en sorte que vos clients achètent quelque chose d'autre, que vous les transformiez en acheteurs répétitifs (AB). Il s'agit de l'une de vos campagnes les plus importantes et tout comme votre offre clef en *Front* cela peut être planifié et automatisé.

Vos offres ciblées sont vos promotions par défaut présentant vos produits qui se vendent le mieux. Il peut s'agit d'offres assez onéreuses (et pas nécessairement liées à des remises), parce que les clients existants n'ont pas besoin de prix spéciaux ou d'incitations particulières pour acheter.

Les segments client sont importants pour ce type d'offres. Les personnes qui ont acheté le produit A reçoivent les offres ciblées ayant un rapport avec le produit A. Si le produit D n'a pas un rapport avec le produit A, ce client ne recevra pas immédiatement d'offre pour ce produit D. Plus ces campagnes sont ciblées et segmentées, mieux elles fonctionnent.

Comme ces campagnes sont basées sur des segments clients, vous avez plusieurs campagnes qui envoient des messages différents à différents segments. Chaque campagne cible de plus petites audiences que les campagnes génériques mais leurs taux de conversion sont bien plus élevés. Gardez en mémoire que plus vous ciblerez, plus vos clients achèteront de façon répétée et plus vous aurez des clients dans différents segments. Il vous faut alors édicter des règles de gestion afin de faire en sorte que vos meilleurs clients ne soient pas bombardés de façon incessante par des campagnes promotionnelles.

1033 - Les campagnes VIP

Les campagnes VIP ciblent de façon spécifique vos clients les plus dépensiers. Il s'agit des baleines blanches que nous avons déjà rencontrées. Votre top 1%[24] de clients qui achètent de façon continue sans que vous ayez à les pousser beaucoup pour ce faire.

L'objectif de ces campagnes VIP est de construire de la fidélisation afin qu'ils continuent d'acheter. Faites-en sorte que ces personnes se sentent privilégiées mais pensez récompense et non pas remise.

---

[24] 1 à 5% mais pas au-delà…

Ces personnes achètent déjà. Vous pouvez leur faire une offre spéciale de temps à autre mais ils achètent déjà beaucoup. Ils n'ont pas besoin d'incitations avec des remises, ils vous aiment déjà et adorent acheter chez vous alors pensez à d'autres façons de les impliquer pour qu'ils se sentent privilégiés.

Il y a bien des façons pour y parvenir :

10331/ Offrez-leur des primes, comme des points de fidélité et upgradez-les pour les services de livraison (passez les systématiquement en express)

10332 / Envoyez-leur des cadeaux, un T-shirt, un mug,

10333/ Proposez une ligne téléphonique spéciale VIP.

Nous vous recommandons vivement la tactique du membre élite : mettez en place des statuts VIP. Vos meilleurs clients deviendront alors vos ambassadeurs et vos meilleurs commerciaux (vous les validerez grâce au NPS).

1034 - Les campagnes de retour gagnant

Les temps de défection

Plus le dernier achat de votre client (la récence) est lointain, plus il y a de chance que vous l'ayez perdu. Il existe sûrement dans votre activité un Temps de Défection Moyen (TDM) après lequel le client n'achètera plus. Il peut être entre 30 et 50 jours, même s'il varie énormément selon votre activité.

Calculez ce TDM à partir de la donnée que vous avez collectée et utilisez-le pour planifier et structurer vos campagnes de retour gagnant. Si votre TDM est de 30 jours, déclenchez une campagne de retour gagnant à 31 jours.

Les techniques pour faire revenir les clients
L'une des meilleures techniques pour faire revivre un client disparu est de lui « offrir le beurre et l'argent du beurre ». Faites-lui une offre incroyable, imbattable. Plus ce sera le cas, mieux cela fonctionnera.

En réalité, seul un faible pourcentage de vos clients disparus mordra à l'hameçon. Mais ils étaient déjà partis, du coup c'est toujours positif. En fait le nombre de personnes est statistiquement si faible que vous pouvez réellement leur « offrir le beurre et l'argent du beurre ». Et ce type de campagne peut tout à fait réinitier un cycle complet de vie client.

La façon la plus efficiente pour organiser ce type de campagne est d'utiliser une échelle des promotions. Plus le temps passé est long plus l'offre est forte.

Dès que le client à remordu à l'hameçon, la gradation s'arrête. Vous avez alors ramené votre client parmi les vivants. Il va falloir lui envoyer une séquence d'emails de réconfort pour souligner combien il vous a manqué et combien il est important pour vous.

1035 - Les campagnes gagnantes ignorées

Nous savons que les campagnes d'emails sont de véritables centres de profits. Pourtant certains sont de véritables joyaux et peu de sites de e-Commerce les utilisent.

L'email d'accusé de commande
Cet email présente à vos clients un récapitulatif de ce qu'ils viennent d'acheter Son taux d'ouverture est incroyablement élevé (plus de 70%) parce chacun veut vérifier sa commande. Ils l'ouvrent et même certains les enregistrent ou les impriment.

La plupart des emails ont un taux d'ouverture de l'ordre de 20% alors pensez bien que 70%, cela représente une superbe opportunité. C'est le moment idéal pour proposer une offre spéciale et les persuader d'acheter de nouveau. Cela peut aussi bien être une nouvelle offre qu'une offre dynamique basée sur leur achat précédent.

Si votre plateforme le permet, proposez systématiquement une remise sur un produit lié à celui venant d'être acheté, pour une commande immédiate. Vous glisserez ainsi un produit de plus dans le carton d'envoi.

L'email de confirmation d'envoi ou de numéro de tracking
Là aussi il s'agit d'un véritable joyau totalement sous-exploité. Le taux d'ouverture des emails de suivi d'expédition est de l'ordre de 90% Alors, si votre plateforme vous le permet, profitez-en ! Testez plusieurs types d'offres, il y en a sûrement une qui va vous submerger de commandes !

ACTION :

Pour la plupart des e-Commerçants, les actions *Back* ne semblent pas être aussi excitantes que celles en *Front*.

Mais la réalité c'est que ce sont elles qui vous rendront riche et vous permettront de surpasser tous vos concurrents.

En ciblant les bons segments avec les offres adéquates, vous pouvez vendre davantage à des personnes qui vous apprécient déjà. Mais pour que votre *Back* travaille automatiquement pour vous, vous devez utiliser ce que vous avez appris au cours de ce livre. Collectez et exploitez les données que vous avez sur vos clients pour mieux comprendre leur cycle de vie afin de mettre en œuvre une segmentation granulaire, utilisez les techniques publicitaires du

Front à vos fichiers *Back* et vous aurez ce dont tellement d'entrepreneurs rêvent, un business qui croît continuellement, en bonne partie automatisé.

Le mot de Jeff

La clef est de regarder au-delà des performances de l'entreprise, pour scruter les données qui vous révèlent la réalité de l'expérience client.

Vous ne pouvez développer ce que vous ne mesurez pas.

Créez les propositions les plus pertinentes pour les consommateurs les plus réceptifs. Livrez ces propositions au coût le plus étudié. Développez le système qui vous permettra de recommencer encore et encore…

11. CONSEILS AVANT L'ACTION

VOILÀ, VOUS venez de lire l'essentiel de ce livre. Laissez infuser 1 jour ou 2 puis relisez les parties qui vous semblent pouvoir avoir le plus fort impact sur votre business.

Ne vous mettez pas à réfléchir trop longtemps, à prendre trop de recul. « Un imbécile qui marche ira toujours plus loin que deux intellectuels assis » dit le proverbe chinois : il vous faut agir. Non pas dans la précipitation mais parce qu'il n'y a que l'action qui fait changer le cours des choses.

Nous vous conseillons de commencer avec des *Quick Wins*, des victoires rapides. Il s'agit d'actions qui apportent rapidement des résultats concrets. Elles n'ont pas à être fondamentales ou à avoir un impact à long terme.

Ajoutez un paiement en PayPal, créez une Landing Page pour votre produit le plus vendu ou mettez tout simplement un code promo dans votre email de validation de commande. Peut-être que cela ne va pas changer grand-chose en termes de résultat mais cela aura un impact sur vous. Chaque victoire, même limitée vous montrera que vous pouvez améliorer votre business et que vous êtes sur le bon chemin et cela vous motivera pour aller encore plus loin et faire encore plus.

Vous pourrez alors continuer à lire la suite de ce livre où nous abordons un certain nombre de sujets qui nous paraissent importants. Vous n'avez pas à les lire en une fois, mais consultez-les quand vous en ressentirez le besoin.

Allez également à la rencontre d'autres e-Commerçants. Non seulement vous échangerez des idées, des avis sur des prestataires, des opérations promotionnelles, mais vous vous rendrez également compte que vous n'êtes pas seul, loin de là. Cela vous permettra aussi de partager vos moments de doute, de succès, avec des personnes qui connaissent votre métier et qui savent ce qu'est votre quotidien.

Nous avons participé à la création de FEDEO, une association de e-Commerçants en Occitanie. Si vous êtes sur la Région, n'hésitez pas à nous rejoindre ! Si vous n'êtes pas sur cette partie du territoire, renseignez-vous, il est fort probable qu'il existe une association de ce type ou alors créez-en une.

Nous vous l'avons dit au début de ce livre, lors des éditions précédentes un bon nombre de nos lecteurs nous avaient demandé que nous les coachions sur leur projet ou leur développement e-Commerce. Ils nous avaient également questionné sur des points d'actualité juridique, des points techniques, ou de pratique tant au niveau marketing qu'informatique.

Nous avons organisé des réponses à ces deux niveaux, vous pourrez les trouver sur Modeles.biz pour des compléments plus techniques ou nécessitant des mises à jour fréquentes et sur www.livre-e-Commerce.fr pour un suivi personnalisé.

COMPLÉMENTS

A. LES MODELES ÉCONOMIQUES DU E-COMMERCE

Si nous analysons la réalité de la pratique du e-Commerce, nous pouvons regrouper 4 types de modèles économiques :

1. Marchand virtuel (ou « *Pure player* »)
2. Vendeur multicanal (ou « Bricks & Clicks » ou « Clicks & Bricks»)
3. Vendeur en Place de Marché (ou « Marketplaces »)
4. Fabricant en vente directe, (ou D2C pour « Direct to Consumer »), DNVB

Ainsi que nous le décrivons dans cet ouvrage, la réalité des modèles économiques des e-Commerçants est bien souvent un mix parmi ces modèles et il évolue dans le temps.

1/ Marchand virtuel (ou *Pure player*)

Ce sont les entreprises qui ne vendent que par Internet. Elles doivent construire une activité et une marque en partant de zéro. Et, comme nous l'avons vu, elles doivent souvent le faire rapidement, face à la concurrence féroce d'autres *Pure players*.

Ces derniers peuvent bénéficier d'avantages concurrentiels non réplicables – y compris et surtout au sein de l'Union Européenne (UE) – pays à plus faibles niveaux de pression fiscale, moindres charges sociales, moindres contraintes réglementaires (périodes de soldes…), moindres taux de TVA, accès à des fournisseurs moins onéreux, bénéfice d'un marché domestique plus important… Car n'oubliez pas que les frontières n'existent pas dans l'UE pour les biens et les services. C'est un facteur d'opportunité pour vous mais aussi une menace.

Mais même au niveau franco-français, vous pouvez avoir une distorsion de concurrence. Parmi vos concurrents, vous pouvez avoir des personnes qui s'installent avec un statut d'auto-entrepreneur, en ayant un travail salarié par ailleurs …

Vous avez bien sûr à prendre en compte des acteurs tels qu'Amazon ou Alibaba. Là aussi nous vous avons recommandé dans ce livre de ne pas aller en frontal contre eux mais d'essayer plutôt de vous en servir à votre profit.

Ce modèle économique de « *Pure player* » est ainsi très risqué.

Mais c'est aussi le modèle économique le plus prometteur.

Car son niveau de scalabilité est le plus fort. C'est là son atout majeur. Si votre projet « fonctionne », il peut devenir important en termes de niveau d'activité et surtout son niveau de profitabilité peut s'avérer plus élevé que celui des autres modèles économiques. Vous avez le bénéfice de la VAD : pas de magasin, moins de personnel… Mais il vous faut un excellent SI (système d'information), une superbe logistique et, en plus, développer une marque.

Les coûts d'acquisition client sont généralement élevés et la courbe d'apprentissage est raide.

De ce fait les *Pure players* se doivent d'avoir une stratégie de différenciation forte et une grande efficience au niveau des opérations, tout en construisant une marque au plus vite pour faire croître leur fichier client afin de leur permettre de couvrir leurs frais fixes. Ces derniers étant essentiellement liés à leurs coûts de personnel, de SI et de logistique (cette dernière pouvant être sous-traitée).

C'est pourquoi les DNVB, les marques « nées » avec le Web sont les acteurs *Pure players* qui se développent le plus.

On peut se lancer dans « l'aventure » du e-Commerce avec très peu d'investissements. Les besoins financiers changent dès que vous souhaitez développer votre activité. C'est à dire passer à une taille qui nécessite la mise en place d'un processus industriel pour produire le service. Ce seuil intervient assez vite (de 10 à 20 commandes par jour). C'est également celui qui sépare une activité de « subsistance », qui vous permet d'en vivre, d'une activité « structurée », qui vous permet d'envisager une valorisation (« J'investis pour un vrai Business »).

Le risque se situe en fait au niveau de la nature de votre projet. Si votre objectif est de tirer des revenus, modestes au regard de la charge de travail mais suffisants pour vivre en Provence, le modèle de *Pure player* peut s'avérer intéressant et relativement peu risqué, si ce n'est celui de vous épuiser à la longue tant physiquement que psychologiquement.

S'il s'agit pour vous de créer une activité qui vous amène des profits substantiels et valorisable à terme (c'est-à-dire une structure pouvant fonctionner sans vous et rentable sans que vous y travailliez 24/24 7/7 pour un SMIC +15 %), le niveau de risque est élevé (au niveau des espérances de profit à terme) et les niveaux d'investissement significatifs.

Ayez en mémoire qu'ouvrir un magasin en centre-ville vous coûterait au bas mot 300 000€. Votre niveau d'investissement dans le e-Commerce risque d'être équivalent, avec une plus grande prise de risque (mais si vous lisez cet ouvrage vous les limitez déjà sérieusement) et des espérances sans commune mesure.

Comme le dit Jacques-Antoine Granjon, PDG de VEEPEE : « contrairement à ce que pensent les commerçants traditionnels, vendre par Internet coûte très cher… La logistique, l'immobilier et les technologies de l'information coûtent. Dès lors, un site ne peut rester petit. »[25].

C'est pourquoi nous vous conseillons de « tester » le marché de façon légère puis, une fois que vous avez compris comment il fonctionne, investissez très rapidement. Après 6 mois d'activité, soit vous commencerez à avoir une activité profitable (en termes d'EBE) et entr'apercevoir votre potentiel de marché. Soit votre stratégie n'est pas adéquate et, dans ce cas, il vaut mieux passer à autre chose[26].

La plupart des acteurs importants ayant ce modèle économique adoptent une stratégie de coûts bas, couplés avec des processus logistiques, gestion de la relation client et traitement des commandes très efficaces. Les gros acteurs ont des marges

[25] La Tribune, 25 janvier 2011

[26] Décision extrêmement difficile à prendre mais qui vous évitera de perdre beaucoup d'argent ou de vous retrouver à terme dans une situation sans issue. L'exception existe bien sûr mais elle relève à notre avis de la chance. Et c'est un autre registre.

extrêmement faibles et sont rarement rentables pour ce qui concerne leur activité de distribution.

Comment trouver de la rentabilité par d'autres moyens que la distribution physique de produits ?

En essayant de valoriser le flux important de visiteurs. En devenant une plate-forme pour d'autres vendeurs (place de marché ou « marketplace ») et un support pour de la publicité comme le fait Amazon (qui d'ailleurs peut être considérée comme n'étant plus un *Pure player* car ayant également des magasins physiques).

Notre expérience nous montre que des sites *Pure players* peuvent s'avérer rentables sur des niches de marché où leur taille relative est importante et leur a permis de créer une véritable marque. Le potentiel de développement est plus limité mais, pris à l'échelle européenne, suffisant pour atteindre plusieurs millions d'Euros.

2/ Vendeur multicanal

Les possibilités du multicanal sont au nombre des canaux de distribution : vente via Internet bien sûr mais également en magasin physique (avec ou sans bornes d'achat), par téléphone, via des applications smartphone, catalogue papier…
Ce sont, dans l'immense majorité des cas, des distributeurs ayant un réseau physique de distribution. Dans le cas des « Bricks & Clicks » il s'agit du cœur historique de leur activité, dans celui des « Clicks & Bricks » les magasins physiques sont venus « asseoir » une présence virtuelle, comme pour Amazon ou Alibaba.

Citons de nouveau Jacques-Antoine Granjon (JAG), PDG de VEEPEE :

– Pourquoi alors sont-ils aussi mauvais ? lui demande Juliette Garnier, journaliste à la Tribune à propos des actions des « Bricks & Clicks » dans le e-Commerce,
JAG : – Que voulez-vous ?... Carrefour veut encore que son client porte ses bouteilles d'eau, fasse le plein dans ses stations-service et achète dans la galerie de son hypermarché… Le patron d'Auchan dit que l'enseigne va devenir multicanal… Tout cela fait bien rire. Car les Français ont déjà changé de comportement. »

Cet extrait date de… 2011 et nous ne pouvons qu'être d'accord avec lui encore aujourd'hui sur ces 2 points :

1. Les enseignes traditionnelles et les marques se développent sur Internet,
2. Elles pourraient être plus performantes.

Nous ajouterions juste le fait que la concurrence est plus dure sur Internet que dans le monde physique.

Les enseignes traditionnelles de distribution ont pourtant des avantages tels qu'une marque, une base client, des entrepôts et une taille importante. Acquérir des clients leur coûte moins cher du fait de leur notoriété.

Mais elles n'ont pas le SI et la volonté politique de coordonner leurs offres et leurs activités promotionnelles. Elles ne maîtrisent pas le degré d'exigence d'une logistique fine, la gestion des retours via les magasins physiques ainsi que les contraintes spécifiques à la gestion de la relation client à distance.

Il s'agit bien souvent d'une problématique culturelle, liée au paradigme de l'entreprise, plus habituée à gérer des tickets de caisse que des profils client. De fait, si de nombreux distributeurs physiques se sont lancés dans le multicanal, ils ont été presque aussi nombreux à aboutir à un échec.

Nous avons réalisé une étude approfondie des causes des succès et des échecs des entreprises de distribution physique qui se sont lancées dans le multi-canal ces 20 dernières années. Il en ressort que les facteurs clefs du succès, sont les suivants :

1. Implication totale du top management,
2. Une stratégie e-Commerce clairement énoncée et robuste,
3. Une organisation de l'entreprise adaptée à la stratégie ainsi énoncée – sans demi-mesure,
4. Des processus, notamment le SI, adaptés à la VAD.

Comme le dit justement JAG, les échecs sont dus au fait que les entreprises de distribution physique n'acceptent pas de se remettre structurellement en cause pour répondre aux évolutions de leurs clients. Elles sont coincées culturellement et raisonnent toujours en termes de perte d'actifs (immobilier, savoir-faire…) alors qu'il s'agit d'une erreur stratégique : le seul réel actif est le client.

Dans une optique multicanal, le e-Commerce fait partie de l'avenir d'une bonne partie des réseaux physiques de distribution mais le modus operandi laisse visiblement encore à désirer, plus de 20 ans après.

Car la multiplicité des canaux est difficile et onéreuse à gérer, elle ne peut être performante que si l'on se trouve dans une situation d'omnicanalité c'est-à-dire que l'on est capable de savoir, en temps réel, où sont les clients, quels sont les points de contact avec la marque.

Car le client est réellement omnicanal et il s'attend à être reconnu à chacun des points de contact qu'il a avec la marque, quel que soit le canal qu'il utilise.

Et là, les entreprises venant du e-Commerce vers d'autres canaux ont un énorme avantage : elles ont le SI et la culture pour y arriver. Le multicanal serait-il dévolu aux « Clicks & Bricks » ?

3/ Vendeur en Place de Marché

Nous avons vu dans cet ouvrage qu'être vendeur en place de marché est un modèle bien trop risqué pour construire un “vrai business” car c'est amener un agneau à un loup. Mais, comme nous vous l'avons souligné vos clients sont déjà sur les principales places de marché et il faut que vous y soyez. Le tout c'est que ce soit à votre avantage, que vous n'en soyez pas dépendant et que votre offre ne soit pas aisément réplicable.

Nous n'abordons que très rapidement le modèle économique de la place de marché en tant que tel car il n'est pas du ressort de notre livre. Le modèle de la place de marché concerne de très grandes entreprises, déjà existantes, du e-Commerce. Nous pensons également qu'il s'agit d'un modèle condamné à terme[27].

---

[27] Ce point de vue nécessitant un développement important, qui plus est en dehors du scope de ce livre, nous vous invitons à vous référer à notre blog sur lequel nous avons développé plusieurs fois notre argumentation (Strategie-e-Commerce.info)

4/ Fabricant en vente directe, DNVB

Les fabricants ont tout intérêt à vendre en direct via Internet et, dès les années 90, les « experts » de l'époque (qui sont les mêmes qu'aujourd'hui) prévoyaient que leur place dans le e- Commerce serait primordiale.

Mais cela n'a pas été le cas. À l'exception notable de la vente de matériel informatique (DELL, APPLE, SONY) et de Nestlé avec NESPRESSO.

Si le fabricant est détenteur d'une marque ayant une certaine notoriété auprès de sa cible, le défi du e-Commerce est très tentant. Mais cela nécessitera une révolution culturelle et des investissements significatifs pour lui permettre de devenir un véritable e-Commerçant. Bien souvent les investissements, non seulement informatiques mais surtout humains, sont largement sous-estimés. Avec, comme pour les acteurs de la distribution physique, un manque de volonté politique et d'axes stratégiques clairs et robustes.

Or, avec les DNVB, tout cela a changé[28]. Derrière cet acronyme se trouvent des marques telles que Bonobo, Warby Parker, Le Slip Français ou Envie de Fraises. Aux USA elles bénéficient d'une croissance de 44%, 3 fois supérieure à celle du e-Commerce. Nous avons analysé les 100 premiers acteurs aux USA et en France pour comprendre les clefs de ce succès et en tirer des enseignements pour les distributeurs et marques plus « traditionnels ».

« DNVB » est l'acronyme de Direct Native Vertical Brands. Ces marques, nées avec le digital, maîtrisent tant leur production que leur distribution. Elles ont également su développer une relation affinitaire avec leurs clients.

---

[28] Nous reprenons notre article sur le sujet, paru en juillet 2018 sur le Journal du Net.

Les DNVB sont également appelées « V-Commerce », pour souligner leur intégration verticale ou « Direct-to-Consumer Brands », pour mettre en avant l'importance de leur relation directe avec leurs clients.

La forte croissance de ces marques issues du web (44%) est l'une des avancées les plus intéressantes de la distribution online de ces dernières années.
Si certains distributeurs traditionnels les considèrent comme une nouvelle mode éphémère, la clientèle, elle, répond présent.

Les DNVB se sont créées, aux USA, à l'ombre de la dominance d'Amazon sur le e-Commerce. Elles ont été capables de créer des activités porteuses de croissance massive en se différenciant de la pieuvre de Seattle – elles opèrent là où n'est pas Amazon.

En se focalisant sur des niches, en construisant leurs propres *supply chains* et en utilisant les dernières avancées technologiques, les DNVB proposent de nouvelles perspectives pour concurrencer Amazon.
Leur principal point fort provient sans aucun doute du fait qu'elles contrôlent leur propre *supply chain.* Elles contrôlent ainsi leur destinée.
Les DNVB sont "Amazon Proof".

Tandis que certaines proposent leur offre via Amazon, la majorité des DNVB (66%) sont les distributeurs exclusifs de leurs produits, sous leur propre marque. Avec une proposition à plus forte valeur ajoutée du fait de la vente directe, elles sont capables de distraire des clients du confort d'Amazon.

Elles comprennent également mieux le comportement de leurs clients car elles détiennent plus de données sur leurs acheteurs que celles qu'Amazon procure à ses vendeurs sur sa marketplace. Cela leur permet de réellement personnaliser leur site, leurs produits et leur marketing pour mieux servir leurs clients. C'est grâce à cette connaissance forte de leurs clients que 35% des DNVB peuvent développer des services récurrents, porteurs de marge et de fidélité, comme l'abonnement.

Bien sûr Amazon peut surgir avec un nouveau produit dans la même catégorie que les DNVB et capter rapidement une bonne partie des revenus. Elles se protègent de l'éventualité d'une telle incursion en bâtissant une communauté, en construisant un marketing expérientiel et en investissant dans la personnalisation de l'offre.
Les DNVB savent utiliser la data, utilisant la masse des données disponibles sur chaque consommateur pour mieux répondre à ses besoins.

La data a modifié la façon dont sont gérées les activités et définit désormais les activités qui peuvent exister.
La faiblesse relative des barrières à l'entrée pour la vente sur Internet s'avère un modèle attractif pour de nouveaux distributeurs. Mais ne fonctionner que sur le Web peut, parfois, limiter la capacité de croissance. C'est pourquoi certaines DNVB ont choisi de créer des magasins physiques pour atteindre de nouveaux clients. Mais dans la majorité des cas il ne s'agit pas de « simples » magasins mais bien des points de contact expérientiels forts, tels les 48 « *guideshops* » de Bonobo.

Tandis qu'un nombre croissant de consommateurs dépensent une part de plus en plus importante de leur budget sur le Web, les DNVB prennent une part significative de ces ventes. Dans un futur proche, elles ont le potentiel de faire disparaitre des marques et des distributeurs plus traditionnels. Ceux qui veulent survivre devront travailler encore plus dur pour maintenir leurs parts de marché, notamment en s'inspirant des nouvelles perspectives ouvertes par les DNVB.

B. LES TESTS D'UTILISABILITE

APPLIQUER DES « bonnes pratiques » n'est pas suffisant.

Il est nécessaire que vous fassiez tester votre site, par de vraies personnes.

C'est ce qui vous permettra d'optimiser votre IHM, de l'adapter à votre marché, à votre environnement, à votre offre.

Désolé pour ceux qui veulent des recettes « toutes faites » mais elles ont de sérieuses limites.

La preuve, des sociétés comme Amazon sont parmi les premiers consommateurs de tests d'utilisabilité. Ainsi que Google.

Il n'y a pas de secret : rien ne vaut le test. Même un Focus Group.

Souvent les gens du marketing souhaitent faire un Focus Group. Ce n'est pas inintéressant (nous y reviendrons un peu plus bas) mais ce n'est pas un test d'utilisabilité.

Un Focus Group, c'est un groupe de personnes (de 5 à 10) qui s'assoient autour d'une table et qui réagissent à des idées, des designs qui leurs sont présentés. Il s'agit d'un processus de groupe. Sa valeur ajoutée, ce sont les idées des participants qui rebondissent entre elles. Les focus group sont très intéressants pour avoir rapidement un échantillon d'opinions et de sentiments d'utilisateurs.

Le test d'utilisabilité, c'est un utilisateur à la fois à qui l'on présente un site et à qui l'on demande d'essayer de l'utiliser, afin de remplir une tâche précise.

Les Focus Group sont très intéressants pour déterminer les demandes et les besoins d'un marché. Ils sont intéressants pour tester si l'idée à l'origine du site, fait sens et si la proposition de valeur est attractive. Ils peuvent être une bonne façon de tester les intitulés de sections, de fonctionnalités, de rayons, de libellés. Ils peuvent également vous permettre de savoir ce que les internautes pensent de vos concurrents.

Mais ils ne sont pas faits pour que vous sachiez si votre site fonctionne et savoir comment l'améliorer. De fait, le Focus Group doit être réalisé bien en amont de la réalisation du design du site.

Si vous voulez avoir un bon site, il faut que vous le fassiez tester. Pout une bonne et simple raison : au bout de plusieurs semaines de travail sur le site, vous êtes trop impliqué, vous le connaissez trop pour avoir un regard « frais » dessus. Le test vous permettra de garder en mémoire que vous n'êtes plus « neutre » par rapport à votre site, que vous en n'êtes plus un utilisateur.

Tester avec un seul utilisateur est meilleur que ne pas tester.

Tester avec un seul utilisateur en amont dans le projet est meilleur que de tester avec 50 utilisateurs à la fin du projet. Certains vous diront que les changements peuvent être facilement menés. C'est totalement faux ! Les changements de fin de projet seront difficiles, partiels et onéreux – sans compter le fait qu'ils seront démoralisateurs pour l'équipe.

Ne cherchez pas forcément à recruter des utilisateurs représentatifs. Bien sûr, cela est intéressant. Mais il faut avant tout tester le plus souvent possible et le plus en amont du projet.

L'objectif du test n'est pas de valider ou d'éliminer une option. Trop souvent, on demande à un test de dire quelle est la meilleure entre une option A et une option B. Or ce type de test coûterait une fortune (au vu du nombre de paramètres à maîtriser). Non, le test vous permettra de vous forger une opinion, basée sur votre expérience, votre professionnalisme et votre sens commun, sur l'intérêt de l'option A par rapport à l'option B. C'est pour cela que nous avons été diserts quant à l'interaction entre les visiteurs d'une page web dans le corps de ce livre.

Les tests sont un processus itératif : un test tout seul ne sert pas à grand-chose. On teste puis on modifie puis on re-teste ce qu'on a modifié… Le test vous dira rarement quoi faire. Il vous montrera plutôt ce qui ne fonctionne pas. Vous imaginerez alors des variables explicatives expliquant pourquoi cela ne fonctionne pas et vous les testerez.

Rien ne vaut la réaction d'une audience « live ». Voir les personnes qui testent (ou leur vidéos), les types de réponses qu'elles donnent… vous apporteront beaucoup plus d'informations qu'un rapport d'expertise circonstancié. Assistez aux tests mais n'intervenez pas pour expliquer aux gens ce qu'ils auraient dû comprendre ou répondre ! D'accord, il s'agit de votre bébé mais prenez du recul !

Testez, testez, testez !

Que vous ayez des fonds ou pas, il vous faut donc tester votre interface.

Si vous avez les fonds nécessaires pour faire plusieurs tests, selon un processus itératif, utilisez une société spécialisée. Une société spécialisée qui ne réalise que des tests d'utilisabilité et non une structure qui fait cela en plus d'autres choses. Car mener des tests est un métier, comme celui de plaquiste ou de plombier.

Comptez un budget de l'ordre de 15 000 € HT pour un processus de tests complet. Il s'agit bien sûr de la meilleure des solutions car vous aurez en face de vous des professionnels, rodés à ce genre d'exercice et dont les apports seront importants, notamment au niveau de l'interprétation des résultats des tests.

Si vous n'avez pas d'argent, il vous faut tout de même mener des tests. Nous appellerons cela le test « Routard » pour vous rappeler vos années Peace and Love. Voici la check-list comparative entre le test classique et le test « Routard » :

	Test d'utilisabilité classique	**Test Routard**
Nombre d'utilisateurs par test	8 qualifiés (soit 10-12)	3 ou 4
Recrutement	Sélectionnés soigneusement pour chaque cible visée	N'importe qui ayant déjà navigué sur Internet
Où tester	Dans un laboratoire avec un miroir sans tain, des vidéos	Une salle de réunion

Qui conduit le test	Un professionnel expérimenté du test d'utilisabilité	Toute personne ayant un peu d'empathie
Planification	Au moins 3 semaines à l'avance afin de recruter les testeurs	Les tests peuvent être menés à tout moment
Préparation	Elaborez un protocole de test avec votre prestataire	Décidez de ce que vous allez demander à vos testeurs de tester
Que tester ? Quand tester ?	Testez au minimum quand le site est presque terminé. Mais si vous avez le budget, essayez de tester certaines fonctionnalités clefs en amont	Menez des tests tout au long du processus de développement
Coût	Entre 5 et 15 000 euros (et +)	Une indemnisation de 50 euros par testeur
Déroulement	Tout est organisé par le prestataire mais il faut que vous assistiez à quelques tests pour vous forger une « intime conviction »	Pendant que l'internaute remplit la tâche que vous lui avez assignée (trouver tel type de produit, choisir tel autre ou passer commande de tel autre), s'il vous demande de l'aide, dites-lui de se comporter comme s'il était tout seul. Par contre, une fois le test terminé, il est intéressant de lui poser des questions en termes d'agrément, d'impression générale, de revenir sur des actions qui semblent avoir été difficiles et de lui demander pourquoi il a hésité…
Ce qui se passe après	Un rapport de 50 pages une semaine après, avec des extraits vidéos. L'équipe projet décide des changements à apporter puis un autre test est programmé.	Chaque observateur et l'animateur (2 à 3 personnes en tout) écrivent tout de suite après le test un rapport d'1 page. L'équipe projet est débriefée le même jour.

Combien d'utilisateurs pour mener un test ?

Jakob Nielsen a démontré qu'à partir du 5ème testeur les rendements sont fortement décroissants (85 % des anomalies seraient détectées avec 5).

Steve Krug, quant à lui, milite pour limiter le test à 3 ou 4 testeurs car cela permet : de boucler les tests dans la journée, de détecter les plus gros problèmes, de ne pas se surcharger de notes, de mettre en œuvre les modifications rapidement et surtout de pouvoir mener tout de suite après, un autre test.

Nous irons dans le sens de Steve Krug : n'étant pas dans un monde idéal, il vaut mieux MULTIPLIER LES ITERATIONS plutôt que multiplier les testeurs.

Comment recruter les testeurs ?

Quand on décide de mener des tests on investit souvent beaucoup de temps et d'énergie pour recruter des testeurs dans la cible. Par exemple des jeunes femmes sans enfant entre 20 et 25 ans, CSP+, ayant acheté sur Internet de façon régulière depuis plus de 2 ans et ayant l'intention d'acheter une paire de chaussures sur Internet d'ici 1 mois.

Mais le secret le mieux gardé du test d'utilisabilité est : PEU IMPORTE QUI TESTE.

Ou du moins, personne ne sait dire quel impact sur le résultat a le fait que le recrutement soit extrêmement précis. Pour la plupart des sites, il suffit d'avoir une personne ayant une expérience du web et qui ait déjà acheté plusieurs fois sur Internet.

Bien sûr, si votre budget le permet, faites sélectionner des testeurs, cela ne fera pas de mal. Mais élaborer votre site par rapport à une cible précise (par exemple celle de vos magasins physiques) n'est pas forcément une bonne idée. Outre le fait que les classifications classiques de clientèles tendent à être de moins en moins efficaces, les clients de votre site ne seront pas forcément ceux de vos magasins[29].

Attention, si votre site nécessite des connaissances particulières (finances, plomberie…) ou s'il s'adresse à des publics très spécifiques (élus, responsables d'administrations…) ou si vous avez déjà des clients via un autre canal, cela devient intéressant de procéder à un recrutement de testeurs via des critères. Mais utilisez le moins de critères possibles.

Si vous recrutez, proposez une prime, significative mais pas trop importante (50€ pour 1 heure) mais cela dépend aussi des profils. N'hésitez pas à offrir plus pour des spécialistes par exemple.

Privilégiez les bons d'achat « universels » de type Kadéos car l'URSSAF peut intervenir et considérer que vous avez « embauché » ces personnes !

Soyez direct dans votre invitation : « Nous souhaitons faire tester des sites Internet par des utilisateurs, ce sera facile et cela prendra 45 mn à 1 heure de votre temps. Vous serez dédommagé de 50€ en bons d'achat. ».

Dites le minimum sur le site/les sites testés.

N'hésitez pas à demander à des amis, des voisins… La plupart des gens sont enchantés de réaliser des tests et qu'on écoute leurs avis (et conseils). Par contre, évitez votre conjoint ou votre maman : ils

---

[29] Mais faites tout de même tester votre site par quelques clients de vos magasins !

risquent d'essayer à tout prix de vous faire plaisir (ou de vous faire de la peine, selon votre situation affective…).

Comment mener les tests ?

Une salle calme, un PC ou un Mac (ou les deux pour s'adapter au matériel qu'utilise chaque testeur) avec une connexion internet. Une caméra vidéo, qui filme ce que fait l'internaute, est fortement recommandée pour garder une trace de la navigation (il existe aussi des logiciels qui mémorisent les navigations sur Internet, c'est encore mieux, par exemple Camtasia).

Si vous le pouvez, branchez également un long câble qui ira du PC/MAC vers un autre écran, dans une autre pièce (ou utilisez le Wifi). Là vous pourrez réunir d'autres personnes (l'équipe de développement, le marketing…) qui verront et réagiront à la navigation.

Qui doit mener les tests ?

Celui ou celle qui en aura l'envie et le courage. Après s'être rôdé sur des premiers tests, tout le monde peut y arriver. Il vaut mieux une personne patiente, calme, bien impliquée dans le projet, qui fasse preuve d'empathie.

Qui observe ?

Une seule personne mène le test physiquement. Mais encouragez tout le monde – surtout le top management – à venir visualiser le test. Ne serait-ce qu'un instant. Vous verrez qu'ils resteront plus longtemps que prévu et que cela deviendra un bon sujet de conversation – et de réflexion pour tous.

Que devez-vous tester et quand devez-vous le faire ?

Testez les sites des concurrents. Dans un premier temps, avant de lancer votre site, vous devriez faire tester les sites de vos concurrents ou des sites qui se situent dans votre environnement concurrentiel. Testez les sites de vos concurrents vous-mêmes, faites un « rapport d'étonnement » d'une page, passez de vraies commandes pour étudier les mails de gestion, les délais d'obtention, la qualité du colis…Puis faites un groupe de test sur ce thème. Les questions de base : Que fait ce site ? Qui est-il ? Quel intérêt présente-t-il pour vous ? Proposez-leur un ou deux scenarii (trouver un produit, passer une commande…).

Testez les prototypes « papier » du site. Les prototypes du site (des ébauches papier ou des ébauches sur écran, non fonctionnelles) doivent ensuite être testés. L'objectif sera alors de valider les questions suivantes : Que fait ce site ? Qui est-il ? Quel intérêt présente-t-il pour vous ? Auriez-vous plutôt confiance en ce site ? Puis validez les mots clefs de votre site, notamment les intitulés de rubriques, les noms des rayons.

Testez le prototype fonctionnel du site. Quelques pages clefs, la possibilité de chercher un produit, la possibilité de mettre au panier un produit. Proposez un à deux scenarii.

Testez la 1ère version utilisable du site. Il faut alors tester le maximum de fonctionnalités. Testez cette version « contre » l'un de vos concurrents directs. Ainsi les testeurs ne sauront pas pour qui vous travaillez (et n'auront pas tendance à être trop gentils avec vous) et ils répondront de façon relative (c'est mieux ici que là, j'ai préféré cette page…) ce qui est toujours plus facile. Vous testez des scenarii : trouver un produit, mettre au panier, passer une commande, s'inscrire à la newsletter, accéder à son compte, à ses anciennes commandes, savoir si le colis est bien parti, émettre une réclamation, trouver puis utiliser le moteur de recherche pour passer une commande à partir du catalogue papier, etc.

Comment mener un test ?

Voici les éléments de base qui doivent vous permettre de vous roder à l'exercice puis de voler de vos propres ailes :

- Ne soyez pas anxieux(se), cela se passera bien. C'est beaucoup plus facile – et intéressant ! – que vous ne le croyez. Par contre, préparez vos tests cela vous aidera beaucoup.

- Soyez toujours positif, encourageant et en empathie. La personne stressée ce n'est pas vous, c'est celle qui teste. Vous devez la valoriser, l'encourager.

- Présentez-vous puis présentez rapidement l'objet du test. Mettez l'accent sur deux choses : ce n'est pas la personne qui est testée mais le site, ce n'est pas vous qui avez fait le site donc les remarques mêmes négatives ne seront jamais prises de façon personnelle (même si ce n'est pas vrai). Puis expliquez la façon dont va se dérouler le test (notamment son timing), à quoi sert la caméra vidéo qui filme la navigation.

- Commencez par poser quelques questions au testeur pour le mettre en confiance, instaurer un dialogue et mieux connaître son habitude d'Internet : son activité, son antériorité sur Internet, ses habitudes d'achat et son dernier achat sur Internet.

- Quand le testeur est sur la page d'accueil du site, demandez-lui ce qu'il en pense, quelle est son impression générale, ce qu'il retient de ce premier coup d'œil. Quel avantage y a- t-il à aller sur ce site, qu'est-ce qu'il vend ? Demandez au testeur s'il peut essayer de réfléchir à haute voix. La clef du succès est de reprendre la dernière partie de la phrase du testeur afin de lui faire préciser ses idées (pas systématiquement pour que ce ne soit pas trop « lourd » mais de temps à autre). Par exemple : « je trouve que ce site est très classe », vous reprenez « très classe, qu'est-ce qui vous amène à penser cela ? »… Essayez de ne pas vous contenter de généralités, faites-les préciser autant que faire se peut, tout en restant dans une ambiance décontractée.

• S'il y a un ou deux scenarii, présentez-les au fur et à mesure. Si vous testez deux sites, écrivez les noms des sites (et demandez de procéder sur un site puis l'autre). Les scenarii doivent être simples et « larges ». C'est-à-dire qu'ils doivent être concrets (« chercher un livre ») mais pas trop précis pour rester réalistes (« …qui vous plairait » et non pas «…à moins de 22€ »). Il faut les écrire sur une feuille qui sera remise au testeur. Il pourra s'y référer durant le test.

• Puis demandez-lui de réaliser le scenario. S'il vous pose des questions par rapport au scenario, répondez-y (c'est qu'il est trop complexe, il faudra que vous le fassiez évoluer), s'il s'agit de la navigation sur le site, éludez sa question en lui demandant de faire comme s'il était tout seul. Ne l'aidez pas !!!! Si vous faites tester deux sites, limitez le nombre de scenarii.

• Quand les scenarii sont terminés, revenez sur deux ou trois phases ou réactions clefs que vous aurez notées et demandez au testeur de vous expliquer son cheminement. Ses questions, les obstacles qu'il a pu rencontrer. Et si vous avez fait tester deux sites essayez de faire faire au testeur une synthèse émotionnelle (je préfère celui-ci ou celui-là) puis une évaluation (plus gros, plus sérieux, plus de stock, un plus grand choix de produits). Essayez notamment de faire établir une hiérarchisation en termes de réassurance, de confiance en les basant sur des éléments concrets (stocks, prix, service, taille…).

Enfin, quand tout est terminé (pas plus d'une heure, tout compris), vous remerciez le testeur pour son aide puis lui remettez ses bons d'achat. Si le test s'est bien passé (pour vous et pour lui), n'hésitez pas à lui demander s'il connaitrait quelqu'un qui serait intéressé pour tester le site une prochaine fois !

La suite…

Ensuite, c'est là que les choses se compliquent. Vous avez fait une synthèse d'une page, de même que les personnes qui ont visualisé, via la caméra vidéo, le test. Faites une synthèse de ces notes, également sur une page. Validez les points divergents, complémentaires.

Les grandes règles :

- Ne tirez pas de conclusions sur le site avant que les trois testeurs n'aient terminé.

- Les tests sont là pour alimenter votre réflexion, ce n'est pas une vérité immanente. Vous devez prendre du recul et ne pas tout prendre comme « argent comptant ».

- Privilégiez les actions et les explications aux opinions. Les opinions sont notoirement peu fiables car exagérées (positivement ou négativement). Les testeurs pensent souvent que vous attendez d'eux des opinions tranchées.

- Les testeurs font de leur mieux. Ils vont s'efforcer de remplir leur rôle au mieux. Ils vont donc beaucoup plus s'impliquer que dans la vraie vie. Cela est surtout vrai au niveau de la lecture des pages et au niveau de l'effort consenti pour trouver ou utiliser une fonctionnalité. Tenez-en compte.

- Par contre ne prenez pas trop en compte tout ce qui a trait aux couleurs et à l'esthétique d'une façon générale car cela variera pour chaque internaute. Sauf si tous les testeurs s'accordent à dire que cette couleur est affreuse !
- Les conclusions d'un test d'utilisabilité sont généralement « évidentes » (a posteriori, bien sûr), concentrez-vous sur ces éléments. Mettez de côté ce qui ne l'est pas pour tout le monde, ce sera aussi le rôle des tests suivants de clarifier ce qui ne l'est pas à cette étape du processus. N'oubliez pas qu'il s'agit d'un processus itératif.

- Concentrez-vous sur ce qui est précis et concret. « La navigation ne fonctionne pas » ne veut rien dire. Au contraire de : « 2 personnes sur 3 n'ont pas trouvé le bloc de saisie pour la recherche ».

- Réfléchissez en termes de solution et non de problème !

Voilà, vous savez tout !

Vous n'avez plus qu'à pratiquer.

Vous verrez, ce n'est pas très compliqué et vous serez surpris par la qualité des résultats.

C. REALISER UN SITE DE E-COMMERCE « BOUTIQUE »

1/ Naviguer dans une boutique.

Avez-vous remarqué qu'on « navigue » et non pas « chemine » sur Internet ?

Naviguer est bien plus complexe que se promener sur un chemin. Il y a bien plus de facteurs à prendre en compte : le vent, les courants, la marée… Le fait que nous naviguions sur Internet montre bien que c'est compliqué.

Et vos visiteurs ne navigueront pas sur votre site s'ils ne trouvent pas leur chemin.

Il vous faut donc mettre en place des panneaux indicateurs qui soient visibles (comme sur la route). Ce sont vos « amorces » de pistes d'information.

Regardez comment sont organisés les « grands magasins » tels Les Galeries Lafayette. Bien sûr, il y a bien un moment où il vous faudra demander votre chemin, si vous ne trouvez pas immédiatement ce que vous recherchez. Certains le demandent même tout de suite. Ce sera le rôle du moteur de recherche.

Allez sur un site de e-Commerce tel que celui de LAND'S END[30], voyez comment les grandes sections sont clairement indiquées (les panneaux indicateurs des destinations principales) en respectant les « normes » de présentation d'un site de e-Commerce. Puis vous pouvez entrer par famille de produit (les panneaux indicateurs pour les destinations secondaires).

Vous agissez comme si vous étiez dans un grand magasin. Vous n'avez juste pas à prendre l'escalator…

La métaphore du grand magasin fonctionne fort bien pour organiser votre site. Malheureusement c'est moins simple sur Internet que dans la vie physique et du coup il faut aller au-delà. En effet, quand on navigue sur un site Internet il nous manque le sens de la direction (pas de droite/gauche/haut/bas). On ne peut qu'aller du général au particulier dans la hiérarchie des rayons.

Il nous manque également le sens de la localisation : dans un magasin, lors de notre cheminement physique nous collectons énormément de données de façon inconsciente. Nous développons une aptitude à « savoir » où sont les choses. À trouver des raccourcis.

Mais ce qui nous manque le plus sur un site Internet, c'est le sens de l'échelle. Même dans un très grand magasin, nous savons quelle est sa taille, nous connaissons/ressentons le ratio entre ce que nous avons vu et ce que nous n'avons pas encore vu. Tandis que sur un site, il est difficile de savoir où nous en sommes de notre recherche : avons-nous épuisé toutes les possibilités ? Reste-t-il des rayons à visiter ?

---

[30] www.fr.landsend.com

Et quand nous revenons sur le site, comment retrouvons-nous l'endroit où nous avions déniché notre tondeuse ?

C'est pourquoi l'usage des « marques-pages » est important et… le bouton « retour » du navigateur compte pour 30 à 40 % des clics sur Internet. Et il faut que la fonction « retour » du navigateur fonctionne depuis toutes les pages de votre site !

Cela explique également pourquoi le concept de page d'accueil est important. Car il s'agit d'une page « fixe », d'un repère. Elle est aussi la page « panique » quand on est perdu. Ce n'est pas pour rien que l'on parle de « navigation » sur un site Internet et non pas dans un magasin : cela a plus trait à une course transatlantique qu'à une promenade !

Mais cela signifie également que la navigation sur un site Web doit vous permettre non seulement de savoir où vous vous situez, ce qui est beaucoup plus complexe à déterminer que dans un espace physique, mais également de « comprendre » le site. Comprendre son organisation, sa profondeur, son objectif.

Car la navigation n'est pas qu'un élément, un ensemble de fonctionnalités d'un site Web : C'EST LE SITE WEB.

La navigation peut ainsi devenir un véritable avantage concurrentiel qui, malgré les apparences, ne sera pas forcément aisé à répliquer.

Décrivons les buts de la navigation :

- Nous permettre de trouver ce que nous cherchons
- Nous dire où nous nous trouvons,
- Nous donner quelque chose à quoi nous raccrocher si nous nous perdons,

- Nous dire ce qu'il y a en magasin. En rendant visible une hiérarchie, la navigation nous « dit » ce que contient le site. La navigation révèle le contenu ! Et le révéler est encore plus important que de nous mener et de nous positionner (toujours cette histoire de pistes…),

- Nous dire comment utiliser le site. Si la navigation est bien conçue nous saurons par où commencer et quelles sont les options que nous pouvons prendre et ce, de façon intuitive. De toute façon si ce n'est pas intuitif, personne ne lira le « Plan du site » ou le « guide de première visite » ou les « FAQ », pas plus que quiconque ne lit les modes d'emploi. Ces parties de site sont autant d'aveux d'échec !

- Nous donner confiance dans les personnes qui ont conçu le site. Car quand nous naviguons sur un site, notre question sous-jacente est toujours « est-ce que les gens qui ont fait cela savent de quoi ils parlent ? ». Clairement, une bonne navigation est la meilleure façon de faire une bonne impression et d'inciter les visiteurs à revenir… et à acheter !

Les « standards » du e-Commerce

Que ce soit pour la signalisation routière ou dans la mise en page des livres et des revues, des normes se sont mises peu à peu en place pour nous permettre d'acquérir des réflexes, d'avoir des repères. Il en a été de même sur Internet d'une façon générale et sur les sites de e-Commerce de façon toute particulière.

Bien sûr ces normes sont amenées à évoluer. Elles sont notamment sensibles aux effets de la mode, aux contraintes techniques et au degré de maturité des utilisateurs. Mais certains « standards » émergent.

Voici les principaux qui font preuve d'une certaine pérennité :

Les onglets de famille :

Ces onglets reprennent les noms des principaux rayons du magasin. Comme vous l'avez vu avec LAND'S END, ils peuvent se croiser. Ils sont essentiels car ils permettent non seulement au visiteur de se repérer mais également de se construire une carte mentale de ce qu'il y a en magasin.

Les liens utilitaires sont ceux qui amènent à des éléments importants du site mais qui ne font pas partie du contenu hiérarchisé. Ce sont des éléments qui peuvent aider à utiliser le site (panier, mon compte…) ou à savoir qui est derrière le site (qui sommes-nous ?, conditions générales de vente…).

Ces liens utilitaires doivent être en retrait par rapport au nom des rayons. Un peu selon le même principe que dans les grands magasins où les toilettes ne sont pas indiquées au même niveau (avec autant de force) que le rayon lingerie !

Comme nous l'avons signalé, l'étoile du berger de votre site en est la page d'accueil. Il est nécessaire qu'elle soit accessible à partir de chaque page de votre site. Si, voici encore quelques années, le terme « Accueil » était présent parmi les onglets, ce n'est plus le cas. Les internautes savent qu'il suffit de cliquer sur le logo en haut à gauche du bandeau du haut (le header) pour se retrouver au « point de départ » du site.

Mais les onglets ont leurs limites : Il est difficile de gérer de trop nombreux niveaux avec des systèmes d'onglets (plus de 3 en fait), ce qui explique sans doute pourquoi Amazon (ceux qui les ont promus si ce n'est inventés)… les a abandonnés au profit de blocs portés sur le côté.

Mais les onglets sont réellement les application killers d'un site de e-Commerce. Voici pourquoi :

• Ils sont évidents, pour tout le monde et pas seulement pour les geeks, la preuve :

- Ils sont difficiles à rater,
- Ils ne prennent pas trop de place,
- Ils suggèrent un espace physique,
- Ils peuvent se présenter de façon très sobre (tout comme sur le site LAND'S END).

Les meilleures pratiques

Maintenant que nous avons vu les généralités, passons à la pratique au travers de l'analyse des principales pages d'un site de e-Commerce.

1 - La page d'accueil

La page d'accueil est la pire à concevoir de toutes les pages car elle doit répondre à tous les objectifs de toutes les cibles. En même temps, elle est la « bouée de sauvetage » des internautes égarés lors de la navigation et… celle sur laquelle repose bien souvent des objectifs délirants de position en référencement naturel !

En outre, c'est celle sur laquelle tout le monde dans votre organisation va se focaliser, et aura bien souvent des jugements péremptoires.

Vous vous arrachez les cheveux ? Rassurez-vous, il s'agit d'une mission impossible.

Du coup, essayez de la traiter de la façon la plus rapide possible pour pouvoir vous consacrer aux autres pages. Alors que c'est souvent l'inverse qui est fait : on passe beaucoup de temps sur cette page, puis les autres n'intéressent pas grand monde et sont bâclées.

2 - Les objectifs clefs de la page d'accueil

Les personnes qui vous connaissent trouvent des repères clairs leur indiquant qu'ils sont bien chez vous : votre logo est en haut à gauche (il n'a pas à être gros, il suffit qu'il soit là puisque c'est à cette place qu'il est attendu). Vous respectez l'ambiance de vos magasins…

Les personnes qui ne vous connaissent pas (et du coup pour qui votre logo a peu d'importance puisqu'il ne fait pas partie de leurs objectifs de recherche – ce devrait être peu le cas si vous suivez nos recommandations) doivent comprendre du premier coup d'œil :

- Que leur expérience sera agréable (beauté/utilisabilité)
- Qui vous êtes (vous vendez[31] des vêtements – une image est rapide à comprendre et développe un niveau de croyance supérieur à du texte[32]). Est-ce que cela correspond à leur objectif de navigation général ? Oui/Non
- La nature de votre offre (type d'offre mais également sa largeur et sa profondeur) avec les onglets – ces derniers (avec les mentions de prix et de promos) symbolisant aussi le fait que vous soyez un site de e-Commerce. Ce site vaut-il le coup d'investir de mon temps car il présente de fortes chances de correspondre à mon objectif de navigation spécifique ? Oui/Non
- Les facteurs clefs de différenciation de votre offre. Pourquoi rester sur ce site alors que je ne le connais pas ? Qu'est-ce qu'il a de différent ? Qu'est-ce qu'il a en plus ? Des offres répondant le mieux à mon objectif de navigation ?
- Les mots-clefs « pavloviens » : Gratuit, Promo, Garanti. Utilisez les couleurs correspondant à votre stratégie, c'est-à-

[31] Il faut que votre site ressemble à un site marchand. Il faut y mettre les stimulations classiques comme pour les magasins physiques. Selon Gonzales, 2005, la stimulation marchande est une clef importante de la réussite d'un site de e-Commerce. Source sur le site VADOR. Bien sûr il faut adapter ces stimulations à votre univers : discount, luxe….

[32] Notre vue est une des premières choses dans laquelle nous savons qu'il y a une vérité. Nous voyons une table - nous nous cognons - notre vue ne nous a pas menti. Or une image est l'expression « centrée » de notre vue.

dire des couleurs vives jaune/rouge pour un positionnement prix, des couleurs sobres pour un positionnement plus qualitatif.

- Des éléments créant de la confiance : numéro de téléphone, modes de paiement, politique de retours, options d'achat, service client, confidentialité, qui vous êtes, confidentialité des données personnelles… Vous devez placer tout cela sur les hauts et bas de toutes les pages du site (et donc de la page d'accueil). Ce sont les *headers* et *footers*.

Indiquez par où commence la navigation, fonction des objectifs des internautes. Dans l'ordre : Images/Onglets/Moteur de recherche. Il va de soi que la page d'accueil « porte » le catalogue de votre offre. Le site est votre catalogue. Dans le cas d'une approche multicanal, il vous faudra choisir : soit votre site est un site de e-Commerce, soit il ne l'est pas. Mais il ne pourra pas remplir différentes fonctions au même niveau (vendre, localiser les magasins, porter une image). Il faudra nécessairement les hiérarchiser.

Votre site doit célébrer votre offre, la rendre désirable. Cela passe par des images de haute qualité, devant susciter le désir.

3 - La classification des produits

Retranscrire via les familles/sous-familles est un exercice généralement difficile car vos clients ne classifient pas vos produits comme vous le faites… ou que le fait un spécialiste des bases de données. Or c'est le client qui a raison !

Regardez comment font les principaux sites dans votre secteur d'activité. Après tout, c'est eux qui « éduquent » votre marché. Vos clients sont sûrement allés chez eux. Mais ils ne sont pas forcément

les plus pertinents, surtout si ce ne sont pas des « Pure-players » et qu'ils sont ancrés dans leurs habitudes.
Allez surtout dans des magasins physiques commercialisant les mêmes produits que vous.
Voyez comment ils ont organisé leurs rayons et réfléchissez à la façon dont vous pouvez le retranscrire sur votre site.
Vous pouvez également organiser un « tri de cartes ». Pour organiser un tri de cartes vous donnez à quelques utilisateurs (4 ou 5) une pile de cartes, chacune avec le nom d'un produit dessus. Vous leur demandez de trier ces cartes puis, une fois que c'est fait, de nommer les tas ainsi réalisés.
Comparez la façon dont ces cartes sont triées, quels noms sont donnés par chaque utilisateur. Vous avez toutes les chances de voir apparaître la réponse à votre problématique de classification des produits.
Dans tous les cas, n'hésitez pas à avoir une classification redondante. C'est-à-dire placer un produit dans plusieurs familles et sous-familles.

4 - La page catégorie.

La page catégorie (ou page liste produits) est le parent pauvre de bien des sites. Car on a consacré – en vain – toute son énergie à la page d'accueil, puis un peu à la fiche produit. On arrive épuisé et à court de temps à cette page intermédiaire et on la bâcle. C'est une grande erreur, car c'est une page très importante. Elle va permettre à l'internaute de :

- Sélectionner les produits qui peuvent l'intéresser,
- Accéder aux descriptions de ces produits,
- Comprendre la profondeur de votre gamme,

- Commencer à comparer les produits entre eux.

Il s'agit d'une étape complexe – et du coup critique – sur le chemin de la transaction.
Car c'est bien souvent à ce moment que les choses se gâtent. Les études menées par l'ergonome Jakob Nielsen convergent sur ce point. L'internaute s'avère bien souvent incapable de trouver le produit recherché. Il s'agit de la raison principale d'échec de la navigation sur un site de e-Commerce[33] – et donc de la réalisation de la vente.
Les listings doivent être limités en nombre de pages : personne ne va au-delà de 2 à 3 pages. En fait il s'avère que pour des catalogues très fournis, peu importe le nombre de produits par page[34]. Vous pouvez avoir tous les produits sur la même page[35]. Car ce qui compte c'est que le consommateur puisse :

1. Sélectionner
2. Trier

– **Sélectionner** : la meilleure position pour les critères de sélection est à gauche de la page car d'une part cela est devenu une « norme » et d'autre part l'œil survole ces critères sans les voir mais en les

[33] 27 % des causes d'échec de navigation. Source : J. Nielsen et Nordman, E-Commerce User Experience.
[34] Il faut cependant que les temps de téléchargement soient inférieurs à 5 secondes... pour la partie visible par l'internaute (le haut de la page).

[35] La barre de scroll verticale ne posera pas de souci à partir du moment où la page-écran sera clairement vue comme étant incomplète. Par exemple en présentant en bas de page-écran des images coupées.

apercevant[36], pour aller vers l'information principale de la page à savoir la liste des produits.

Je peux choisir dans cette liste de gauche les critères qui sont importants pour moi. Du coup je restreins la liste. C'est sur cette capacité de sélection que l'on fait bien souvent la différence entre un bon site et un site médiocre. Bien sûr cette capacité de sélection n'est intéressante que pour des catalogues produits de taille significative : des critères de sélection sur 10 produits ne présentent pas grand intérêt. Une fonctionnalité de comparaison des produits entre eux – s'ils sont proches en termes de fonctionnalités – serait bien préférable.

Les spécifications des produits ne sont pas forcément les seuls – ou les meilleurs critères. Le mieux est d'aller, là aussi, dans un magasin physique et d'écouter un vendeur pendant deux ou trois journées.

– **Trier** : une fois la sélection faite[37], je trie la liste selon une liste de critères qui se trouve typiquement en haut de la liste. Il faut proposer des critères pertinents pour le consommateur. Certains comme « nouveautés », « promos »… peuvent présenter un intérêt, en plus des tris classiques par prix montants ou descendants. L'ordre de présentation par défaut des produits doit également être pertinent et être intuitif (il s'agit bien souvent d'un ordre croissant des prix).

---

[36] Nous ne voyons pas de façon uniforme : seul ce qui est au centre de notre vision est vu précisément et nous avons un halo de vision autour de ce point central. Ce halo nous permet néanmoins de « noter » la présence d'éléments pouvant nous intéresser.

[37] Ou directement. Ou je trie d'abord puis je sélectionne. Tous les cas de figure sont possibles. L'utilisateur peut tâtonner comme il le souhaite. La navigation doit être rapide, fluide et le visiteur doit pouvoir revenir en arrière facilement, tant pour les tris que pour les sélections. Cela n'est donc pas une prise de risque pour le site.

Sélectionner, trier : ce sont les fonctionnalités clefs de la page catégorie.

Mais d'autres éléments sont également à prendre en compte :

Si tous vos produits ne sont pas en stock, annoncez la couleur dès maintenant. L'internaute sera irrité si vous lui faites désirer un produit qu'il ne pourra pas acheter au final. Plus votre visiteur aura investi de clics pour savoir qu'il ne peut acheter, pire sera son ressentiment envers votre marque – et nous pesons nos mots.

Quand la similarité visuelle est importante (vêtements…) il est nécessaire de les assembler par proximité visuelle. Car le visiteur arrêtera de regarder votre site dès qu'il voit une répétition de produits qui ne correspond pas à sa recherche.

5 - Les images des produits sur la page catégorie :

- Doivent être de qualité et leur taille doit être suffisante pour les identifier. Un effet de zoom au passage de la souris est nécessaire.
- Doivent présenter le niveau d'information nécessaire pour sélectionner un produit. Après tout c'est bien là le rôle de cette page !
- Ne doivent pas répondre à toutes les questions que peut se poser l'utilisateur. C'est là le rôle de la fiche produit. D'où l'hérésie de mettre le bouton « acheter » à ce niveau de la navigation[38]. Rappelez-vous que vous devez présenter des « pistes » de plus en plus chaudes à l'internaute.

---

[38] A l'exception, bien sûr, des produits fréquemment rachetés. Mais là vous devriez proposer une offre d'abonnement…

- N'hésitez pas à coller sur ces images des pictos permettant au client de mieux se diriger dans votre liste de produits. Surtout s'ils se ressemblent tous – par exemple des foies gras. « Meilleure vente », « Concours général agricole », « coup de cœur »…. Bien sûr, c'est comme le sel pour la soupe, un peu flatte le goût, trop la rend immangeable.

Les possibilités de comparaison que nous avons évoquées dans le cas de petits catalogues peuvent être intéressants à mettre en place quand on peut comparer les produits selon des critères objectifs (par exemple le nombre de mégapixels pour un appareil photo). Mais, pour être utilisables, il est nécessaire que la comparaison se fasse sur un nombre limité de critères discriminants et que les produits soient suffisamment homogènes pour être comparables ! Il est nécessaire de laisser le client choisir les produits qu'il souhaite comparer.

Dans le cas d'un accès direct à la famille, une « tête de gondole » met en avant les produits clefs de la famille, des promos. Cela rend la page catégorie plus attractive, plus commerciale. C'est notamment très intéressant quand cette page est la « page d'atterrissage » de certaines de vos campagnes de promotion.

6 - Les fiches produit

Le test de vérité d'une fiche produit consiste à savoir si :

- Elle donne assez d'information au client pour qu'il puisse prendre une décision d'achat,
- Elle incite suffisamment à cet acte d'achat.

La page produit a pour objectif de présenter les détails sur un seul produit (mais ce produit peut se décliner en différentes variantes de couleur, taille…) via des images, le nom du produit ainsi que des informations liées à l'acte d'achat telles la disponibilité et le prix. Des informations liées à l'usage du produit sont aussi intéressantes (entretien…).

Bien sûr, il doit également y avoir un mécanisme pour acquérir le produit, tel un bouton « achat »!

7 - Ce qui est nécessaire sur une fiche produit :

- Nom, description courte, image reconnaissable du produit (une grande image incitera plus à l'acte d'achat),
- La description produit inclut tous les facteurs essentiels pour le client,
- Présentation du prix,
- Disponibilité du produit et, si possible, délai de livraison,
- Liens vers les garanties fabricant, les garanties du site et la politique de retour,
- Un moyen hautement visible[39] de mettre le produit dans le panier,
- Les prix, avantages, garanties doivent être proches du bouton « acheter ».

[39] Visible ne veut pas forcément dire gros et agressif, tout au contraire : ce qui est ressenti comme agressif ne sera pas « vu ». Nous avons vu des dizaines d'exemples de boutons de mise au panier tellement agressifs qu'ils en étaient devenus invisibles.

En fonction du type de produit, il peut être également intéressant de présenter :

- Des avis d'utilisateurs (mais faites attention !) ou d'experts[40].
- De zoomer sur des détails du produit, d'ouvrir des vues alternatives, 3D, des vidéos[41] (mais ne les utilisez que si cela peut être utile. Il est nuisible et dangereux de multiplier les informations).
- De spécifier les options du produit (couleur, finition, taille…). Présentez l'ensemble des options possibles sur la même page car sinon le consommateur ne va pas avoir une vision claire des choix possibles. Evitez à tout prix les listes avec plusieurs niveaux pour sélectionner les options. Ne demandez pas au client d'effectuer un choix alors qu'il n'y a qu'une option. Reprenez les options sélectionnées au niveau du panier.

---

[40] Nous sommes fort circonspects quant à l'usage systématique des avis utilisateurs et de liens vers des réseaux sociaux sur la fiche produit. Les études mises en avant par les acteurs du marché des avis sur le sujet nous semblent en effet fortement orientées (leur objectif est de vous vendre leur service et non pas forcément de vous faire réussir votre e-Commerce). Il ne s'agit pas d'une panacée et son usage est délicat (il faut de nombreux avis par produit) et peut s'avérer risqué. Par ailleurs les consommateurs se doutent que bien de ces avis sont manipulés. Selon plusieurs études, les internautes pensent que les avis consommateurs sur Internet sont en général… « peu fiables + pas fiables du tout ». Autant nous pensons que les avis de consommateurs gérés de façon transparente par un tiers ont un impact et un avenir, autant le fait de gérer, en tant que e-Commerçant, des avis de clients soi-même et sur son propre site est amené à disparaître (sauf si on s'appelle Amazon et même…).

[41] L'usage de la vidéo ou la vision d'un produit en mouvement, accroissent la probabilité que l'internaute achète.

- Le client peut également personnaliser le produit. L'exemple de NIKE BY YOU[42] est un très bon classique. Il donne la possibilité de manipuler l'objet, d'interagir avec lui (c'est le contenu qui est l'interface et non l'inverse).

- La mise au panier doit être « visible ». Il est nécessaire que l'utilisateur s'en rende compte. Le mieux serait de le faire aller à la page panier puis, s'il le désire, lui donner la possibilité de continuer ses achats. Il est également intéressant, pour ne pas « casser » la dynamique d'achat, de laisser le visiteur sur sa page mais dans ce cas une information ou mieux une light box doit lui notifier de façon clairement visible, cette mise au panier.

8 - À noter également :

- Il vous faut parler la langue du client. Evitez les jargons et mots sophistiqués. Pensez à l'usage du client (une table ronde de 80 cm de diamètre c'est pour combien de convives ?). Utilisez des noms conventionnels pour les couleurs (et nommez-les). Allez faire un tour dans un magasin physique, répondez au téléphone… vous aurez vite les clefs et les mots nécessaires. Pour les noms des différentes nuances de couleurs, faites un test ne serait-ce qu'avec vos proches, vous serez surpris !

- Soyez accrocheur, suscitez le désir. Avec les images mais aussi avec les mots qui viendront « conforter » les images. Mettez deux lignes pour faire rêver, mettre le consommateur dans l'ambiance. Ce sera votre phrase d'accroche, juste en dessous du nom du produit et à côté de l'image. Expliquez

[42] /www.nike.com/fr/nike-by-you

avec le texte les détails que l'image ne peut présenter. Mais gardez en mémoire que le texte n'est qu'un substitut imparfait à de meilleures images. N'hésitez pas à utiliser les vidéos pour « contextualiser » votre produit, pour en raconter l'histoire. Proposez des vidéos de défilés de mode… pour montrer comment « tombe » une robe, comment le sous-vêtement est adapté à différentes morphologies…

- Soyez précis. Les clients préfèrent des termes précis plutôt que des mots vagues. Ces derniers leur posent plus de questions qu'ils ne leur apportent de réponses. Par ailleurs être précis et clair vous positionne comme un professionnel connaissant ce qu'il vend. Un facteur clef de confiance dans la relation commerciale.

9 - Quelques écueils

- Ne présentez pas trop d'information d'un coup, sur un seul niveau. Découpez-la par couches et rendez-la accessible soit via une listbox, soit via des onglets.
- Si vous êtes à court de stock, proposez une information sur la date du réassort. Mais faites attention à ne pas inciter l'internaute à la procrastination car il s'agit d'un danger pour vous ! Essayez plutôt de le faire acheter ici et maintenant en mettant en avant l'information d'un stock devenant faible !
- Les boutons de type : e- mail, Facebook, Twitter peuvent se justifier… mais ne vous attendez pas à des merveilles.

- Validez que le client a bien sélectionné les options nécessaires avant de mettre le produit au panier. Si ce n'est pas le cas, le renseigner sur les options manquantes.

10 - Les images

Enfin nous tenons à souligner l'importance de la qualité des images des produits. Il faut qu'elles donnent envie. Les zooms que vous proposez doivent être de très haute qualité (si possible en haute définition) et utilisables à la volée (sans avoir à cliquer sur des images complémentaires ou des boutons « zoom »). Faites attention aux images trop sombres, sans détails. Présentez le produit en mode de consommation, ou porté, ou en cours d'usage. C'est votre force en tant que e-Commerçant ! Avec ces fonctionnalités, vous devez pouvoir donner à vos visiteurs plus d'information sur les produits qu'ils ne pourraient en avoir en magasin (à l'exception de l'essayage et de la prise en main, bien sûr).

Présentez les images des produits dans chaque couleur disponible. Le mieux est évidemment de changer l'image principale du produit juste au niveau des couleurs. Les échantillons de couleur cliquables pour modifier la couleur du produit doivent être cohérents avec la couleur portée sur le produit (évident mais pas si simple que cela à mettre en œuvre).

Si vous le pouvez, présentez des vidéos.

11 - Construire la confiance

Le commerce est une affaire de conversation et de confiance. La conversation est constituée par la navigation de votre site et ses contenus. La confiance, si difficile à créer et si facile à perdre, surtout en VAD, doit être une préoccupation sous-jacente à toute votre construction.

Voici comment :

- Les informations sur votre entreprise sont brèves et facilement accessibles (via le *footer* par exemple). N'hésitez pas à faire des liens vers des sites indépendants parlant de vous.
- Présentez un prix juste et complet. Ne jouez pas sur les frais de port cachés en aval dans le tunnel de vente. Présentez les coûts annexes, s'il y en a, dès que possible.
- Donnez une information honnête sur le produit et sélectionnez des produits de qualité. Votre signature vous engage, y compris quand vous vendez des produits qui ne sont pas sous votre propre marque. En tant que distributeur vous faites un choix. Votre client s'attend à ce que vous ayez aussi choisi pour lui.
- Un design de site correct, professionnel et un contenu mis à jour. Enlevez immédiatement les produits périmés. Eradiquez les fautes d'orthographe et de frappe. Les traductions doivent être d'un excellent niveau.
- Ne mettez pas en avant des produits non disponibles.
- Les messages d'erreur doivent être constructifs et aimables.
- N'obligez pas à une nouvelle saisie des formulaires en cas de retour à la page précédente ou en cas d'affichage de message d'erreur.
- Donnez aux utilisateurs l'information dont ils ont besoin au moment où ils en ont besoin.
- Détectez et corrigez les problèmes techniques.

- Ayez une politique commerciale clairement affichée et orientée vers le client. Mettez en avant des garanties qui soient concrètes et valorisables par le client. Ne le trompez pas lors de leur mise en œuvre. Offrez le retour gratuit. Rendez vos conditions générales de vente (CGV) accessibles et lisibles.

- Soyez soucieux du respect des données personnelles de vos clients et dites-leur. Ne demandez des informations personnelles qu'en cas d'absolue nécessité et expliquez pourquoi vous en avez besoin lorsque vous les demandez. Donnez facilement accès à votre politique de confidentialité et à votre conformité au RGPD. Celle-ci doit être rédigée de façon claire et compréhensible, avec des engagements concrets. Utilisez des connections sécurisées. Proposez des moyens alternatifs au Web pour passer commande (téléphone par exemple).

- Soyez soucieux de la sécurité des données. Mettez en avant un établissement bancaire connu.

- Donnez accès à des personnes serviables et aimables. Montrez que de vraies personnes – et non pas des machines– répondent aux demandes client. N'utilisez pas des images de banques d'image pour présenter votre service-client – cela décrédibiliserait l'ensemble de votre démarche. Signez de noms de personnes les documents importants et vos engagements.

- Dépassez les attentes de vos clients. Informez vos clients de la date de livraison. Quand il y a des risques de retard, informez vos clients immédiatement. Soyez certain que le suivi de commande et du transport sont utilisables. Vérifiez régulièrement la qualité de vos services et produits. N'hésitez pas à glisser un petit cadeau, un mot de remerciement dans vos colis.

2/ Le côté obscur de l'infrastructure technologique

– Le syndrome de la Reine de Cœur

Vous rappelez vous la reine de cœur dans Alice au Pays des Merveilles ? Elle trépigne sur place, veut décapiter tout son monde, fulmine, ordonne et, au final, passe à autre chose.
Dans l'environnement Internet et tout particulièrement celui du e-Commerce, de nouvelles révolutions sont annoncées tous les quatre matins.
Tout l'environnement s'esbaudit, acclame la nouvelle révolution, se rengorge de nouveaux mots, frémit d'excitation sur les milliards de profits futurs promis par Jupiter Research et consorts puis… passe à autre chose, vénérant un nouveau Dieu Baal.

Rappelez-vous que ceux qui vous prédisent l'avenir avec autorité sont ceux qui n'ont pas arrêté de se tromper ces 20 années précédentes. D'ailleurs plus ils sont bardés de certitudes quant à l'avenir, plus ils se sont trompés, se trompent et se tromperont.
Combien de révolutions annoncées pour une qui se réalise ? Infiniment peu.

Alors pourquoi ces annonces, pourquoi cette frénésie ? Il vous suffit de voir « à qui profite le crime ». Il profite aux web agencies, aux groupes de communication, aux ESN, aux consultants et j'en passe. Mais soyez sûr d'une chose, celui à qui tout ce *hype* ne profite pas, c'est vous.
Comme le dit Nassim Nicholas Taleb : « Dans le doute, l'attitude optimale est de rejeter systématiquement la nouveauté ».

– Que faire ?

Si vous investissez (du temps, de l'argent…) sur chacune des nouveautés, vous ne serez sûr que d'une chose : avoir dépensé de l'argent. Mais quant à en gagner cela sera une autre histoire…

Les révolutions ne se prédisent qu'a posteriori et l'on ne garde en mémoire que celles qui ont « fonctionné ». Il s'agit du « biais du survivant ». Les révolutions qui ont échoué sont oubliées. Il en est de même quant aux échecs entrepreneuriaux. Ce qui est essentiel n'est pas de savoir combien de révolutions ou d'entreprises ont été des réussites mais combien ont échoué. Vous vous en doutez, la seconde catégorie est infiniment plus nombreuse mais personne n'en parle.
Cela signifie que pour une activité mise en avant ou un entrepreneur auréolé de succès, combien ont disparu ? Quel est le niveau de risque à suivre les révolutions annoncées ? Enorme.

Inutile de suivre les tendances, d'être le « *first mover* ». Il vaut bien mieux investir en limitant sa prise de risque et laisser les autres tester les nouveautés.

– Tout a un coût !

Nous retrouvons là pleinement le syndrome de la Reine de cœur présenté plus haut : le nombre de prestataires proposant une solution de plateforme e-Commerce est énorme et le marché est encore loin d'être mature.

Une règle de base : *there is no free lunch*. Tout a un prix et il n'y pas de miracle. Des sociétés sans scrupules écument le territoire en vendant des solutions « gratuites ». Ne signez pas ! Car non seulement cela vous coûtera de l'argent mais en plus, au mieux, vous paierez bien cher pour un outil médiocre.

Pour votre site de e-Commerce il n'y a pas de certitude : ce n'est pas forcément parce que vous payez cher que vous aurez de bons outils. Mais si vous ne payez pas cher, vous en aurez, au mieux, pour votre argent.

Pour sélectionner une solution ou un prestataire, il y a quelques étapes obligatoires et un état d'esprit à privilégier :

- Décrire vos besoins, avec des exemples, à l'aide d'un Cahier des Charges,
- Faire jouer la concurrence sur la base de ce Cahier des Charges afin de rendre les propositions comparables,
- Questionner finement les réponses,
- Ne croire que ce que vous voyez : ne confiez pas votre site à une société qui n'a jamais développé une fonctionnalité essentielle pour vous… ou qui n'a jamais développé de site de e-Commerce. Questionnez leurs clients pour savoir comment cela s'est passé (respect des délais, des budgets, du cahier des charges),
- Soyez réaliste : pour 4 000 € HT vous n'aurez pas un site de type Rolls avec, en prime, un ERP complet !

– Les vendeurs ne sont pas les faiseurs.

Comme les agences web et autres ESN savent bien parler du e-Commerce ! Ils connaissent les statistiques de marché par cœur et vous prodiguent des conseils avisés sur votre futur business qui leur paraît toujours prometteur. Mais détrompez-vous, leur métier n'est pas le e-Commerce, c'est d'en fournir les outils. Le meilleur motoriste de F1 n'a pas la prétention de remplacer le pilote. Eh bien, c'est pourtant ce que vous propose votre agence web ou ESN en mettant en avant ses consultants e-Commerce.

N'oubliez pas que le business de ces sociétés est de vendre des sites et non de les faire fonctionner ou de valider des modèles économiques. Des prestataires peuvent avoir une expérience intéressante, soit à titre personnel, soit par ce qu'ils ont vu chez certains de leurs clients (et qu'ils partagent avec vous). Vous pouvez donc les écouter mais toujours avec du recul.
Ensuite, il existe quelques cabinets conseils spécialisés uniquement dans le e-Commerce, adressez-vous à eux ! Et validez contractuellement qu'ils n'ont pas de rétro-commission de la part des prestataires qu'ils pourraient vous aider à choisir.

– Un site de e-Commerce n'est pas un objectif en soi

Vous pouvez tout à fait faire du e-Commerce sans avoir de site ! Avoir des Pages d'Atterrissage, une boutique e-Bay ou une présence sur des places de marché peuvent être de bonnes options, afin, par exemple, de tester un marché. Mais comme nous l'avons souligné au cours de cet ouvrage, ce système a ses limites.

– La technologie, un défi pour le e-Commerce

La technologie n'est pas un objectif en soi. Mais cette dimension technologique, combinée aux spécificités de la VAD, font qu'il ne faut pas sous-estimer son importance. On peut même considérer que la technologie est l'un des défis du e-Commerce.

Et cette technologie, si vous êtes un acteur multicanal – donc avec de nombreuses ramifications via des systèmes d'information hétérogènes – peut devenir fort complexe. Ce qui signifie, en jargon « informaticien », cher et parfois aléatoire.

Cet aspect est souvent sous-estimé par les acteurs, du fait du discours ambiant (« ce n'est pas cher d'aller sur Internet ») ou d'une profonde méconnaissance du métier de la VAD, notamment en termes de granularité et de fréquence de rafraîchissement des données.

– Les plates-formes de e-Commerce : solutions hébergées « clefs en main », logiciel libre ou solution propriétaire ?

Vous avez de bonnes plates-formes de e-Commerce à 50€ ou à 500 000€. Elles ne répondent pas aux mêmes besoins ni aux mêmes ambitions.

1- Les solutions « clés en main »

Il s'agit de solutions que vous « louez » (quand vous arrêtez de payer vous n'avez plus rien). Elles sont hébergées sur les serveurs de leurs éditeurs. C'est par exemple le cas de Shopify sur lequel nous avons plusieurs sites depuis une 10aine d'années.

Elles vous proposent un éventail de fonctionnalités dans lequel il vous suffit de piocher avec des compléments (via une App Store). Ces fonctionnalités recouvrent 90 % des besoins les plus courants. Des configurations graphiques de base sont également proposées (que vous pouvez faire évoluer jusqu'à un certain point), l'hébergement informatique est inclus.

Leur avantage : des fonctionnalités intéressantes au regard du prix. Avec le SAAS vous n'avez pas à vous préoccuper de l'hébergement ou des mises à jour.

Bien sûr, il existe des limites en termes de fonctionnalités et d'intégration graphique mais elles sont de moins en moins existantes.
De plus, si vous commencez à avoir beaucoup de commandes et/ou de trafic sur votre site (plusieurs milliers de commandes par jour et/ou plusieurs dizaines de milliers de visiteurs) soit le système risque de moins bien fonctionner soit le prix risque d'augmenter vivement (car ces solutions sont généralement bridées).

Ces solutions sont idéales pour l'immense majorité des cas afin de tester un marché, une stratégie puis débuter un « vrai business ». Nous les recommandons vivement. Car il vaut mieux investir dans le marketing plutôt que dans un outil (il est habituel de dire – et pas si stupide que cela – qu'il faut investir 4 fois plus dans son marketing que dans son site).

2- Les plates-formes basées sur des logiciels libres ou propriétaires.

Pour ceux qui ne se satisfont pas des solutions « clés en main », il est possible de faire réaliser son site par un prestataire extérieur. Agence Web ou ESN, qu'importe, elles utiliseront généralement une base progicielle, soit « libre » soit « propriétaire » ou bien partiront d'un « framework ».
On entend par solution « propriétaire » ou « éditeur » une solution utilisée uniquement par leurs concepteurs (les éditeurs ou leurs intégrateurs habilités) pour le compte de leurs clients. En plus des coûts d'adaptation de la plate-forme logicielle aux besoins du client et de mise en place, une redevance est due, généralement sous la forme de licences d'exploitation, pour exploiter le logiciel et en avoir des mises à jour (de correction et/ou d'évolution des fonctionnalités). Il s'agit par exemple de Salesforce, IBM Websphere, Oracle Commerce.

Les logiciels libres sont des solutions faisant également l'objet d'une licence. Elle donne à chaque utilisateur un droit illimité d'utilisation, de modification et de diffusion du logiciel. Cette licence est généralement gratuite. L'accès libre au code source permet à chaque utilisateur (averti !) de le modifier selon ses besoins. Des communautés d'utilisateurs, des éditeurs, proposent des modules d'amélioration, gratuits ou payants. Ces logiciels libres sont actuellement le fait d'éditeurs, tels Magento, Prestashop ou WooCommerce.

Dans les faits, une solution « propriétaire » n'est pas le garant d'un niveau de qualité, de sécurité ou de pérennité supérieur à une solution « libre ». Et l'utilisation d'une solution « libre » n'est pas plus le garant d'un coût moindre ou d'indépendance par rapport à l'agence web ou l'ESN qui l'aura paramétrée.

Il est vrai que les éditeurs ont parfois une fâcheuse propension à restreindre le champ fonctionnel de leurs solutions (pour facturer des évolutions), à laisser traîner des bugs (pour justifier la maintenance) et à faire payer très chers leurs services une fois le client acquis (le coût de sortie étant élevé).

C'est pourquoi nous recommandons généralement les solutions basées sur un logiciel libre si vraiment une solution « clef en main » ne suffit pas.
Du fait de la complexité de mise en œuvre des plates-formes progicielles, il est essentiel que vous ayez avec vous de vrais spécialistes de ces plates-formes, qui puissent vous présenter de nombreuses références, que vous n'hésiterez pas à contacter.

Nous insistons : adopter ce type de plate-forme n'a réellement d'intérêt que si cela est pleinement justifié. Il est également essentiel de prévoir un Cahier des Charges Fonctionnel, qui ne sera jamais produit par la société devant réaliser l'application car, si c'était le cas, elle définirait elle-même le travail que vous lui donnez à faire. Ce Cahier des Charges doit être basé sur une réflexion approfondie de vos besoins. Vous réaliserez un appel d'offres à prestataires pour comparer les solutions proposées. Attendez-vous à des coûts de gestion de projet élevés. Ils sont la garantie d'une disponibilité nécessaire de la part de votre prestataire.

Enfin vous entendrez parler de « *headless commerce* », il s'agit de solutions basées sur des micro-services pour permettre, plutôt que d'avoir un logiciel qui « fait tout », de relier entre eux des petits logiciels spécialisés. Ainsi vous gagnez en agilité et en qualité fonctionnelle. L'éditeur que nous utilisons est Front Commerce.

Dernier point et non des moindres, dans vos contrats avec vos prestataires : vérifiez bien que vous serez propriétaire des développements spécifiques, des chartes et éléments graphiques. Cette cession de la propriété intellectuelle et des droits d'auteur ne se présume pas. Elle doit faire l'objet d'un écrit décrivant précisément son objet, son périmètre et sa durée. Assurez-vous également que votre prestataire respecte le RGPD car vous êtes responsable de ses agissements en la matière.

– Le développement interne.

Développer votre site en interne ? Pourquoi pas, si les fonctionnalités sont au cœur de votre métier. Il est courant de voir des entreprises importantes faire développer leur site par un prestataire puis, accompagné par ce dernier, monter une équipe en interne afin de faire évoluer le site, ce qui est un gage d'exclusivité et de réactivité.
Mais il ne faut pas perdre votre premier métier qui est celui de commerçant. Avoir des équipes d'informaticiens en interne signifie

que vous allez leur faire développer des fonctionnalités de façon continue… En avez-vous réellement besoin ?

– Le paiement en ligne

Pour le paiement en ligne, le choix est vaste.

Vous débutez ? Considérez Payzen qui sera l'intermédiaire entre votre site et votre banque. L'intérêt de Payzen est qu'il est déjà intégré dans la plupart des plates-formes, que son interface est facile à prendre en main et qu'il vous permettra de changer de banque assez facilement.

Nous vous recommandons cependant de souscrire un contrat de VAD avec votre banque, mais ne prenez pas leur plateforme de paiement, prenez Payzen, Payline ou Ingenico (ou un autre), cela vous coûtera moins cher et vous offrira plus de possibilités.

Voyez également du côté de Hipay ou Stripe : ce sont des solutions très faciles à mettre en œuvre.

Un conseil : faites jouer la concurrence entre les banques et faites des simulations car leurs redevances combinent des parts variables et des frais fixes facturés. En fonction de votre panier moyen et du nombre de transactions prévues, les écarts peuvent s'avérer significatifs.

Proposer Paypal est une bonne idée, malgré un coût assez élevé. L'avantage de Paypal est qu'il est très facile à intégrer sur n'importe quel site et qu'il permet à vos clients de ne pas avoir à saisir leur numéro de CB. Par contre, même si la plupart des ebayers ont un compte Paypal, on remarque que, si l'on propose le choix entre Paypal et un paiement via une banque, la grande majorité des internautes va choisir le mode de paiement bancaire. Cela dépend de l'affinité de votre clientèle avec Internet et eBay car Paypal, même s'il est connu, peut toujours évoquer, pour certains, un mode de paiement de particuliers ou du moins d'amateurs.

Paypal est également intéressant pour une ouverture internationale de votre site. Car les modes paiement (CB, Visa…) ne sont pas les mêmes dans tous les pays, même dans la zone Euro. Certains pays (telle la Grande-Bretagne) vont privilégier les cartes privatives (notamment de circuits de distribution). Par ailleurs nos banques françaises n'évoquent pas forcément grand-chose à l'international. Il est alors intéressant de proposer un système tel que Paypal qui, lui, est international.

Mais si vous voulez aller « plus loin » dans la relation avec vos clients, le mieux est de proposer des modes de paiement spécifiques. Il existe pour cela des services qui vont gérer les modes de paiement de votre site, en vous apportant des services complémentaires, tels le paiement en 3 fois sans frais, l'abonnement…

– Le site marchand au sein du SI

Avoir un site c'est bien. Mais que vous puissiez gérer vos commandes, les stocks, les appels téléphoniques entrants… c'est encore mieux.

Un site de e-Commerce ne peut couvrir tous les besoins.

Les sites « clés en main » proposent généralement des interfaces de gestion qui vous permettent de commencer à gérer vos commandes, vos stocks… En outre, ils peuvent sortir et ingérer des fichiers en format CSV qui peuvent être utilisés sous MS excel, MS access ou d'autres systèmes, notamment comptables. Vous pouvez alors réaliser des imports/exports réguliers via un serveur ftp pour les mises à jour.

Quand vous avez des flux plus importants, il devient nécessaire (pour des raisons d'efficacité et de qualité) de lier vos systèmes de gestion avec votre site de e-Commerce pour des mises à jour régulières et entièrement automatisées. Là aussi les sites « clefs en main » vous proposent plusieurs types de solution au travers de leur Apps Store.
Le site marchand s'intègre au sein du SI avec :

• un Outil de gestion de la supply chain : fournisseurs, transport, stocks, réapprovisionnements, entrepôts, planification de la production, seront traités par un ERP, de façon complète ou en partie sous-traités via le SI d'un prestataire logistique.

• un CRM : Le site de e-Commerce vous proposera un outil rudimentaire. En outre si vous avez d'autres canaux de vente, vous aurez besoin de consolider l'ensemble de vos données au sein d'un CRM global afin d'avoir une vue « 360° » de vos clients.

• une Plate-forme emailing : Le site vous proposera un suivi des emails de gestion. Mais pas l'émission ni la gestion de vos e-mailings marketing. Un outil spécifique sera de toute façon nécessaire, notamment pour bénéficier de capacités d'émission sécurisées et plus importantes, avec un suivi statistique adéquat.

Nous pourrions encore ajouter un CMS car celui qui est intégré dans un site marchand n'a pas la puissance d'un CMS spécialisé de type Wordpress. Que ce soit pour la gestion des processus de validation des contenus avant publication, du suivi des versions, des niveaux d'habilitation…

– Vendre à l'international

Vendre à l'international est un mouvement stratégique « naturel » pour un site de e-Commerce. Notamment sur les zones francophones et sur la zone euro.

Zone francophone pour d'évidentes raisons de traduction du site. Zone euro pour des raisons tout aussi évidentes de gestion des devises et des droits de douanes sans parler des contraintes réglementaires.

Une approche internationale se doit d'aller du plus simple au plus complexe, d'où cette progression.

Le transport international ne pose pas réellement de problème si ce n'est son coût. Le colissimo international représente un bon compromis. Des sociétés telles que FEDEX ou UPS présentent des services de bon niveau et une grande capacité à gérer les douanes.

La gestion d'un site en plusieurs langues est complexe. La traduction doit être parfaite et complète, tant pour le corps du site que pour les mises à jour. Sans parler des traductions et de la mise à jour de l'ensemble de vos outils marketing (annonces Google, emailings…).
Pensez aussi que le niveau de risque est plus élevé à l'étranger qu'en France. Rappelez-vous que la loi ne va que là où on peut envoyer les gendarmes. Et un carabinier italien ou un bobby britannique ne mettra pas votre demande d'intervention sur le haut de sa pile.

Par ailleurs, partez du principe que c'est le droit local (celui de votre client) qui s'applique, Enfin il existe des normes ou des interdictions pour certains produits (notamment dans l'agro-alimentaire). Elles seront à gérer.
Même les modes de paiement ne sont pas aussi internationaux que cela : la Société Générale ou la Caisse d'Epargne ne sont connus du

grand public qu'en France. Le fait de les mettre en avant sur votre site ne rassurera pas un Danois ou un Allemand.

Enfin il vous faudra sans doute « localiser » votre discours et votre offre. C'est-à-dire l'adapter aux cultures locales. Nous parlons bien de l'offre. En effet il n'est pas nécessaire de localiser l'ergonomie ou même le design du site, notamment dans les pays de culture occidentale. Par contre, il existe certainement de fortes distorsions en termes d'image ou d'usage entre pays, même proches géographiquement.

Dans l'union européenne, les ventes BtoB se font en HT. Pour les ventes en BtoC, c'est plus compliqué. Elles sont TTC, au taux de TVA du pays émetteur (la France pour vous) jusqu'à un certain montant de chiffre d'affaires HT réalisé sur chacun des pays destinataires. Pour le surplus, vous devez appliquer le taux du pays destinataire, fonction de seuils différents pour chacun de ces pays (par exemple pour la Belgique le seuil est de 35 000 € par an). Les ventes hors UE sont en HT mais le client aura à payer droits de douane et TVA locales …

Mais, normalement, tout cela devrait être simplifié en janvier 2021…

– La délégation de service

Pourquoi ne pas tout sous-traiter ? Vous donnez les clefs de votre activité e-Commerce à un prestataire qui va prendre en charge l'intégralité de votre activité sur Internet, du site au marketing en passant par la logistique. Ce genre de prestation a connu un certain succès mais a ensuite généré bien des problèmes notamment au niveau juridique.

Vous pouvez agir ainsi si le e-Commerce ne fait pas partie de votre stratégie, s'il s'agit clairement d'une activité connexe. Mais si ce n'est pas le cas, si vous en attendez un CA significatif, ne croyez pas aux miracles. Un prestataire quel qu'il soit ne pourra jamais mieux faire que vous et vos équipes.

D. LA SECURITE INFORMATIQUE

Par Pierre-Yves BONNETAIN
Consultant en Sécurité Informatique et Expert près des Tribunaux

Un serveur Web (ce peut être en réalité n'importe quel type de serveur) est accessible depuis le réseau non-contrôlé qu'est Internet. Il est donc absolument nécessaire de mettre en œuvre un certain nombre de procédures et précautions. La mise en œuvre des précautions et l'application des procédures peut être faite par vous-même (ou votre service informatique), par votre hébergeur ou infogérant, par les développeurs/mainteneurs de votre application... Cela dépendra de votre organisation. Mais elles doivent exister et être appliquées.

1/ Limiter l'exposition

Limiter la connectivité au système

Votre service est accessible aux internautes. Il est probable que d'autres services (base de données, accès à distance pour l'infogérance, sauvegardes) fonctionnent aussi sur le même serveur. C'est normal et souvent nécessaire. Mais ces services secondaires ne doivent **en aucun cas** être accessibles aux internautes. Par exemple, votre service Web et la base de données sous-jacente fonctionnent sur la même machine. Le service Web (http et https) doit être ouvert à tous les internautes, mais la base de données doit être totalement inaccessible.

Par « totalement inaccessible », nous entendons « exactement comme si le service n'existait pas ». Un internaute banal ne doit pas obtenir de réponse (ce qui indique que le service existe et est accessible, même si son accès est limité). Ce point est très important : il est nettement plus difficile de pirater quelque chose auquel on n'a pas accès que de pirater un service accessible dont on ne connaît pas (pas encore, en réalité) de compte et mot de passe.

Contrôler les services internes

La recommandation précédente concerne les internautes. Il est souvent nécessaire que quelques tiers clairement identifiés puissent accéder à distance à votre système, par exemple pour en faire la maintenance. Ces accès doivent être strictement contrôlés, au niveau du réseau et non uniquement par la connaissance d'un compte et d'un mot de passe. Si la société A, ou votre unité B, doit pouvoir accéder à un service spécifique sur votre serveur (par exemple à la base de données, ou à une connexion interactive pour gérer le système), seuls des ordinateurs appartenant à A ou à B doivent pouvoir le faire. Pour tous les autres, le système ne doit fournir aucune réponse, exactement comme si le service en question était absent.

N'installer que ce qui est nécessaire

Moins il y a de composants installés sur un système, moins celui-ci court de risques. Il est très important de n'avoir que des composants utiles présents. Cela minimise l'effort de mise à jour (voir ci-après), et restreint les possibilités d'une personne malveillante, qui ne peut utiliser que ce qui est présent sur le système.

Dans cette idée, les systèmes de production ne doivent jamais être utilisés pour des tests - mettez en place des systèmes de test et d'intégration pour gérer ce besoin.

Les greffons et autres ajouts autour d'un serveur Web sont des exemples typiques. Certains de ces ajouts jouent un rôle pour le fonctionnement du serveur, et doivent être conservés. D'autres n'ont été installés que pour faciliter le développement, ou pour tester une fonctionnalité. S'ils ne jouent aucun rôle dans le fonctionnement du serveur, ils doivent être désinstallés.

2/ Sécuriser le système

Tenir le système à jour

C'est une cruelle évidence qu'il convient de rappeler : la sécurité d'un système, surtout s'il est connecté à un réseau non-contrôlé, diminue (un peu) tous les jours. Des failles sont régulièrement découvertes dans les outils ou systèmes d'exploitation, de nouvelles modalités d'attaque sont inventées, des pratiques que l'on pensait correctes sont mises à mal par de nouveaux moyens d'action... Tout cela oblige à maintenir à jour ses systèmes, sans la moindre concession (sauf si la mise à jour peut amener à un dysfonctionnement de votre service ; ce cas reste rare et limité à des contextes très particuliers). C'est bien l'ensemble du système qui doit être tenu à jour, depuis ses racines (système d'exploitation) jusqu'à sa dernière feuille (bibliothèque XYZ spécialisée, micro-outil ABC installé pour une fonction particulière, etc.).

Disposer de sauvegardes à jour

Cela fait des dizaines d'années qu'on le répète et pourtant, tous les jours, des entreprises subissent des dommages graves liés à l'absence de sauvegardes informatiques. Une foule d'événements peut survenir et endommager, par accident, maladresse ou malveillance, les données d'un système. Dans une telle situation, la seule issue confortable est de disposer de sauvegardes à jour, c'est-à-dire (en règle générale) datant de moins de 24 heures.

Un bon système de sauvegarde doit permettre :

- de faire les sauvegardes de manière totalement automatique, sans intervention des utilisateurs ou administrateurs. Sinon, pour diverses raisons (oubli, plus important à faire, pas le temps...), les sauvegardes ne seront pas faites,

- de garder un historique (paramétrable) des précédentes sauvegardes. Il se peut qu'une modification erronée ou une destruction ait été faite mais ne soit relevée qu'après plusieurs jours. Disposer d'un historique des précédentes sauvegardes permet de minimiser la perte dans une telle situation. Il faut noter que cela augmente le volume nécessaire pour conserver ces sauvegardes ; il est donc nécessaire de trouver un compromis entre la durée d'historisation des sauvegardes (une semaine, un mois, un trimestre...) et le coût des supports associés,

- de déporter les sauvegardes (ou une copie de celles-ci) sur un lieu différent de celui des systèmes sauvegardés. Il serait dommage que les sauvegardes soient volées ou détruites en même temps que les systèmes qui sont sauvegardés.

Il est à noter que l'utilisation de systèmes multi-disques (typiquement RAID) ne constitue pas une sauvegarde mais une protection contre des pannes matérielles des disques : si un disque d'une paire de disque en miroir tombe en panne, le système peut continuer à fonctionner avec le disque restant (mais il faut rapidement remplacer le disque défaillant). Par contre, toute modification sur les fichiers étant dupliquée en temps réel sur les différents disques, un effacement accidentel ou une modification malveillante touchera tous les disques en même temps.

Pour éviter de constater, lorsque le malheur est arrivé, que les sauvegardes sont incomplètes (voire inexistantes), il est nécessaire de les tester de temps à autre, en restaurant (sur un disque à part) quelques fichiers provenant de différentes machines.

Protéger les données (et les accès)

L'accès aux données de votre système doit être strictement limité aux personnes/services qui ont légitimement besoin de ces données. Il est donc nécessaire de mettre en place des interdictions et, pour ceux qui sont autorisés à accéder aux données, des systèmes de contrôle d'accès. Cela est tout particulièrement important pour les données à caractère personnel (comptes clients par exemple), puisqu'alors la simple possibilité d'accès non légitime, même si elle n'a jamais été exploitée par un tiers, est une non-conformité pouvant donner lieu à des amendes.

Cette protection et contrôle d'accès s'étend naturellement aux différents intervenants autour de votre système, y compris les prestataires, infogérants, etc. Leur niveau de sécurité doit être, au strict minimum, au moins égal au vôtre.

E. LA CONFORMITE JURIDIQUE

Par Maître Marine de la CLERGERIE
Avocat au barreau de Toulouse, spécialiste du e-Commerce

La conformité juridique de votre activité à travers votre site de e-Commerce comme pour tout site internet est un facteur de confiance pour vos clients.

Cette conformité permettra également d'aborder plus sereinement les contrôles des diverses autorités auxquels votre site internet est susceptible d'être confronté et notamment :

- La Direction générale de la concurrence, de la consommation et de la répression des fraudes (DGCCRF), laquelle dispose d'un service dédié au contrôle du secteur du e-Commerce, le Centre de surveillance du commerce électronique (CSCE).

- La Commission Nationale de l'Informatique et des Libertés (CNIL), qui dispose de la possibilité d'effectuer des contrôles en ligne.

Toute sanction rendue publique pourrait porter atteinte à votre image, à votre réputation.

En pratique, la conformité juridique de votre site internet passe par la prise en compte de de nombreux points de vigilance, et notamment :

- Vérifiez la réglementation applicable aux produits et services que vous vendez.

Certains produits sont interdits à la vente (stupéfiants, produits contenant des substances dangereuses, etc.), d'autres sont réglementés (alcool, tabac, médicaments, etc.) ; dans tous les cas, il est nécessaire de veiller à la sécurité et conformité des produits vendus sur votre site.

- Optez pour la transparence.

Les mentions légales doivent être facilement accessibles et complètes ; votre site doit permettre au consommateur de rapidement vous contacter.

Communiquez au consommateur, de manière lisible et compréhensible l'ensemble des informations obligatoires (caractéristiques essentielles du bien ou du service, délai de livraison, garanties, médiation, rétractation, etc.).

- Respectez le droit de la vente à distance en B2C.

En particulier le droit de rétractation fait l'objet de règles spécifiques ; les consommateurs sont sensibles au respect de cette réglementation qui fait l'objet de contrôles fréquents. N'empêchez pas les clients de faire jouer leur droit de rétractation en ajoutant des contraintes de renvoi de la marchandise et remboursez-les dans le délai imposé.

- Choisissez bien vos prestataires.

En B2C le vendeur à distance est responsable de plein droit de la bonne exécution du contrat, que celui-ci soit exécuté par lui-même ou par ses prestataires (de transport par exemple).

- Rédigez des Conditions Générales de Vente (CGV) conformes aux exigences légales.

En B2C la rédaction des CGV laisse peu de place à l'originalité tant les mentions obligatoires sont nombreuses (identification, étapes pour conclure le contrat, droit de rétractation, garanties légales, médiation, etc.).

- Bannissez toutes les pratiques déloyales.

Il s'agit notamment de proscrire toutes les pratiques trompeuses à savoir la communication d'informations fausses ou l'omission d'informations importantes ou agressives. En particulier, ne vous laissez pas tenter par la rédaction de faux avis clients, la DGCCRF conduit régulièrement des enquêtes sur ce thème.

- Construisez un site respectueux des données personnelles de vos clients.

À ce titre tout site devrait assurer la sécurité des données qu'il collecte et a minima faire figurer un bandeau cookies et une politique de confidentialité informant les personnes concernées des données collectées, de leur utilisation, de la durée de conservation, de leurs droits, etc.

- Prospectez en toute légalité.

Il vous appartient de respecter la réglementation applicable à la prospection selon le vecteur de communication : mail, courrier postal, démarchage téléphonique, téléphone, SMS.

- Utilisez les outils de promotion des ventes selon les règles applicables.

Pour toute promotion par le prix, vous devez être en mesure de justifier de la réalité du prix de référence. Certaines expressions sont réglementées (« liquidation », « soldes », « déstockage », etc.), renseignez-vous avant de les utiliser.

OUTILS, BLOGS et SITES

Applications de gestion de contacts et enquêtes :
Eloquant
Surveygizmo
SurveyMonkey
Typeform

Applications de réunions en ligne :
Join.me
Whereby.com
Zoom.us

Blog avec beaucoup de conseils pratiques et peu onéreux :
Maxime Blondel : http://bit.ly/vador22

Blog Marketing :
Plutôt orienté BtoB mais pas que, un site qui fourmille de conseils pratiques et avisés par Frédéric Canevet : Conseilsmarketing.com

Blog SEO :
Le site d'Olivier Andrieu, La référence en SEO : Abondance.com

Blog (du co-auteur du) VADOR :
Si vous avez aimé le livre, vous adorerez le blog ;-) : strategie-e-Commerce.info

Blog Web analyics :
La site d'Avinash Kaushik, La référence en analytics (en anglais mais Google peut vous aider 😉) : Kaushik.net

Enregistrement de navigation :
Camtasia

Images libres de droit :
Burst.shopify.com
Search.creativecommons.org/collections

La preuve que l'on ne voit que ce que l'on veut voir :
Un classique que l'on revoit toujours avec plaisir : Theinvisiblegorilla.com/videos.html

Les 50 sites les plus importants de l'histoire du web : http://bit.ly/vador16

Les statistiques du Porn sur le Web pour impressionner votre bof : http://bit.ly/vador18 (interdit aux moins de 18 ans)

Modèles économiques :
Pour tout savoir sur les *Business Models* (en anglais) : Fourweekmba.com/
Pour créer son modèle économique : Tuzzit : http://bit.ly/vador17

Musique libre de droit :
Auboutdufil.com

Net Promoter Score :
Un article intéressant dans RelationClient : http://bit.ly/vador21

Outil d'automatisation :
zapier.com

Outils et services SEM, veille concurrentielle et de marché :
Ahrefs
Alexa.com
Majestic
SEMRush
Similarweb
Suggestions de mots clefs : infinitesuggest.com, neilpatel.com/fr/ubersuggest/, wordrecon.com
Création de contenus et au-delà : buzzsumo.com

Pages d'atterrissage :
Exemples : abtasty.com (voir le blog), la fabrique du net : http://bit.ly/vador19, Instapage (voir le blog), bigcommerce : http://bit.ly/vador20
Création : instapage.com
Tests de pages Web (compatibilité, vitesse de téléchargement, disponibilité…) : webpagetest.org, pingdom.com

Plateformes CMS, Blogs :
Blogger
Drupal
WordPress

Plateformes CRM, relation client :
Hopcrm
Zendesk
Zoho

Plateformes de création de programmes d'affiliation :
Affiliatewp.com
Leaddyno.com
Osiaffiliate.com

Plateforme de création de vidéos et d'animations :
Powtoon
Vyond

Plateformes de paiement :
Hipay
Paypal
Payzen
Stripe

Plateformes d'emailing
Dolist
Mailchimp
Mailjet
SendinBlue

Plateforme d'hébergement de vidéo :
L'alternative « pro » à Youtube : Vimeo.

Plateformes d'optimisation de tracking :
Cpvlab.pro
Improvely.com

Plateforme de recherche de freelances :
Fiverr.com

Plateforme de rédaction de contenus :
Redacteur.com
Textbroker.com

Plateforme de traduction :
Textmaster.com

Plateforme de travaux sur image :
5euros.com
Pixlr.com

Plateformes e-Commerce :
Magento
Prestashop
Shopify
Wix
WooCommerce (sur WordPress)

Plateformes ERP :
Archipelia
Odoo

Plateforme pour créer vos maquettes de pages web :
Pidoco

Publicité dynamique sur Facebook :
Facebook.com/business/ads/dynamic-ads

Test de qualité de taggage :
WASP (plugin Chrome)

Tests de vitesse de téléchargement :
GTmetrix
PageSpeed Insights

Veille :
Pour savoir ce qui se dit sur vous, vos concurrents : Google Alertes
Sur Twitter : socialbearing.com
Suivi réseaux sociaux : truesocialmetrics, hootsuite

BIBLIOGRAPHIE

En Français :

Brand Content : Comment les marques se transforment en médias de Daniel Bô et Matthieu Guével – Edit. Dunod

Ce Monde est-il Fou ? Non, il est VUCA, 4 clefs pour comprendre notre monde de Jean-Paul Crenn - VUCA Strategy Editions

Design Emotionnel de Aaron Walter - Edit. Eyrolles

Devenir le meilleur de soi-même de Abraham Maslow - Edit. Eyrolles

Don't make me think / Optimisez la navigation sur vos sites de Steve Krug – Edit. Pearson

Guide juridique de l'e-Commerce de Stéphane Astier et Gérard Haas – Edit. ENI

La Force de l'Intuition : Prendre la bonne décision en deux secondes de Malcolm Gladwell et Danielle Charron - Edit. Pocket Evolution

La Question décisive de Fred Reichheld - Ed. Pearson

Le choc Z – Eric Briones et Nicolas André - Edit. Dunod

Le Cygne Noir / La puissance de l'imprévisible de Nassim Nicholas Taleb - Edit. Les Belles Lettres

Le Growth Hacking de Frédéric Canevet - Ed. Dunod

L'Entreprise du Bonheur de Tony Hsieh - Edit. Leduc

Les Sciences de l'artificiel de Herbert A. Simon - Edit. Folio

Quel Prix dans un monde devenu VUCA ? Optimiser le Levier N°1 de la Rentabilité de Jean-Paul Crenn - VUCA Strategy Editions

Réussir son référencement web d'Olivier Andrieu – Edit. Eyrolles

Stratégie Océan Bleu : Comment créer de nouveaux espaces stratégiques de W. Chan Kim et Renée Mauborgne - Edit. Pearson

En Anglais :

Be Like Amazon, Even a Lemonade Stand Can Do It de Jeffrey Eisenberg, Bryan Eisenberg, Roy H Williams – Kindle Edition

Blink de Malcom Gladwell - Ed. Littel, Brown and Company

Ecommerce Evolved de Tanner Larsson – Edit. BGS

Peak: How Great Companies Get Their Mojo From Maslow de Chip Conley - Edit. Jossey Bass

Sources of Power : How People Make Decisions de Gary Klein - MIT Press

Women Want More de Michael J. Silverstein, Kate Sayre et John Butman - Edit. The Boston Consulting Group

GLOSSAIRE

A/B TESTING : ou TEST A/B est une technique de marketing qui consiste à proposer plusieurs variantes d'un même objet qui diffèrent selon un seul critère (par exemple, la position d'une image sur une page web) afin de déterminer la version qui donne les meilleurs résultats auprès des consommateurs.

AGENCE WEB : Une agence Web (*Web agency*, en anglais) est une agence de création et de communication spécialisée dans le domaine du web.

ANALYTIQUE WEB : voir WEB ANALYICS.

ASILAGE ou ASILE COLIS : Une entreprise qui fait de l'asilage loge dans ses colis, destinés à ses clients, une ou plusieurs offres commerciales d'autres marques.

AOV : *Average Order Value*, « montant moyen de la commande » ou plus communément « panier moyen ».

BASE DE DONNEES : Une base de données permet de stocker et de retrouver des informations. Celles-ci peuvent être de natures différentes et plus ou moins reliées entre elles (exemple : comptes clients, commandes passées et produits en stock).

B2B ou BtoB : L'expression *business to business* (B2B) désigne l'ensemble des activités d'une entreprise visant une clientèle d'entreprises.

B2C ou BtoC : l'expression *business to consumer* (B2C) désigne l'ensemble des activités d'une entreprise visant une clientèle de particuliers.

C2C ou CtoC : L'échange inter-consommateur, en anglais *Consumer-to-Consumer* ou *Customer-to-Customer* (C2C), désigne l'ensemble des échanges de biens et de services entre plusieurs consommateurs sans passer par un intermédiaire. Mais ils peuvent se rencontrer grâce à un intermédiaire, tel e-Bay.

BACKLINKS : il s'agit de tous les liens hypertextes qui pointent vers une page donnée d'un site, que ces liens proviennent de sites web externes ou de pages internes au site.

CAC : *Customer Acquisition Cost*, voir CoCA.

CAPITAL CLIENT : voir LTV.

CCC : *Cash Conversion Cycle*, le CCC est un excellent moyen de vérifier dans quelle mesure votre fonds de roulement est bloqué dans votre cycle d'exploitation. Ce cycle s'exprime en nombre de jours et indique pendant combien de temps l'argent reste immobilisé dans les processus d'achat, de production et de vente de votre entreprise.
Le calcul du CCC est basé sur :
le nombre de jours crédit-clients (DSO – *Days Sales Outstanding*) = le nombre de jours moyen durant lesquels votre entreprise doit attendre le paiement après qu'un produit ou service ait été livré ;

le nombre de jours de rotation des stocks (DIO – *Days Inventory Outstanding*) = le nombre de jours moyen dont votre entreprise a besoin pour transformer ses stocks en ventes ;
le nombre de jours crédit-fournisseur (DPO – *Days Payable Outstanding*) = le nombre de jours moyen dont votre entreprise a besoin pour payer ses fournisseurs.
Plus le cycle est court, moins longtemps le capital reste immobilisé dans le processus d'exploitation. Ce qui vous permet de faire face à vos obligations à court terme et de développer vos activités.
Les meilleurs *pure-players* présentent un CCC négatif : ils sont payés par leurs clients avant de payer leurs fournisseurs. Blue Nile a un CCC de -47 jours et Amazon un CCC de -26 jours.

CHURN : voir TAUX DE PERTE.

CLTC : *Customer Life Time Contribution*, voir LTV.

CMS : *Content Management System* ou Système de Gestion de Contenu (SGC) ; famille de logiciels destinés à la conception et à la mise à jour dynamique des contenus (textes, images, vidéos…) de sites web ou d'application multimédia. Ils permettent également à plusieurs personnes de travailler sur un même document ; de fournir une chaîne de publication (workflow) offrant par exemple la possibilité de valider puis de mettre en ligne le contenu des documents ; de séparer les opérations de gestion de la forme et du contenu. Les logiciels de e- Commerce intègrent généralement un CMS très limité en termes de gestion des versions des contenus ou de workflow (c'est par exemple le cas de Magento, même s'il a bien progressé avec sa dernière version). Les SGC ne doivent pas être confondus avec les systèmes de Gestion Electronique de Documents (GED) qui permettent de réaliser la gestion de contenu dans l'entreprise.

CNPS : *Company Net Promoter Score*, voir NPS.

CoCA : *Cost of Customer Acquisition*, Coût d'Acquisition Client (CAC) : Il s'agit simplement du coût complet pour l'acquisition d'un NOUVEAU client. Vous devez suivre cet indicateur dans le temps. Mais attention aux moyennes : tous les clients ne sont pas créés de la même façon. N'oubliez pas : votre objectif est d'optimiser la différence entre votre CLTC et votre CoCA. Cela signifie que ce n'est pas forcément en minorant votre CoCA que vous améliorerez votre rentabilité.

COEFFICIENT (ou COEFFICIENT MULTIPLICATEUR) : dans le domaine commercial, se dit du coefficient appliqué au prix d'achat net hors taxes d'un produit pour déterminer le prix de vente hors taxes (ou TTC) de celui-ci au consommateur. Certaines branches du secteur commercial ont un coefficient multiplicateur traditionnellement appliqué pour déterminer le prix des articles vendus.

CONVERSION RATE : voir TAUX DE CONVERSION.

CoVa : *Cost of Visitor Acquisition* ; Coût d'Acquisition d'un Visiteur.

CPA : Coût Par Action. Vous ne payez la publicité que quand une action est réalisée. Par exemple un formulaire rempli et validé ou une vente conclue (en ce cas, ce peut être dans le cadre d'un contrat d'Affiliation).

CPC : Coût par Clic. Vous ne payez que quand l'internaute clique sur le lien ou sur l'annonce pour venir sur votre site.

CPM : Coût Pour Mille impressions (pour mille pages vues) sur un site Internet. Vous payez pour l'affichage de votre message. Mais

qui l'aura vu ? Le CPM fait partie de l'héritage du papier mais n'est pas adapté au Web (ni à une VAD « papier » rentable d'ailleurs).
CRM ou *Customer Relationship Management* : Gestion de la Relation Client, en abrégé GRC. La GRC est l'ensemble des outils et techniques destinés à capter, traiter, analyser les informations relatives aux clients et aux prospects, dans le but de les fidéliser en leur offrant le meilleur service. L'expression, d'origine récente, résulte de la redécouverte du caractère fondamental de la relation client pour toute organisation, car l'aptitude à la promouvoir et à la gérer représente désormais dans la plupart des activités un des facteurs majeurs du succès et de la rentabilité. Il s'agit d'un élément crucial pour la VAD car là est la clef de la rentabilité. Un logiciel de CRM permet d'avoir une vue complète de l'activité du client, des relations et des échanges que vous avez eus avec lui (appels téléphoniques, emails, commandes, retours…). Parmi les logiciels de CRM, citons Sugar CRM ou Salesforce. Les suites logicielles de type « ERP spécialisé VAD » intègrent des fonctionnalités de CRM.

CROSS-SELL : l'action de *cross-sell* (ou *cross-selling*) consiste à proposer, avant, pendant ou après la vente d'un produit, un produit complémentaire. Il s'agit de vente complémentaire, vente additionnelle ou de vente croisée. Par exemple, une proposition de piles pour l'achat d'une lampe torche. En e-Commerce souvent dénommée, à tort, *upsell.*

CSV (format) : *Comma-Separated Values* (CSV) est un format informatique ouvert représentant des données tabulaires sous forme de « valeurs séparées par des virgules ».
Un fichier CSV est un fichier texte (par opposition aux formats dit « binaires »).
Chaque ligne correspond à une rangée du tableau et les cellules d'une même rangée sont séparées par une virgule. Une ligne est une suite ordonnée de caractères, terminée par un caractère de fin de ligne (line break – CRLF), la dernière ligne pouvant en être exempte

Le format CSV permet notamment des échanges de données avec le logiciel Microsoft Excel.

CTA : *Call To Action*, élément graphique et/ou textuel qui incite à l'action.

D2C : voir DtoC

DELIVRABILITE : le taux de délivrabilité d'un emailing est le pourcentage d'emails ayant abouti dans la boîte email des destinataires rapporté au nombre d'emails envoyés. Il s'agit d'un bon indicateur de la qualité du fichier d'envoi.

DESKTOP : ordinateur de bureau ou ordinateur portable. En opposition avec les tablettes et smartphones.

DNVB : *Digital Native Brand* ou *Digitally Native Brand*. Il s'agit de marques créées avec le Web. Elles ont une démarche de verticalisation, commercialisant généralement directement au consommateur les produits de leur marque, dont elles maîtrisent la conception et la fabrication.

DISPLAY : Il s'agit de la version en ligne de la publicité classique. Les messages publicitaires sont disposés sur des supports, les sites. Il s'agit par exemple de bannières sur des annuaires ou des sites de contenu.

DOWNSELL : l'action de *downsell* (ou *downselling*) consiste à proposer au client qui n'est pas allé jusqu'au bout de son achat une descente en gamme (et donc de prix) du produit qu'on lui a précédemment proposé.

DtoC : *Direct to Consumer/Customer*, commercialisation directe par les marques auprès de leurs consommateurs. Par exemple Nespresso.
EBE : L'Excédent Brut d'Exploitation (EBE) est le bénéfice brut d'exploitation d'une entreprise. C'est la ressource d'exploitation (après paiement des charges de personnel mais avant amortissement) dégagée au cours d'une période par l'activité principale de l'entreprise.

EBAYER : se dit d'une personne achetant (ou vendant) sur e-Bay.

ECONOMIE D'ECHELLE : Une économie d'échelle correspond à la baisse du coût unitaire d'un produit qu'obtient une entreprise en accroissant la quantité de sa production. On parlera ainsi d'économie d'échelle si chaque bien produit coûte moins cher à produire lorsque les quantités produites (économies d'échelle par rapport au coût de production) augmentent. Cela est vrai non seulement pour les produits mais également dans le domaine de la production de services.

EMAIL DE GESTION : il s'agit des emails envoyés lors des évènements de gestion d'un site de e-Commerce : confirmation de création de compte client, de commande, de préparation, d'envoi…

EMAIL PUBLICITAIRE : il s'agit d'emails proposant de la publicité, des offres commerciales… Souvent utilisé en opposition aux emails de gestion. Il s'agit là d'une distinction qui doit être relativisée puisque les emails de gestion s'avèrent être les meilleurs des supports pour des actions de communication commerciale.

EMPIRISME : Théorie de la connaissance qui soutient que toutes les idées que nous avons, tous les jugements que nous formons, nous sont dictés par l'expérience.

ERGONOMIE : « Etude scientifique de la relation entre l'homme et ses moyens, méthodes et milieux de travail » et l'application de ces connaissances à la conception de systèmes « qui puissent être utilisés avec le maximum de confort, de sécurité et d'efficacité par le plus grand nombre ». Pour Internet il s'agit de rendre un site simple, évident à utiliser par sa cible. Pour aller plus loin, voir la Loi de Fitts et la Loi de Similarité.

ERP : Enterprise Resource Planning, littéralement « planification des ressources de l'entreprise », expression rendue généralement par « gestion intégrée », à savoir l'intégration des différentes fonctions de l'entreprise dans un système informatique centralisé configuré selon le mode client- serveur. ERP system sera traduit par « progiciel de gestion intégré ».

FOCUS GROUP : réunion de consommateurs, dirigée pour répondre à un nombre prédéfini de questions ou de validation d'hypothèses.

GTR : La Garantie de Temps de Rétablissement (GTR) est le délai contractuel dans lequel un service accidentellement interrompu doit être rétabli. Cette notion doit faire partie des engagements que prend l'hébergeur de votre site Internet. Il s'engage à rétablir votre site Internet en ligne sous X heures suite à l'interruption de la mise en ligne. La GTR peut être différente selon qu'il s'agit de jours/heures ouvrés ou pas. Bien sûr, comme tous les engagements, il n'est crédible que si des pénalités sont prévues en cas de non-respect des délais.

HACKER : il s'agit initialement d'un « pirate » informatique mais par extension le fait de hacker consiste également à trouver des astuces, parfois à la marge de la légalité, pour trouver des informations, gagner des clients rapidement et à moindre coût.

HEBERGEUR : la société chez laquelle votre serveur se trouve physiquement.

IHM : Interface Homme Machine.

INFOGERANT : la société assurant la gestion opérationnelle (installation, mise à jour, sauvegardes...) de votre serveur. Le terme d'infogérance recouvre les différentes prestations assurées par l'infogérant.

IN-SITE : sur le site Internet considéré (en opposition avec le *off-site*, en dehors du site)

KPI : Key Performance Indicator ou Indicateurs Clés de Performance ; indicateurs mesurables d'aide décisionnelle. Un KPI doit être SMART (Spécifique et simple, Mesurable, Ambitieux et accepté, Réaliste, délimité dans le Temps).

LANDING PAGE : voir PAGE D'ATTERRISSAGE.

LIFE TIME VALUE : voir LTV.

LIGHT BOX (Effet Lightbox) : ou Table Lumineuse ; Mode de présentation.
L'effet Lightbox permet d'afficher des images ou des textes, au sein d'un calque qui se dimensionne de manière dynamique par-dessus la page web, tout en assombrissant celle-ci.
Il s'agit d'une « Pop up » plus élégante.

LIGNE DE FLOTTAISON : Par analogie avec celle du bateau, il s'agit de la ligne séparant ce que l'on voit de la page Internet à l'écran de ce que l'on ne voit pas (qui est « en dehors de l'écran »). On parle également de « page-écran ».

LOGICIEL OPEN SOURCE : voir OPEN SOURCE.

LOI DE PARETO : ou principe des 80-20 ou encore loi des 80-20, est un phénomène empirique constaté dans certains domaines : environ 80 % des effets sont le produit de 20 % des causes. Dans le cas du e-Commerce il est souvent constaté que 80% de la marge ou du CA est réalisé avec 20% des clients.

LTV : Life Time Value ou Valeur Vie Client ; Valeur (actualisée) créée tout au long de sa vie par le client.

MAP : la Marge Après Publicité est une notion très importante en VAD et notamment en e-Commerce. C'est la différence entre la marge sur coûts directs collectée par l'opération publicitaire et le coût de la publicité. Autrement dit, il est impératif que la marge soit maximale et la publicité la moins chère possible.

Marge sur coûts directs : chiffre d'affaires HT – (coûts administratifs de traitement d'une commande + frais de colisage et d'expédition + frais de personnel administratif et colisage + frais de transport + prix de revient des produits expédiés).

MARKETPLACE : voir PLACE DE MARCHE.

OPEN SOURCE : La désignation *open source* s'applique aux logiciels dont la licence respecte des critères précisément établis par *l'Open Source Initiative*, c'est-à-dire la possibilité de libre redistribution, d'accès au code source et de travaux dérivés. Souvent, un logiciel libre est qualifié d'« *open source* », car les licences compatibles open source englobent les licences libres.

PAGE D'ATTERRISSAGE : ou *Landing Page*, page par laquelle les visiteurs arrivent sur un site. Bien souvent la principale landing page d'un site de e- Commerce n'est pas sa page d'accueil.

PAGE ECRAN : voir Ligne de flottaison.

PICTO : abréviation de Pictogramme. Un pictogramme (également appelé pictographe) est une représentation graphique schématique, un dessin figuratif stylisé ayant fonction de signe.

PLACE DE MARCHE : il s'agit d'une plateforme mettant en relation des acheteurs et des vendeurs. Il est fondamental de distinguer les deux types de places de marché. Les places de marché hybrides qui sont des distributeurs ajoutant à leur offre celles d'autres commerçants (par exemple Amazon ou Cdiscount) et les places de marché neutres qui ne sont pas des distributeurs par elles-mêmes (telles e-Bay ou Le Bon Coin).

PURE PLAYER : (de l'anglais américain « acteur pur ») désigne une entreprise ayant démarré et exerçant dans un secteur d'activité unique. L'expression est toutefois popularisée pour désigner les entreprises œuvrant uniquement sur Internet. Elles se situent alors côte à côte avec les expressions *Brick and mortar* (brique et mortier) et *Bricks and clicks* (briques et clics).

RECRUTEMENT : collecte de nouveaux clients pour une entreprise de de e-Commerce. « Cette année, nous avons recruté 8 452 nouveaux clients ».

REFERENCEMENT NATUREL : il s'agit de l'indexation de votre site par les moteurs et annuaires de recherche permettant l'affichage de votre site en réponse à des requêtes.

REMARKETING, voir RETARGETING.

REPEAT BUSINESS : vente répétitive, fréquente.

REQUETES : ce que saisissent les internautes sur les moteurs de recherche.

REQUETES CIBLES : requêtes sur lesquelles vous souhaitez être référencé de façon naturelle par les moteurs de recherche.

RFM : pour Récence, Fréquence, Montant, type de segmentation dynamique de la clientèle. Celle-ci est classifié selon ces 3 critères de commandes.

ROI : Return on Investment, ou Retour sur Investissement (RSI ou rentabilité du capital investi), parfois appelé rendement ou taux de rendement ou taux de profit, désigne un ratio financier qui mesure le montant d'argent gagné ou perdu par rapport à la somme initialement investie.

RETARGETING : ou remarketing ou reciblage publicitaire. Il consiste à afficher des messages publicitaires sous forme de bannières sur des sites Internet tiers, après qu'un visiteur ait fait preuve d'un intérêt particulier sur un site.

SAAS (Software As A Service) : ou logiciel en tant que service ; concept consistant à proposer un abonnement à un logiciel plutôt que l'achat d'une licence.

SAUVEGARDES INFORMATIQUES : Une méthode efficace pour limiter les conséquences d'incidents informatiques est de disposer de sauvegardes, qui sont des copies, aussi complètes que possible de l'ensemble des fichiers présents sur le système informatique.

SCALABILITE : ou extensibilité, capacité pour l'entreprise à bénéficier d'économies d'échelle. Souvent au cœur du modèle économique de l'entreprise.

SERVEUR FTP : Le serveur FTP (File Transfer Protocol) permet de transférer des fichiers par Internet ou par le biais d'un réseau informatique local (intranet). Si vous en avez l'autorisation, vous pouvez télécharger et envoyer des fichiers sur un ordinateur distant faisant fonctionner un tel serveur.

SGC : voir CMS

SI : Système d'Information

SUPPLY CHAIN MANAGEMENT : ou Gestion de la Chaîne Logistique, en abrégé GCL.
La GCL se distingue de la logistique proprement dite en ce qu'elle est avant tout un savoir-faire d'application. Elle vise la mise en œuvre opérationnelle sur le terrain, le respect de l'enchaînement des tâches (illustré par le terme de " chaîne ") et le bon fonctionnement du système logistique d'une organisation.

TRACKING : système permettant de suivre et analyser le parcours des visiteurs.

UPSELL : l'action d'*upsell* (ou *upselling*) consiste à proposer au client qui a une intention d'achat marquée (mise au panier par exemple) un produit complémentaire permettant d'accroître le montant de ce panier. Par exemple l'*upsell* d'une paire de chaussures en cuir pourrait-être une boîte de cirage ou une paire de lacets. Dans l'absolu l'*upsell* devrait être l'action de vendre un produit plus cher que celui qui a fait l'objet de l'intention d'achat par le client. Par exemple proposer une veste en demi-mesure au lieu d'une veste en prêt-à-porter. Mais en e-Commerce cela est extrêmement difficile à réaliser. C'est pourquoi l'on désigne de façon abusive *upsell* ce qui devrait être dénommé « vente additionnelle » ou *cross-sell.*

UTILISABILITE : L'utilisabilité ou usabilité est définie par la norme ISO 9241- 11 comme « le degré selon lequel un produit peut

être utilisé, par des utilisateurs identifiés, pour atteindre des buts définis avec efficacité, efficience et satisfaction, dans un contexte d'utilisation spécifié ». C'est une notion plus large que celle d'ergonomie. Les critères de l'utilisabilité sont :
= l'efficacité : le produit permet à ses utilisateurs d'atteindre le résultat prévu ;
= l'efficience : atteint le résultat avec un effort moindre ou requiert un temps minimal ;
= la satisfaction : confort et évaluation subjective de l'interaction pour l'utilisateur.

USP : *Unique Selling Point* ou *Unique Selling Proposition* ; Principal argument mis en avant pour la vente d'un produit. Cet argument est, si possible, exclusif, non comparable.

VALEUR VIE CLIENT : voir LTV.

VENTE ADDITIONNELLE : voir *Cross-sell* et *Upsell.*

WEB ANALYTICS : Les mesures d'audience et de fréquentation sur Internet permettent de quantifier l'audience et la fréquentation d'un site en fonction d'indicateurs tels que le nombre de visiteurs uniques, les pages vues, les visites, la durée moyenne des visites etc. Elles regroupent la mesure, la collecte, l'analyse et la présentation de données provenant d'Internet. Elles sont utilisées afin de comprendre et d'optimiser l'utilisation du Web. Dans un contexte de vente en ligne, les mesures d'audience font référence à la mesure d'aspects d'un site web, liée à la stratégie commerciale de l'entreprise comme, par exemple, quelles sont les pages web ayant conduit au plus grand nombre d'achats en ligne ?

WORKFLOW : Chaîne de publication. Voir CMS.

LES AUTEURS

Jean-Paul Crenn
ISG, MBA HEC (1997)

Pratique le e-Commerce depuis 1994.

Créateur et dirigeant d'entreprises de e-Commerce (biens d'équipement et de consommation) et d'un cabinet conseil spécialisé en e-Commerce (VUCA-Strategy).

Président de la Fédération Des E-Commerçants d'Occitanie (FEDEO), Enseignant à l'ESCP Europe, la TBS (Toulouse Business School) et la TSM (Toulouse School of Management), conférencier.

Co-auteur de : *Le V.A.D.OR, réussir e-Commerce et Vente A Distance*, éditions Tertium (2011 et 2013), *L'Internet des Objets : la 3ème révolution informatique* aux éditions Kawa (2017), à paraître : *BtoB & Digital*, Vuca Strategy Editions.

Blog : www.strategie-e-Commerce.info (un point de vue impertinent et pragmatique sur le e-Commerce et la transformation Digitale)
Twitter : @jpcrenn
LinkedIn : Jean Paul Crenn

Denis Vidal
IEP Paris, HEC (1977)

Pratique la Vente à Distance (VAD) depuis 1979.

Créateur et dirigeant d'entreprises commerciales (agence export, vente à distance, édition)

Co-auteur de *Le V.A.D.OR, réussir e- Commerce et Vente A Distance*, éditions Tertium (2011 et 2013), *Choisissez le meilleur statut pour votre nouvelle activité*, éditions Dunod (2019).

Gagnez + avec le e-Commerce !

Printed in Germany
by Amazon Distribution
GmbH, Leipzig

20276965R00226